田中 宏 著
Tanaka Hiroshi
中村一成 編
Nakamura Il-song

「共生」を求めて

在日とともに歩んだ半世紀

解放出版社

まえがき

ナショナリズムと排外主義を最大の「資源」にして、安倍晋三氏が二度目の宰相の座に就いてから七年近く。この国の人権意識の後退、そして歴史修正主義の横行は止め処《ど》ない。「北朝鮮に関係する者には何をしてもいい」との空気は社会のあらゆるところに浸透し、朝鮮学校の高校無償化排除は続く。年間十数万円の負担だけの問題ではない。毎年、数百人もの朝鮮高級学校生が、「あなたたちは権利の享有主体ではない」と宣言されたまま卒業しているのだ。「在日特権を許さない市民の会」（在特会）に代表される差別主義団体の専横も野放しだ。「在特会」から生まれた右翼政治団体「日本第一党」は自治体議員選挙に候補者を出し、彼らほど露骨な「選挙ヘイト」を行わないレイシスト候補たちの当選を後押しする。民間と「選良」の間でレイシズムが循環増幅する構図はますます強まっている。

極めつけは本稿執筆中の「改元狂騒曲」である。存在自体が差別であり、アジア侵略と植民地責任の忘却装置に他ならない天皇制を全国紙と地方紙、そしてテレビが無批判に報じ、大多数がそれに疑問すら感じない。作家、徐京植《ソキョンシク》さんの言葉を借りれば、過去に学び他者との「共生」を求め、「国民」から「市民」への脱皮を志向するどころか、むしろ自ら進んで「臣民」（＝奴隷）を目指す者たちがマジョリティの社会で、「人権」や「歴史的責任」の言葉は、ますます現状をこじ開ける力を失っているように思う。

そんな時代だからこそ、先人たちの闘いの歴史に立ち返りたい。彼・彼女らがどんな状況から、いかなる世界を展望してきたのか。公的、制度的差別が今より遥《はる》かに厳しかった時代、どうやって状況を打開してきたのか。そんな思いが募るなかで、お話を聴きたいと思った一人が田中宏さんだった。

知遇を得たのは新聞記者をしていた一九九〇年代後半、外国籍住民の教育問題について電話でコメントをいただいたのが最初だったと記憶する。

その前後は、過去清算と在日外国人の人権状況が前後に大きく揺れ動いた時期だった。一九九一年、元「日本軍『慰安婦』」だった金学順《キムハクスン》さんが名乗りをあげ、日本政府に謝罪と補償を求めて提訴、いわゆる「証言の時代」が始まった。そして二年後、被害者たちの闘いに突き上げられる形で、「河野談話」が公表される。慰安所は当時の軍当局の要請により設営され、慰安所の設置や管理、「慰安婦」の移送に旧日本軍による直接あるいは間接の関与があったことを認め、「心からのおわびと反省」を表明する内容だった。安倍首相を筆頭に、右派が目の敵にするこの談話は、今も日本政府の公式見解である。

そして定住外国人を巡る人権状況だ。外国籍住民の地方参政権を巡る訴訟で、最高裁は一九九五年、訴えは棄却しつつも立法措置で永住者に参政権を付与することは「憲法上禁止されているものではない」と付言、運動が勢いづいた。外国籍公務員の任用を巡っても川崎市が一九九六年、政令指定都市で初めて、任用制限付きながらも一般職の国籍条項を撤廃すると表明。歴史認識と制度的レイシズムの撤廃という、「共生」への基盤整備が進み出すかに見えた。

一方で「揺り戻し」が起きていた。一九九五年には、後に排外主義運動の「ハブ」となる右翼政治団体「維新政党・新風」が結成され、「慰安婦問題」の教科書記述に危機感を抱いた右派が一九九六年に「新しい歴史教科書をつくる会」を結成、安倍政権の最大の支持基盤「日本会議」も一九九七年に発足した。決して「なかったこと」にはできない植民地支配、侵略戦争の責任を巡る議論の高まりが、この社会の醜悪な地金を剥《む》き出しにしたのだった。

実際にお会いしたのはその後だ。大工の棟梁《とうりょう》のような風貌と、「べランメエ」な口調に驚いた（本著では、この語りの妙味もなるべく出したいと考えた）。一橋大学を定年退官された後、私の暮らす京都の龍谷大学に赴任されたこともあって、以降も在日の地方参政権運動や、公務員の国籍条項、在日高齢者の無年金を巡る法廷闘争や、外国人学校の処遇改善や公安調査庁による外国人登録原票の大量収集問題などを通して、その謦咳《けいがい》に接してきた。

関係法令を読み込み、オルターナティブを提示しながら相手を追い込んでいく交渉術、明快かつ裁判官が「乗りやすい」論理で書かれた意見書の数々。裁判、特に内側からのそれを恐れず、あくまでも目の前にある差別の「具体的改善」を優先する一貫した姿勢。何より興味深かったのは宴席などで時折口を衝《つ》く、これまでの権利闘争の記憶だった。象徴的な意味でいえば、在日二世以降の権利伸長運動の始まりは、日立就職差別裁判闘争の支援者報『玄界灘』に、原告朴鐘《パクチョン》碩《ソク》さんが書いた、自らの名のハングル署名である。以降、数々の制度化されたレイシズムとの闘いが勢いを増していく。一九六〇年代の留学生たちとの出会いを通し、田中さんは七〇年代以降、主に在日二世以降が担った権利運動の大半に深くかかわり、並走してきた。本著は在日朝鮮人、在日韓国人の権利闘争に対象を絞ったが、中国人の強制連行などを含めると範囲はさらに広がる。文字通り、在日外国人の人権闘争の生き証人の一人である。その記憶を記録したいと思った。日々、「過去最悪」を更新する手詰まり状況だからこそ、人権闘争の「職人」に、実践で積み上げてきた「闘いの鉄則」を学びたかった。そして何よりも、田中さんの盟友たちの譲れない一線（思想）が何だったかを聴き、私たちが今後を生きる礎を得たかった。

自らを語ることに難色を示していた田中さんが私の申し出を了解してくださったのが二〇一六年の暮れ。それから一年余り、一回二、三時間のインタビューを重ねた。六〇年代後半からの人権闘争の歴史を聴く、それは至福のひと時だった。その幸福を私が独占するわけにはいかないと思い、雑誌『部落解放』（解放出版社）で一五回に渡って連載した。

それは私にとって、前作『思想としての朝鮮籍』（岩波書店、二〇一六年）から次の段階へと進む一歩だった。前著で私が試みたのは、「朝鮮籍」を一つの切り口に、在日朝鮮人たちが最も経済的、政治的に厳しい状況を強いられた一九四〇年代後半から五〇年代を、当事者たちの証言で辿《たど》ることだった。それは後発帝国主義国としての植民地政策と侵略戦争の結果、未曾有《みぞう》の破局を体験したはずのこの社会が、国、社会としての「生き直し」の機会を逸した過程を検証することであり、この社会の退廃の根を問うことだった。田中さんの語りは「その先」を描き出す。差別との闘いから照らし出された「六〇年代とは何か」についての考察は、本著の中でも特に注目して欲しい部分だ。そこには、この日本社会が、「歴史認識」と「反差別」という、他者との共生基盤の確立に完全に失敗していくさまが刻み付けられている。

その連載をまとめ直し、幾度かの追加インタビューと補論、書簡を加えたのが本著である。私の質問に答えながら、前述の権利闘争を中心とする数々の闘いについて縦横に語ってくださっている。登場するのは主に、「公権力」相手に個として闘いを挑み、道なき道を拓《ひら》いた先人たちだ。孫振斗《ソンジンドゥ》さん、宋斗会《そうとかい》さん、崔昌華《チォエチャンフォア》さん、金敬得《キムギョンドク》さん、新美隆《にいみたかし》さん、姜富中《カンブジュン》さん、そして鄭《チョン》香均《ヒャンギュン》さん……。私も知己を得ていた方で、すでに鬼籍に入った先人も少なくない。

敗戦を経ても何ら変わらぬこの国の植民地主義に打ちのめされながら、それでも落胆の底から声を振り絞り、差別への怒りと「共に生きる社会」への希求を多数者に語り続けた人たち。その闘いの軌跡を振り返り、私が改めて心震わせ、そして命の底から鼓舞されたのは、彼・彼女らは何かしらの「展望」があるから闘いに踏み切ったわけではないということだ。闘ったからこそ「展望」が切り開かれたのである。自らの尊厳のため、次代を担う同胞に同じ差別を味あわせないため、そして差別の中を生き、先立った者たちに正義を還すために。この先人たちの思いに私自身の思いを馳《は》せ、書き、語ることを通じて彼らの言葉を読み込み、そこから私自身の言葉を紡ぎ出していきたいと改めて決意している。遺された者の義務として。

中村一成

「共生」を求めて——在日とともに歩んだ半世紀　もくじ

まえがき　3

第1章　「原点」としての「アジア文化会館」……10

第2章　韓国人被爆者、孫振斗のたましい……26

第3章　「国籍」という差別装置……40

第4章　「日立」から「民闘連」へ……52

第5章　「憲法の番人」の人権感覚を撃つ……67

第6章　在日韓国人弁護士第一号、金敬得が遺したもの……83

第7章　指紋押捺拒否——日本の公民権運動……99

第8章　指紋押捺拒否2……114

第9章　「忘れられた皇軍」たちの叫び……131

第10章　戦後補償裁判から弔慰金法へ……149
第11章　「当然の法理」とは何か……164
第12章　外国人参政権という「起点」……180
第13章　朝鮮学校の大学受験資格問題……197
第14章　「はじまり」としての枝川朝鮮学校裁判……214
第15章　二一世紀の4・24、高校無償化排除との闘い……230
第16章　無償化裁判の新段階——縦軸で観るということ……245
補論　日本人の戦争観・アジア観についての私的断想　田中 宏……264
書簡　この度の朝鮮高校無償化問題に寄せて　権順華……282
参考文献　295
あとがき　298

第1章　「原点」としての「アジア文化会館」

在日外国人を巡る人権問題に取り組んできた田中宏の「原点」は、「アジア文化会館」職員としてアジア人留学生と出会った一九六二年から七二年の一〇年間にあると言う。かつて日本に蹂躙《じゅうりん》された国々で生まれ育った青年たちと本音で語らい、在留資格などさまざまな問題の解決に奔走する日々で痛感したのは、加害者と被害者の間に横たわる認識の格差と、「外国人」を権利の享有主体と見なさぬこの国の法制度だった。ここでの個別具体的な経験の積み重ねが、彼のその後を規定していく。

——留学生たちとの出会いについては、そもそも「予兆」のような出会いがあったと。

一九六〇年三月に東京外大の中国学科を出て、四月に一橋大大学院の東洋経済史に入ったんです。中国語を選んだのは、「猫も杓子《しゃくし》も英語」みたいな風潮に反発したから。言うまでもなく安保の年です。通常、自治会を作るのは学部生だけど、一橋には院生の協議会ができてね。私も役員でした。小金井（東京都）の車庫で座り込みをしたり、日比谷や国会とかにも行きました。「今われわれは研究室を出て、街頭に立つべきか否か」とかいう議論を提起する人もいてね。それで私は学校にはほとんど行かないわけ。結果的に岸信介（一八九六年～一九八七年）は退陣したけど私は一橋では外様でしょ。何食わぬ顔で研究室に戻るのも何なんで、指導教官の村松祐次教授（中国社会経済史、一九一一年～一九七四年）に「本で読んだ新中国の革命について、今回の総理大臣交代で少しリアリティを持つことができた。まんざら無駄ではなかったと思います」とか書いた手紙を出してさ（笑）、着いたころに学校に行きました。先生は何も言わなかったけどね。

それである日、先生が「今度、北京大学で義和団[1]を研究したインド人の留学生が帰国前に日本に来たいと言っている。お前、面倒見ろよ」って。彼は中国語ができるんで私と会話できるでしょ。それが六〇年の夏休みです。中国でも日本の安保闘争への関心は高かったし、彼は樺美《かんばみ》智子《ちこ》（東大の学生運動家。六〇年六月一五日、学生デモ隊が国会に突入、警官隊と衝突した際に死亡した。享年二二歳）の名を知ってるわけです。現場に連れて行って欲しいと言われてね、今は変わったけど総理官邸の真向かいにある南通用門に連れて行った。

夏休みで私も帰省する。声掛けたら彼も来るって言うから、岡山の田舎に連れてって。田舎の村にインド人が来ることはない。同級生は結構いるし、ものは試しと思って、公民館で七、八人集まって雑談をする場を設けたんです。それで懇談になって若い村の人が、「日本に来て一番驚いたことは？」と聞いたんです。

そしたら彼は「天皇が健在で、首都東京の真ん中にあんな大きい居を構えていることです。私は、天皇はすでに退位してるか、どこかの離れ小島に隠居してると思ってました」って答えた。「だってあの戦争は多くのアジアの人びとが犠牲になったし、あなたたちも天皇の戦争でいろいろとひどい目に遭《あ》ったでしょ。皆さんの家族にも戦死した人がいるのでは？　その責任を天皇が取らないのは理解できない。そうじゃないですか？」って。でも村の人はそんな話、聞いたことないじゃない。聞かれても対応に困るというか、想像もしなかった答えだから沈黙です。私も外大の中国語にいたけど、天皇についてそんなことを言う人は初めてだった。「言われりゃその通りだけど、まあとんでもないことを訊《き》く人だなあ」って。メタさんっていう人でした。アジアと日本とのギャップを感じたとっかかりですね。後から考えるとひとつの「予兆」だったなと。

――そんな大学院生活は「とある事情」で断念せざるを得なくなる。

岸の次は池田勇人（一八九九年～一九六五年）で、社会は政治から経済に変わったんです。そこで若手の中国研究者に資金を与えて情報収集と抱き込みを図るためか、「ＡＦ（アメリカ・フォード）資金」が出てきたのです。アメリカって侮れないなと思うけど、先読みしている。その受け皿の一人が村松先生だった。当時私は家庭教師で自活していたけど、先生が言うわけです。「今は家庭教師で生活できるかもしれないけど、博士課程になればそれは役にも立たない。こういう研究プロジェクトが来るから使うべき」と。仕事は日本の主な大学や研究機関を訪ねて、中国近現代史の定期刊行物の詳細な目録を作ること。当時は学位がない人は書庫に入れないけど、プロジェクトで行けば書庫にも入れる。貴重な資料を見て、手に取れるわけ。「研究にも役に立つし、収入にもなる」と。汽車賃も宿泊費も日当も出るんです。

でも困ってね。浅沼稲次郎（元社会党委員長、一八九八年～一九六〇年）が北京で「アメリカ帝国主義は日中共同の敵」って檄《げき》を飛ばしたのが一九五九年三月ですよ。中国とアメリカは「不倶戴天《ふぐたいてん》の敵」なわけ。AF資金を巡っては、当時、京大の助手だった狭間直樹さん（中国近現代史）が「AF資金は箱根の山を越させない」という文章を書いた。要するに東京の馬鹿どもは好きにやればいいけど、あの汚らわしいヒモ付きAF資金は、こちらには来させないと。そんな状況で俺たちは金貰《もら》う側に立つのかってね。村松先生は私が院に入る直前までハーバード大で在外研究をしていた大学者です。当時は大学闘争の前だった。外様の私が「教授！、アメリカの資金なんか受け取るんじゃねえ！」って噛《か》みつく元気はなかった。言われたら引き下がる、やるしかない立場ですよ。進退窮まってね。

――それで「アジア文化会館」創設者の穂積五一さん（一九〇二年～一九八一年）の元を訪ねるわけですね。天皇主権説を唱える上杉慎吉（憲法学者、一八七八年～一九二九年）の弟子で、国粋主義者の横断組織「皇道翼賛青年連盟」の創設者の一人でもある右翼です。「満州」入植に反対し、朝鮮・台湾の解放を主張したり、ネトウヨと違わぬ今の右翼とは次元が違いますが、とは言え彼に相談したというのが興味深いです。

学部生時代に遡《さかのぼ》るけど、穂積先生が開いた「新星学寮」（上杉が設けた「至軒寮」の後身）に入ったのが縁です。とにかく貧乏でね、探したら辿り着いた。朝は全員で掃除をして、食事は予算設定から買い出しも含め寮生が交代で作る。穂積が出席しての寮会が毎月あってね。寮費はほとんどかからないけど何か変なとこだなって。

そうすると「右翼の寮」だって聞こえてくる。しかも卒寮生や先生の知り合いが来て先輩風を吹かせるの。三上卓（5・15事件で犬養毅首相を撃った国粋主義者、一九〇五年～一九七一年）や西光《さいこう》万吉《まんきち》（全国水平社の創設メンバー、一八九五年～一九七〇年）なんかが穂積先生を訪ねて来てました。――水平社宣言を起草した一人として語られる西光ですが、獄中で思想転向し、戦中は国粋主義の旗を振った挙句、敗戦後は一転して不戦やアジアとの共栄などを訴えた人物でもあります。穂積さんとは右翼運動家時代の関係だったんでしょうね。どんなことを話してましたか。

「自衛隊を非武装の和栄隊に改組して、アジアとの和合ができるように全部やり直さないといけない」とかぶってましたね。それから私が入寮した一九五七年には寮生の心中があってね。いわゆる「天城山心中《あまぎざんしんじゅう》」（伊豆半島の天城山山中で、学習院大生の大久保武道が、同級生で婚約者の愛新覚《あいしんかく》羅慧生《らえいせい》を射殺した後、自らも自死したとされる事件。慧生はいわゆる「ラスト・エンペラー」愛新覚羅溥儀《ふぎ》の姪《めい》。メディアで大きく取り上げられ、『天城心中 天国に結ぶ恋』（石井輝男監督、一九五八年）として映画化もされた）です。当時、寮で大学二年は大久保君と私だけでね。行方不明になった時はみんなであちこち探したし、寮生の立場で葬式に行きました。

胡散《うさん》臭い寮だなあと思いました。その後の「アジア文化会館」にしても資金はなかったと思う。でも穂積先生は上杉の直弟子で、その繋がりでいろんな人が金を工面してくれるわけです。私なんかも金集めに歩いたことがある。富士銀行の岩佐凱實《いわさよしざね》（第三代頭取）や日本興業銀行の中山素平（第二代頭取）とかさ、そうそうたる連中が、「穂積がアジアの青年のためにやるんだから」とか言って、奉加帳を持って歩くと金を出すわけです。

――田中さんは穂積さんへの違和感が拭えず、一橋に進んだ段階で退寮、距離を置いていたわけですが。

ところが、ここが不思議なんだよね。進退窮まってフラフラって行ったんだよな。そういう引力を先生は持ってた。筋向いの東洋文庫で毎日史料読んでたし、「アジア文化会館」の食堂で飯食ったりはしてたんですけどね。あの人は理屈は言わないんです。いつも感覚的で、自説を説くなんて滅多にないけど、何故かこの時はこんこんと言われてさ。「学生時代と違い、娑婆《しゃば》に出れば他人の股をくぐらなきゃいけない時もある。だがこのAF資金は事情が違うようだ」って。それで「うちで働かないか?」って言われてさ。もう「渡りに船だ」となって「行きますわ」って。昔の寮の連中が結構いるから顔見知りはいたしね。それで村松先生には「学部の時にお世話になったとこがあって、その後、留学生の会館ができています。私は外様だしドクターでがんばる自信もないので辞めます」って言って、AF資金のことは一言も言わずに辞めたんです。そしたら先生は「せっかくだから修士論文だけは出してケリを付けたほうがいい」と。それで一年遅れで六三年に修論を出した。口頭試問では副査の一人で、古代史の専門家だった増淵龍夫先生（一九一六年～一九八三年）に「何でドクター行かないの」って軽く聞かれてさ。

そうは言ってもボスが真ん前にいるところで、例の件を口にはできないでしょ。村松先生に言ったことと同じ説明を繰り返したの。でも何で私が辞めるか、増淵先生には直接伝えたいと思って家を訪ねてさ、「村松先生はＡＦ資金の受け皿の一人です。その資金で研究をすることから逃げられないので、辞めるのです。先生にだけは理解していただきたいと思って、お訪ねしました」と言ったんです。そしたら先生は「（村松氏の）同僚として申し訳ない」と断ったうえでね、「しかし君、辞めたからといって今私たちが直面する問題が何ひとつ解決するわけじゃないよ。だから明日から君は何をどう生きるかが常に問われることは忘れないように」って、あれは大きかったな。それは「アジア文化会館」で仕事をしてることの意味とか、インドの学生の一言とかと繋がってくるんでしょうね。

――その一方で毎日が留学生との交流、「自明」を揺るがされる体験を積み重ねていきます。

ひとつは講演でもよく言う六三年一一月の千円札ですね。植民地支配の象徴である伊藤博文を最も使う単位の紙幣に載せる感覚がわからない、在日韓国人、朝鮮人の気持ちを考えないのかって。通常、意見の対立は右と左、保守と革新とかさ、でも千円札には誰も何も言わない。「戦前の日本は言論の自由が保障されてなくて政府批判して刑務所に入ったけど、戦後は保障されて、日ごろから政府を批判する文化人・知識人は数多あるけど、誰一人として千円札がおかしいって言わない。一億人が何考えてるのか薄気味悪い」って言われましたよ。

年が明ければ東京五輪、お祭りです。少し戻すと六三年九月には『中央公論』で、林房雄（作家、評論家、一九〇三年～一九七五年）の連載「大東亜戦争肯定論」（アジア太平洋戦争は、欧米列強の侵略に日本が対抗したアジア独立の戦いだったが、その理念が歪められた悲劇だったと主張。東京裁判を全否定したうえで、昭和天皇の戦争責任も認めている）が始まる。「大東亜戦争」なんて当時は誰も使わない。しかもものすごく刺激的な「肯定論」。しかも右翼雑誌ではない『中公』に一年以上（一六回）続く。アジアからの留学生は日本はどちらを向いているのかと危機感を持っていたのでしょう。「肯定論」は読みました。単純な肯定じゃなくて刺激的でおもしろいなと思った。でも終盤にね、一〇〇年もアジアのために戦ってきたから、日本もそろそろ隠居したほうがいい。ちょっと休んだほうがいいって書いてあった。当時はベトナム戦争の真っ最中、六五年の二月が北爆開始です。南ベトナムから沢山留学生が来ていて。日比谷公園に集まって、新橋とかへ「ベトナムに平和を」ってデモをやって、この問題が強烈に日本の社会に跳ね返ってくる。在日米軍基地から横須賀を経て戦車がベトナムに送られることもあって、ベトナムの留学生が、「（戦車がベトナムに）行けば同胞が殺される」って、阻止しようとしたりね。

――朝鮮戦争で復興していく日本で、在日朝鮮人らが日本から朝鮮への武器搬出を止めようと、体を張って闘った吹田事件や枚方事件（ともに一九五二年六月）を思い出します。

あの時は神奈川県の知事が、橋の強度上、戦車は通れないと止めたんです。強烈に覚えていることがあります。当時の「アジア文化会館」にはロビーにだけテレビがあった。泊まっているベトナム人の学生がテレビでニュースを見てるんですけど、ブラウン管に映った故郷の街角が爆撃で潰されちゃうのを見て泣き崩れるわけですよ。一方では日本から戦車が運ばれ、飛行機が出て行く。傷病兵が日本の基地に運ばれて来る。それじゃと思ってね、私は林房雄さんに葉書を出して、鎌倉の自宅に彼を訪ねたんです。あなた、日本は隠居したほうがいいと書いたけど、アジアの同胞であるベトナムに日本から飛行機が飛んで行って空爆をしてて、私の職場ではベトナムの留学生が故郷の街角が迫撃砲で破壊される光景を見て泣き崩れている。神聖なわが国土が同じアジア人を殺すために使われてることを先生、どう思うんですかって訊いたんです。そしたら彼は「君、サヨクみたいなこと言うねえ」と一言です。この男はダメだ、偽物だと私は思ったですね。私は留学生と地続きのところにいるからね、特別に構えなくてもそう思うんだけど、この男は違った。アジア、アジアって、薄っぺらな理屈だけだなって。

——自らの感度を試される日々だったと。

ある日、私の机に切り抜きが置いてあってね、六四年四月二五日付『毎日新聞』です。GHQ（連合国軍総司令部）時代に止められていた「戦没者叙勲」がこの年に再開されるんで、「叙勲のかげに」のタイトルで戦没者の「美談」が掲載されてました。顕彰された人の名簿も出る。当時、シンガポールでは日本軍に虐殺された華僑《かきょう》の遺骨収集が進んで、現地で「日本追及集会」が持たれていた。「日本占領期に生命を奪われたアジアの人びとの名簿、日本人は見えてますか」って言われました。

あとベトナム戦争ですね。六五年二月に北爆開始で、留学生と一緒にデモした。四月になって例の「ベ平連」（ベトナムに平和を！ 市民連合）ができてデモを始める。反戦デモ第一号は留学生だった。そのうちベトナムの留学生が「ベ平連」の集会に参加したりするわけですけど、そんな時に言われました。「よく日本人から『ベトナムは二つに分断されて気の毒だ』って言われるけど、沖縄と日本は完全に分断ですよね？　日本人は何考えてるのかな」って。

こうした感覚のズレですよ、いまだになぜ埋まらないのかわからない。東大に留学していたベトナム人から、日本語で通じるのに東大生は私にフランス語で話しかけてくるって言われてね。東大生は彼を語学の練習台にしてるわけです。「何故、私たちがフランス語ができるのか、植民地支配について彼らは何を学んでいるのでしょうか。東大って日本の一流エリートが学んでるんでしょ？　田中さん、日本の将来は危ういね」って。あと思い出すのは『赤旗』に載った「フランス語講座」の広告（一九七三年一〇月三一日付）を持ってきたことです。キャッチフレーズは「インドシナ三国で普及しているフランス語を学んで、インドシナ人民と友好を」です。あのころはまだ、新聞の一面でベトナムの戦況が報じられていた。しかも一週間後にも同じ広告が出た。読者も党幹部も何も思わなかったのかなって。留学生いわく「田中さん、日本の左翼も落ちるとこまで落ちましたね」って。共産党の悪口が大好きな『週刊新潮』あたりが、「共産党、地に落ちたり！」とかの批判記事書いたらいいのにそれもない。右も左も話題にもしない根深さって何だろうって思う。

あと七〇年に三島由紀夫（作家）が腹を切った時にもね、「日本の右翼は切腹するとこまでいってるのに、日本の左翼は何やってんだ」と言われました。これは微妙な話だけど、一九七一年の大学闘争華やかなりしころ、沖縄の青年たちが皇居に突入した事件[2]があってね。その時に言われたのが、「神田カルチェ・ラタン[3]（左翼党派による解放区闘争）とか言うけど、皇居に仕掛けたのは沖縄の青年だけ、命がけで飛びこんだのは沖縄の青年だけでしょ」って。見るとこ見てるなあって。あと忘れられないのは法政に行ってたシンガポール人留学生の話です。進歩的な発言をしているある教授がいたんで、この人は大丈夫だろうと思って日本について批判したら、「君、そんなに日本が嫌いなら、他の国に留学したらどう」って言われたと。彼が言ったのは「本当に自分は見る目がない、と恥じた」って。

　彼らの言葉で印象に残っているのは、「植民地支配を受けた人間というのは、目の前の人間が敵か味方かを瞬時に判断しないと、次の瞬間に殺されるかもしれない。そういう緊張感をわれわれは持ってるんだ」ということ。だから「この人が」と思ってダメだった経験をした時に自分の至らなさを思うんです。今は知りませんけど、当時、基本的に彼らは日本人に本音は言わない。模範解答はこう。日本は世界で二つも原爆が投下された唯一の国、その廃墟《はいきょ》からこの繁栄を築き、新幹線を開通させ、高層ビルが建ち並ぶ、それを学びに来たと。そうすれば表面的にはうまくいく。彼らは二つの顔を持っている。一つは新幹線を褒める顔。もうひとつは千円札を出して、こちらの感覚のズレを問う顔です。

――その一方、政治活動をする留学生への「弾圧」が表面化してくる。

　「べ平連」なんかにも参加して、「ベトナムに平和を」と活動する留学生に、当時のサイゴン政権から帰国命令が来て、それに合わせて日本側がビザを延長しない問題も起こるわけです。当時、ベトナム人留学生は年に一度、大使館に行ってパスポートの有効期限を延ばしてもらう必要があったんです。それで東大の経済学部に在学していたブー・タットタン君という日本の国費留学生が手続きに行ったら、「あなたは本国からダメだって言われてる」とか言われて更新ができない、旅券が失効するんです。それで入管にビザの延長に行くと、「パスポートは下敷きで、あなたはそれが無効になってるから、ビザの延長はできない」と拒否されてね。やがて不法滞在になり、退去強制命令が出た。メディアでも取り上げられて、みんなで署名を集めたりしたので結果的に何とか強制送還は免れた。

これはいろいろあってね。不法滞在になると原則「収容」だから仮放免許可を取らないと学校に行けない。それには保証人が必要なわけ。国費留学生の保証人は文部省の留学生課長が職名でなってるんで、課長に会って「保証人として法務省と交渉して保証金積まなきゃダメでしょ」って言ったら「私がやるわけには……」って。それで穂積先生が保証人になってね、当時保証金は五〇万円ほど、今は三〇〇万円くらい。それで「うちの穂積が保証人になるんだから法務省に掛け合って可能な限り安くしてくれ」って言ったの。そしたら五〇万円が一万円になった（笑）。

それで彼の署名運動しているうちに永田町界隈で、「左翼の『べ平連』とベトナムの留学生がくっついて騒動を起こしている、断固サイゴンに送り返すべき」という動きが出た。その音頭を取ってたのは千葉三郎（一八九四年～一九七九年）という右派の政治家でね、（この騒動を）裏で穂積が支えているみたいに言ってるっつう情報が入ってさ。穂積先生は烈火のごとく怒ってね。

「君も来なさい」って千葉三郎のところに行った。「私は『反政府』ということで如何ような批判を受けようと戦前から何とも思わない。だが俺を『アカ』と言うとは何事だ！」と怒鳴りつけて、「昔ならお前、命はないよ」って凄《すご》んだんです。迫力あったな（笑）。どこまでかかわってるか知らないけど穂積先生は戦前、東条英機暗殺未遂で逮捕されてるし、反政府の批判は構わない、ただ「アカ」呼ばわりは許さないと。その後も先生が動いてね。当時の東大総長は大河内一男さん（社会政策、労働問題、一九〇五年～一九八四年）なんだけど、総長秘書んとこに連れて行かれてさ、「田中君、ポイントだけ説明しなさい」って。それで結局、軽井沢で避暑していた大河内さんが東京に戻って、法務大臣の田中伊三次（一九〇六年～一九八七）に会いに行ってね、「何とか勉強が続けられるように配慮して欲しい」とか抽象的なこと言ったんでしょう。それを受けて田中大臣が国会で「重く受け止めたい」と発言した。これで送還はできない。阿吽《あうん》の呼吸です。当時は腹芸ができたんだよ。

――留学生や在日外国人によるベトナム反戦運動の高まりと対で、入管法案が上程されます。

入管法案は六九年から七三年まで計四回出るんだけど、その間、留学生の在留期間なんかを巡る問題が、法案と全部かぶってくる構造になっていた。新聞ネタ的にはアメリカ人で反戦留学僧のビクトリア・良潤《りょうじゅん》さんや、最高裁判決[4]で有名なアメリカ人の英語教師マクリーンさんの在留期間更新拒否とかでしたね。

みんな反戦運動をして、入管がすごく神経尖《とが》らしていて、彼らから敷衍《ふえん》して、外国人の政治活動を禁止するのが入管法案のひとつの目玉だった。当時、「入管法に反対する留学生二五カ国共同声明」を出したんだけど、その過程で在日本朝鮮留学生同盟（留学同）[5]の学生とも初めて知り合ったな。「留学生」って言うから「朝鮮からの留学生っているの？」とか思ったら総連系[6]の学生組織だった（笑）。あのころは、いわゆる華青闘告発（在日華僑の青年組織「華僑青年闘争委員会」が、入管反対闘争への姿勢を巡り、日本の新左翼を「差別者」などと痛烈に批判した）なんかがあって、留学生と在日、双方が共闘する状況があった。

一九七〇年五月にはいわゆる「劉彩品《リュウサイヒン》闘争」が起きてね。[7]彼女は台湾から来た東大の留学生で、二年前に失効していた台湾の旅券をそのままにして、日本での在留期間を更新したいと言って拒否された。彼女は助手共闘とも関係しててね、学内でもいろいろと支援の動きがあって、これもメディアに大きく取り上げられた。新左翼系の、あの独特な字体の「立て看」が東大のなかに立ってさ。彼女が中華民国を拒んで中華人民共和国を選びたいという背景も明らかになって、私もそれまでの留学生とは少し違った形でかかわることになったんですよ。

注

1　清朝末期の宗教的秘密結社。中国内でのキリスト教の広まりや、列強の侵入に対する反発を背景に華北一帯で支持を拡大。一九〇〇年には武装蜂起し、教会を襲い、外国人を殺害した（義和団事件）。清朝も義和団に同調、列強に宣戦布告するが日独英などの列強に制圧され、結果的に帝国主義国による中国分割が進んだ。

2 一九七一年九月二五日、皇居の坂下門に突進して来た乗用車から数人が飛び出し、ヌンチャクを振り回し、発煙筒を投げるなどしながら門内に突入、四人が逮捕された。四人はいずれも沖縄出身の青年で、新左翼系組織に所属。昭和天皇裕仁の欧州訪問に反対する実力闘争だった。一九七五年にも坂下門で同様の示威行為がなされたが、こちらの実行者は沖縄出身者ではない。

3 一九六八年六月二一日、共産主義同盟（ブント）の学生組織「社会主義学生同盟」（社学同）が企画したデモンストレーション。カルチェ・ラタンとはフランス五月革命の舞台となった学生街のこと。「神田駿河台を日本のカルチェ・ラタンに」とのスローガンで明大前通りにバリケードを設けた。

4 「べ平連」に所属し、ベトナム戦争反対運動などに参加していたロナルド・アラン・マクリーン氏が一九七〇年、在留期間更新申請を法務大臣に拒否された。氏は処分取り消しなどを求め提訴。在日外国人の政治活動の自由や、憲法上の人権保障が在留外国人にどこまで及ぶかが争われた。最高裁は一九七八年一〇月、人権の保障は原則、外国人にも及ぶが、その保障はあくまでも在留制度の枠内で与えられているに過ぎず、在留拒否の判断について法務大臣の広範な裁量を認め、原告の請求を棄却した。

5 朝鮮大学校以外の大学及び専門学校に通う学生が所属。解放（日本の敗戦）と同時に結成された「在日朝鮮学生同盟」を前身とし、一九五五年に現在の名称になった。

6 「在日本朝鮮人総連合会」。解放後に結成された在日本朝鮮人連盟が、その左派色を敵視するＧＨＱ（連合国軍総司令部）によって強制解散に追い込まれて以降、左派朝鮮人運動は日本共産党の指導下で、反米、反帝国主義を掲げた実力闘争路線に突き進んだ。この方針を「内政干渉」として批判する形で一九五五年に結成された民族組織が朝鮮総連。朝鮮民主主義人民共和国の海外公民の立場を堅持し、祖国統一や民族教育促進などの運動をしてきた。

7

在留許可の条件として法務省は、劉さんに中華民国大使館への「絶縁状」を出し、法務省がその写しを確認することを提示。それに従うと今度は、劉さんが絶縁状に記した「法務省からの要求」を訂正する文案を要求してきた。ニクソン訪中、中華人民共和国と日本の国交樹立、それにともなう台湾との断交前の出来事である。文案を大幅修正した後、九月に在留が許可された。

第2章　韓国人被爆者、孫振斗のたましい

アジアからの留学生とのかかわりを通じて排外社会日本の現実を突き付けられてきた田中宏が、「継続する植民地主義」に対峙《たいじ》するきっかけは、一九七一年の二つの出会いだった。一人は広島で被爆後、外国人登録令違反で韓国に強制送還されたが、被爆治療を受けるために入管手続きを経ずに渡日、囚《とら》われの身となった韓国人被爆者、[1]孫振斗《ソンジンドゥ》（一九二七年～二〇一四年）である。行政交渉と裁判を通じて見えたのは、「『戦後』という虚構／欺瞞《ぎまん》」だった。

――「劉彩品《リュウサイヒン》闘争」（二五頁）を通じて田中さんは二人の旧植民地出身者と出会うことになります。一人は韓国人被爆者、孫振斗さんです。

事務局会議で、ある青年が改まって私に、「私は今、日本の被爆者運動の排外主義と闘ってる」って言うわけ。聞いたら、二つあって、ひとつは慰霊碑の問題だった。「日本の被爆者はことほど左様に排外的で、朝鮮人慰霊碑を平和公園の外に排除している」と。

――後に広島市長となった平岡敬さん（元中国新聞記者、一九二七年～）の判断で、一九九九年、公園内に

移設された慰霊碑[2]ですね。

そしてもうひとつが韓国の被爆者の問題だった。「被爆者治療を受けようと韓国から密入国してきた孫振斗さんという人がいて、何とか日本で治療を受けられるようにと運動しているんです。ぜひ知恵を貸して欲しい」と言われたのよ。それで「その人、今どこいるの」って聞いたら、「広島の刑務所に入ってるけど、今は結核が悪化して刑の執行停止で国立福岡東病院で療養している。ある程度回復したらまた刑務所に戻る」って。密入国で初犯だったら大体は執行猶予だけど、彼は三回目だったから「八カ月の懲役」で服役してたわけ。「退去命令は？」って聞いたんだけど、彼は「退去命令って何ですか」って。被爆者の切り口でコミットしてるから、彼は入管の制度をまったく知らなかった。退去命令の有無は決定的でしょ。聞いても埒《らち》が明かないんで、「じゃあ俺ちょっと行くから」って、当時は新幹線が通ってなかったから汽車に乗ってね、福岡の東病院に孫さんを訪ねたの。それで「すいませんが、入管の書類を全部見せてくれませんか」って。見たらもう退去強制命令が出てたのよ。病院で躰《からだ》が回復したら刑務所に戻されて、八カ月の務めを終えたら大村（長崎の入管収容所[3]）へ持ってかれて韓国に送還されるわけ。

私は入管のことはわかってたけど、逆に被爆者のこと何もわかんないから、支援者の彼に被爆者医療について聞いたわけ。「被爆者健康手帳」という制度があって、認定疾患に該当すると「健康管理手当」も出る仕組みになってるって教わってね。あれこれ調べてみたら、どっちの法律にも国籍条項[4]がないんだよね。それで、「まずは被爆者健康手帳を申請しよう」ってね。一九七一年一〇月に申請したの。だけど福岡県知事――形式的には知事だけど、実際は厚生省だった――の判断がなかなか下りない。あまりにも決定が遅いもんだから、よくあるでしょ。「不作為の違法確認」の名目で提訴したんですよ。知事が判断をせず放置していることが違法だっていう主張でね。そしたら向こうも「しょうがない」と思ったのか、手帳を出さないって判断をしたんだよね。

それでこちらは新たに不交付決定の取り消しを求める行政訴訟を起こした。相手は非常に困ったみたいでね。法律に規定がないんだから「同法何条の何々の規定で不交付にした」という理屈が使えないわけ。あの時に彼らが捻《ひね》り出した理屈は今でも覚えてますよ。「この人は早晩送還されるので、日本の『地域社会の構成員』とは認められない。だからダメなんだ」って。

――苦しい弁解ですね。

ダメにした以上は理屈が必要だけど根拠がないのよ。そのまま判決です。私としては一審はまあ勝てても最高裁までは無理だろなあなんて思ってたら、結局一審、二審、最高裁まで勝ったんですよ。私も正直、びっくりした。私はこれまでいろんな裁判に首突っ込んだけれども全部勝ったのはこの事件だけです。

でも理由は明快かつ単純だった。法律に国籍条項、国籍要件がないわけで、唯一の争点は彼が被爆者であるか否かです。でも孫さんは原爆が落ちた当時、広島に住んでて、近所にどんな人がいて、証明する人が二人いるという条件もクリアしてるからね。行政も否定できない。そのうえ最高裁判決では、原爆医療を広く適用することが「同法の持つ国家補償の趣旨」に適《かな》うとか、「自己の意思にかかわらず日本国籍を喪失したことも勘案すれば」なんて歴史的経緯も明記されてね、在外被爆者とか、その後の裁判にも道を拓《ひら》いたわけ。

一方で、被爆者健康手帳申請後に孫さんは退院して刑期を務め、そのまま大村に収容されたわけです。それで一九七三年一〇月に、退去強制命令の無効確認と執行停止の裁判を起こすんですけど、密入国者が日本に在留する権利があると法律的に構成するのはほぼ不可能に近いわけ。そこで支えになるのは歴史的背景や日本の責任性でした。みんなで一生懸命勉強してね、三六年間の植民地支配や、なぜ孫振斗さんが広島で被爆したかとかの経緯を踏まえたうえで、孫さんに対して日本側として持つべき責任があるんじゃないかと裁判所に問うていくわけ。

そうこうするうちに手帳の裁判がどんどん進行する。当時は月に一回くらい大村から韓国への送還船が出るんですけど、船が出る前の週かに、次の便で送還される人の名簿が所内に貼り出される慣行らしいんですよ。それでこちらの弁護団も入管側に対して今度の船に彼を乗せるか否かを訊《き》くわけ。向こうも嘘言うわけにもいかない。それで「どうしても乗せるというのであれば、裁判所も仮処分の判断をするしかない」とやり取りを続けてたら、先んじて手帳のほうで勝ってさ。入管も困ったと思うよ。もしこれで強制送還すれば、一審とはいえ日本の裁判所が認定した被爆者を送還するわけだから。それで結局、法務省も最高裁の勝訴判決後に「在留特別許可」を出してね、何とか留まって医療を受けられるようになったんですよ。

あの時、一生懸命やったのが久保田康史さん（一九四六年〜）という、今はもう大ベテランの弁護士です。孫さんの事件は久保田さんが弁護士になり立てくらいの時期じゃねえかなあ。私もそれまでは専門家である弁護士と、運動は別の動きをするものと思ってたんだけど、あの時は違ったの。久保田さんとか被爆者運動の中島竜美さん（ジャーナリスト、在韓被爆者問題市民会議代表、一九二八年〜二〇〇八年）とかとね、毎回その裁判の準備のために集まって誰かが報告して議論するの。三六年間の歴史とか被爆者がどうだとか議論してね、その内容を書面化していく。市民運動と弁護士とがああいう形で協力して問題にぶつかるのは、それまであまりなかったと思う。支援者のなかには福岡の伊藤ルイさん（市民運動家、大杉栄、伊藤野枝の娘、一九二二年〜一九九六年）もいましたね。

あの裁判は久保田さんも弁護士冥利に尽きたんじゃないかと思うんだよね。一審から最高裁まで勝ち抜く裁判なんて、長く弁護士やってもそうそうはないはずですよ。

――特に植民地責任や過去清算のかかわる事件では画期的な結果です。

やっぱり決め手は「国籍条項」がなかったこと。あれば負けてたと思う。逆に言えば、国籍条項がいかに強烈な力を持つかということです。ちなみに被爆者関係だけ国籍条項がない理由も調べたのよ。児童手当にしても国民年金にも軒並みあって、しかも全部厚生省所管でしょう、何で被爆者だけねえんだろうと思って。当時、被爆者は公衆衛生局企画課というのが所管でね、これがヒントでした。戦傷病者は引揚援護局で、年金は年金局。児童手当は児童家庭局がそれぞれ担当している。何で公衆衛生局なのかなあと思ったわけよ。それでいろんなものを読むとポイントがわかる。なるほどなあと思いましたね。政府の立場では、被爆者は戦争被害者じゃないということにしてあるんですよ。戦争被害者については引揚援護局がやることになってる。恩給局は総理府所管であって。それで被爆者と空襲被災者が残るわけよ。実のところ国から言えば厄介なのは戦争被害者の範囲なんです。私もこの後の戦傷病者の問題で随分勉強したんだけど、国の戦争犠牲者援護政策の対象というのは、「何かお国のために役に立ってる?」「お国のための仕事をしてた?」が基準です。国との特別な関係がある者については責任を負うんです。戦前は「戦時災害保護法」(一九四二年)で補償していたのに、戦後は空襲被災者は入らない。もう少し細かいこと言えば、引揚者はどうして被害者なのかというと、たとえば朝鮮は日本の領土になってたわけだけど、それが戦争に負けた結果、命からがら戻って来なきゃいけないわけ。人によってはソウルで大きな豪邸を構えて生活していた人もいるだろうけども、みんなほとんど裸一貫で戻って来ざるを得ない。いわゆる「在外資産の喪失」ですけど、それについては国が責任を持たなきゃいけないというので、「引揚者給付金等支給法」(一九五七年)ができるわけ。それで結局、空襲は除外です。空から焼夷弾が落っこちてきた被害で、お国のために何か働いたとかじゃないからダメだという理屈です。その意味で原爆も同じ爆弾が落ちてきた形だけど、一方で放射能障害という後遺症が残るでしょ。特別な問題なので、これについては難病対策として国が何らかの対応をせざるを得ないとなって、一九五七年に被爆者医療法(原子爆弾被爆者の医療に関する法律)を成立させたんです。これは健康診断を無料で受けて、そしてその治療が必要な場合には治療費を国が出すという制度なんですね。その後亡くなったら葬式代を十万円かなんか出すの。つまり対象は生存者だけなんですよ。

一方で軍人は遺族にも年金が出るけど、医療法ができる一九五七年以前に死んだ被爆者には何も手当がない。何故なら難病対策だから。軍人恩給を貰《もら》っている人との不平等があるわけで、被爆当事者たちが一生懸命運動やったんでしょう、国が動いて一九六八年に被爆者特別措置法（原子爆弾被爆者に対する特別措置に関する法律）ができた。健康管理手当という形で、難病を抱えてるという解釈で現金が支給される。あくまで「手当」であって、「年金」として受給できる軍人恩給とは違うわけです。

要するに引揚援護局の所管にすると、国の責任の問題が絡んでくるわけですよ。そこで公衆衛生局に張り付いている。ここがミソなんです。この局は、結核予防法とか性病予防法とか公衆衛生全体を改善する仕事なわけです。たとえば結核予防法は伝染病である結核を退治するための特別法で、そうすると日本国籍を持ってる人だけ手当をしてもダメでしょ。だからここが所管する法律には国籍条項は付けられなかった。とにかく全部カバーしないと国籍で排除すると全体にかかわる仕事と矛盾するんですよ。公衆衛生局に持って行ったがために、国籍要件を付けることができなかった。

本当は誰がどうかかわってこうなったのか調べたらおもしろいと思うけど、ほとんど「怪我の功名」です。孫さんの裁判でも私は何度も厚生省に足を運んで、控訴を断念しろとか言ったんだけど、対応に出て来るのは公衆衛生局企画課なんです。不思議だったけどこういう理屈だった。だから厚労省が一九九七年に出した『援護五〇年史』（厚生省社会・援護局援護五〇年史編集委員会監修、ぎょうせい）っていう総括的な本を見るとね、被爆者についていては、ひとつ言も出てこない。まあ実に見事というのか……。

私はやっぱり日本のアカデミズムが非常に問題だなあと思ったのは、今私が話した社会保障とか、戦争犠牲者援護の成り立ちとかいうのは、戦前の歴史との関係、戦前、戦後の連続性を考えるうえで非常に具体的な問題なんですね。たとえば軍人恩給っていうのは、全部階級ごとに年金が違うわけですよ。言い換えるなら戦前の軍制度が戦後もそっくり残っているんですよ。これも宋神道《シンソンド》さん（元「慰安婦」だったと名乗り出て、法廷で闘った在日朝鮮人、一九二二年〜二〇一七年）の裁判の時に、請求額をいくらにするかの議論で、それなら東条英機夫人が貰っているはずの年金額を請求しようとなってね。算出はややこしいかなと思って調べたら、軍人だった時の位に呼応して金額が決まっているから機械的に出せるんですよ。ドイツでは——私が調べた当時は西ドイツだけどね——戦後は、階級とか全部廃止して、受けた損害に応じて年金額を決める。戦場でも空襲でも死んだ人は同価値なんです。位は関係ない。亡くなった人は同じで、障害を負った人はその等級で金額が変わる。

——戦前、戦後の連続性、「継続する植民地主義」の実態があります。

やはり、日本の戦後の思想、歴史とかなんかをちゃんとやろうと思ったら、今言った話をどう整理するかってのはすごく大事ですよ。豊富な材料があるんだから。それから注目すべきは、日本における援護立法や社会保障法は一九六〇年代にほぼ完成しているんですよ。

――高度経済成長期、この社会は過去に蓋をしたということですね。

私に時間と能力があったら、「日本の戦後史における六十年代とは何か」ってのをまとめたいけどね。「一九六〇年」とか冠した本は何冊か見たけどね、私の関心事は出てこない。やたらと屁理屈が多くてさあ。ファクツを掘り起こせばもっとリアルなものが見えると思うんだけど。たとえば全国戦没者追悼式を正式にやったのは一九六三年でしょ。その前は靖国でずっと前に一度やったそうだけど、『忘れられた皇軍』（大島渚監督のテレビドキュメンタリー）、千円札の伊藤博文、いずれも六三年です。それから六四年が戦没者叙勲の再開です。一九六四年に東京五輪があって、新幹線、モノレール、首都高速と続く。それで最後の締めが七〇年の大阪万博ですよ。六〇年から七〇年、私にとってはその期間は、「千円札」、『忘れられた皇軍』、『大東亜戦争肯定論』の三つで考えるけど、一方では「叙勲」、「東京五輪」、「三種の神器」でしょ。このギャップですよ。

『戦後日本スタディーズ』（岩崎稔、上野千鶴子、北田暁大、小森陽一、成田龍一編著、全三巻、紀伊國屋書店、二〇〇八―二〇〇九年）なんて本が出ているでしょ。パラパラっと見るんだけど、私の知りたいことはまず出てこないんだな。ごく最近に出た『〈戦後〉の誕生―戦後日本と「朝鮮」

の境界』（権赫泰、車承棋編、中野宣子訳、新泉社、二〇一七年）はその意味では力作だったと思うね。東京外大を退官した中野敏男さん（歴史社会学）が冒頭論文を書いててね、権赫泰《クォンヒョクテ》さん（韓国・聖公会大学校日本学科教授、日韓関係史、日本現代史）たち韓国の研究者たちの論考が翻訳されている。あれを読むと、日本の戦後思想からいかに「朝鮮人」が抜け落ちているか、いかに植民地支配に起因する在日の存在や植民地後の問題を無視して戦後史が綴られてきたか、その嘘《うそ》がかなり具体的に暴かれていますよ。

――「『戦後』という虚構／欺瞞」ですね。被爆者援護が公衆衛生局の管轄になっている話に戻りますと、公衆衛生の観点なら、海外の被爆者には一銭も出さないという方針にもある種の整合性がありますよね。

そうなんだよ（笑）。最高裁判決で、要約すれば「被爆者はどこにいても被爆者だ」となった。国籍条項がなければ残るのは被爆者であるか否かだけ。それで健康管理手当も出るようになった。これには公金がともなうわけです。しかも密入国であっても日本の領域内に入ったら法律を適用してカバーしなければいけないという判断も確定した。

ご承知の通り日本政府はその後、在韓被爆者の渡日治療をやるんですよ。日本に来るのが可能な人は、来日して原爆病院に入院すれば無償治療が受けられるし、その間は健康管理手当も出る。でも、ある程度治療が終わって帰国すると健康管理手当は出なくなるんです。日本から出たら被爆者健康手帳は効力がないというのが政府の見解だった。でもあれは実は法律ではないんだよね。一九七四年のいわゆる四〇二号通達ですよ。それで裁判やって、その通達自身が違法だという形でひっくり返されて、もう今は廃止された。あれも在韓被爆者の法廷闘争が突破口になったけど、あれで実質的に助かった人は日本人が多いんじゃねえかなあ。最初はいわゆる「在韓被爆者問題」って言ってたのが、その後「在外被爆者問題」に広がったからね。被爆者が戦後、アメリカやブラジルに移住してんだよな。その人たちが年齢を重ねるとさまざまな支障が出てくるっていう。中島竜美さんに聞いて非常に印象に残ってるのは、被爆者というのはヒビの入った器みたいな側面があるってわけ。すぐ割れるわけじゃないんだけども、ちょっとしたことや加齢でいろんな支障が出てくると。たぶんそうだろうなって。

——自分には「日本政府の治療を受ける権利がある」と明言しての闘いでした。歴史的勝訴について、孫さんと喜びをわかち合う機会は。

なかったね。孫さんは手帳裁判の最高裁判決後に在留特別許可が出るまで、大村から出られず仕舞いだった。在留許可を得た後、一度会いに行かなきゃと思ってるうちに亡くなった。あの裁判も分かれ目はあったんです。彼と月一回くらいずっと面会していた入江清弘さん（一九三二年～二〇一三年）っていう福岡の牧師さんがいてさ。彼に聞いたんだけど、裁判している時にね、釜山に住んでる孫さんのお母さんが亡くなったんですよ。それで入管が孫さんに、「親が亡くなったんだから、帰ってちゃんと葬式すべきじゃないか」って執拗《しつよう》に勧めたらしいんだよ。当時は日本にいて初めて手帳が出る仕組みだったから、本人が自分の意志で帰っちゃえば手帳もアウトになるし、在留もできなくなる。裁判も終わるから入管としてはそうなれば万々歳なわけ。嫌らしい攻め口だけど、それで帰ってたら全部パアだった。

ところがね、「一寸の虫にも五分の魂」というのかね、随分悩んだと思うけど、彼は留まったんですよ。面会で彼がそれを話題にしてね、「入管からいろいろ言われたけど、俺は日本でがんばる、帰らない」と言ったそうです。彼があそこで踏み止まったことが決定的な意味を持ったわけ。今では在外被爆者への手当も随分改善されたけど、あの時、孫さんが帰ってたら、今日の状況は得られなかったと思う。だから本当に歴史ってのは皮肉だと思うの。私自身、あの経験を通じて、植民地支配三六年間の歴史に、有無を言わせず向き合わざるを得なくなったね。

注

1 韓国原爆被害者協会の推計によれば、広島、長崎で被爆した朝鮮人は被爆者全体の約一割とも言われる七万人（広島五万人、長崎二万人）に達している。うち死者は推計四万人（広島三万人、長崎一万人）に上る。日清戦争時に大本営が設けられて以来、広島は軍都として「発展」、炭鉱や造船所のあった長崎は軍需産業で「栄えて」きた歴史があり、多くの朝鮮人を安価な労働力などとして吸収していた。

在韓被爆者への法適用拒否に代表される差別的な援護行政は、孫振斗ら当事者の闘いで改善してきた。日本政府は一九九〇年、「人道措置」として在韓被爆者に四〇億円を拠出したが、一方の在朝鮮民主主義人民共和国の被爆者については、「国交不在」を理由に、何ら援護をしていない。

2 平和公園内への移設ができなかったのは、これ以上、公園内に新たな慰霊モニュメントの設置は認めないという広島市の方針（一九六七年）にもとづいていた。それまで皆無だった旧植民地出身者の慰霊碑に、その方針を杓子定規に適用した役所の対応や、それに異を唱えなかった「被爆者運動」の排外性と歴史的責任への無自覚、そして国民主義は批判されるべきだろう。

ただ一九七〇年、在日慰霊碑が公園外の本川橋西詰めに建てられたのは別の理由による。被爆して、翌八月七日に死亡した朝鮮王族、李鍝《イウ》が発見された場所が旧所在地で、李を敬慕する在日有志が最期の場にちなんで建立したのである。

3 朝鮮戦争最中の一九五〇年一二月、長崎県大村市に設置された「大村収容所（正式名称、法務省大村入国者収容所）のこと。戦火や混乱を逃れて日本に渡航してきた密入国者（本来は難民、しかも旧植民地からの避難民である）や、何らかの刑罰を受けて強制送還が決まった在日を収容、送還していた。ここから集団送還された韓国人、朝鮮人は、五〇年代だけで一万人を超えるという。左派系運動に連なる朝鮮人にとって「大村送り（＝反共国家「韓国」への強制送還）」は、死刑にも等しい響きを持っていた。過酷で非人道的な処遇は「刑期なき牢獄」とも呼ばれ、収容者による抗議行動と、当局による弾圧（死者も出た）が繰り返された。現在も大村入国管理センターとして、収容施設の役割を果たしている。

4 戦後補償、社会保障の受給、加入資格者や、「公職」就任の対象者を日本国籍者に限定する条項のこと。明文規定がないにもかかわらず、内閣法制局の見解（第一一章参照）をもとに、外国籍者が排除されている公職、職種も多い。国民年金に国籍条項があった影響で無年金の在日高齢者、「障害者」が存在する問題や、法制局見解を根拠に、最高裁が外国籍弁護士の調停委員任命を拒否している問題などについては、国連の人種差別撤廃委員会その他が改善を求めている。

第3章　「国籍」という差別装置

　留学生の在留資格問題を通し、田中宏は朝鮮人被爆者、孫振斗《ソンジンドウ》の闘いにかかわる。それは、植民地支配三六年間とその後も続く不正に「有無を言わさず向き合わざるを得なくなった」経験だった。同じ一九七一年、田中はもうひとつの、その後を決定付けるような出会いを得る。日本国籍確認訴訟や、「犬の鑑札」と言われた外国人登録証明書の焼却、数々の「戦後補償裁判」の仕掛けなど、「日本」をラジカルに問い続けた宋斗会《そうとかい》（一九一五年〜二〇〇二年）である。彼との出会いは「国籍とは何か」を本格的に考えていく契機だった。

――宋さんとの出会いも留学生の奨学金打ち切りを巡る裁判がきっかけだと。

入管法案と並行する形で、日本政府の外国人の政治活動に対する攻撃が強まるわけです。そこで私がかかわったのがシンガポールからの留学生、チュア・スイリン君の事件でした。彼は日本政府の国費留学生の身分で千葉大留学生部に学んでいたんですけど、マラヤ留日学生連合会の会長として、マレーシア連邦結成に抗議の声を上げたんです。それで新生マレーシア政府が彼の奨学金打ち切りと本国送還を日本政府に要請したら、日本はあろうことか簡単にこれに応じて、彼の奨学金を打ち切り、在籍していた千葉大までもが彼を除籍してしまった。一九六四年一二月のことです。

――千葉大の除籍は、彼が奨学金打ち切りの処分取り消しを求め文部省を訴えたことへの陰湿な報復と解するしかありません。留学生や日本人学生、田中さんら支援者が大学に泊まり込み、昼夜通して監視、抗議した結果、ビザ更新期限の最終日、何とか私費生としての再入学までは巻き返した。水俣シリーズで知られるドキュメンタリー映画監督、土本典昭さん（一九二八年～二〇〇八年）の代表作のひとつ『留学生チュアスイ リン』（一九六五年）はその記録ですね。その後も奨学金打ち切りを巡る裁判は続き、田中さんは原告補佐人として法廷に立ち、最終的にはチュアさんが全面勝訴した。

土本さんは最初、日本テレビの『ノンフィクション劇場』の企画で来たんだけど、外交問題になりかねないと、局の意向で没にされたらしい。同じようにＮＨＫも来て、『現代の肖像』という枠でやろうとしたけど、やはり中止になりました。やはり理由は「外交問題」、それから「裁判で係争中の事案だから」です。

――『忘れられた皇軍』（日本軍の一員として出征、回復不能な障害を負ったが、日本からも韓国からも補償されない在日韓国人傷痍軍人たちの姿を追いかけた。第9、10章で詳述）ですら放送した『ノンフィクション劇場』の枠でもダメだったのが驚きです。それくらいに大きな壁に立ち向かった運動の記録がこの作品なんですね。

土本さんは偉いなと思うけど、彼はこんなこと書いてましたよ。「企画が没になったからといって、身を引くことは絶対にできなかった。チュア君たちがまた『日本』に裏切られたという失意を持つだろうと思うと」とね。ここで降りたら記録映画作家として彼を二重に裏切ることになる。ＮＴＶ（日本テレビ）が降りても私はとにかく、ファインダーから彼を覗《のぞ》く仕事はやると。そしたら岩波映画のかつての仲間で、当時はテレビＣＭで飯食ってた工藤充さんって人が、「ドロちゃん（土本の愛称）がやるんなら、俺が全部フィルム出す。トライＸ（高感度フィルム）をいくら使っても俺が全部出すから」ってね。そのおかげで大学へ泊まり込んだり、学長を吊るし上げたりするシーンが全部撮れた。自主製作映画として完成したのは一九六五年六月です。

――これを契機に土本さんはテレビを離れ、映画作家として自立します。まさに記念碑的作品です。

それで、チュア・スイリンの問題にかかわっていた一人に、京都薬科大学で先生をしていた大沢基さん（歴史学、一九二二年～一九九一年）という方がいたんです。たしかアジア・アフリカ連帯委員会の京都の役員をしていた人で、京大熊野寮の近くにあった「京都国際学生の家」の舎監をやっていて、留学生の面倒を見ていたんですね。その関係で大沢さんは、宋斗会さんとも繋がりがあって、私のことを宋さんに言ったみたいです。「留学生の事件とか入管法とか外国人のことをいろいろやっている田中という人間がいる」みたいにね。それである日突然、宋さんから速達が来たんです。「大沢基さんからお前の名前を聞いた」みたいな書き出しで、便箋にびっしりと書いた手紙を（笑）。

――驚きますよね、まさに宋さんらしいです。

宋さんは一九一五年生まれなんです。

――慶尚北道漆谷郡に生まれ、二〇年、父を追って京都府北部の網野町に渡ります。その後は寺に預けられて僧侶として育てられました。三三年には旧満州（中国東北部）に渡って大陸を放浪、解放は北京で迎えます（宋斗会『満州国遺民―ある在日朝鮮人の呟き』風媒社、二〇〇三年）。

一九一〇年の併合の後に生まれているわけだよね。それで手紙を読むとね、趣旨はこういうこと。「俺は生まれた時は日本人だったのに、俺に何の断りもなしに俺の国籍がなくなって、ある日突然、外国人だといって四の五の言われる」と。加えて日本には四七年に戻って来てるから、戦後入国になるんです。だからいわゆる旧植民地出身者としての在留資格じゃないんで、一般外国人と同じく定期的に在留期間を更新しに行かないと在留資格がなくなってしまう。だから言うわけ。「今までの歴史を考えれば、『あまり住みよくないかもしれないけど、もしよろしかったらどうぞいらしてください』ぐらいの挨拶があっていいと思うのに、ビザを延ばすとか延ばさないとか指紋を押せだとか四の五の言われるのはおかしいから、今、日本国を相手に俺の日本国籍を確認する訴訟をしている。ついてはいろいろと協力して欲しい」って。びっくりしたね。およそ考えたこともない話、理屈だったから。

植民地支配で朝鮮人を皇国臣民にして、言葉や名前も奪い、最後は戦争にまで狩り出しながら、戦後は一転してサンフランシスコ講和条約の発効と同時に日本国籍を喪失させた。日本の国籍法では本人の意思確認なしに国籍を失うことはないのに、国籍選択権も与えなかったわけです。だから在日朝鮮人は現在も日本の国籍を持っているはずだっていう宋さんの議論はね、理屈としては成り立つけど、実際にそんなこと言う人に出会ったのは初めてだった。

——たしかに日本の国籍法に照らしても、在日の国籍喪失はあり得ないものでした。しかも二度の世界大戦を経て採択された世界人権宣言で、「すべての人は、国籍をもつ権利を有する」（第一五条1項）「何人も、ほしいままにその国籍を奪われ、又はその国籍を変更する権利を否認されることはない」（同2項）と記されて四年後の措置です。在日朝鮮人の国籍を巡る問題の起点には、二度の大戦を踏まえた「国際人権」に真っ向から歯向かう暴挙があったわけです。『在日外国人第三版——法の壁、心の溝』（田中宏著、岩波新書、二〇一三年）にもその経緯はふれられていますが、最初、在日の国籍は選択制をとるとの見立てだったのに、いつの間にか一方的な喪失になった。その理不尽を踏まえれば「私は日本人だ」との主張はあり得ますが、一方で日本国籍は日本語や日本的氏名と同じ「同化政策」のシンボルであり、擲《なげう》つべき対象でもある。「日本国籍を確認する」という裁判には「在日」社会からは相当な反発があったようですが。

それで宋さんは本人訴訟で、一人で裁判を闘っていたわけですよ。ともかくと思って京都へ飛んで、大沢さんところへ行ってね。「京都国際学生の家」の応接間みたいなところで宋さんと会ってね、持論をなんか懇々と言われたんだよ。

——一九七三年には法務省前で外登証を焼却し、刑事被告人となって自らの主張を展開したり——私は正当な行為と思いますが——、宋さんは紛《まが》うことなき「奇人変人」でした。一方で、少なくとも私にとってはあんなに格好良くて魅力的な人もいませんでした。私が出会ったのは「浮島丸訴訟」[1]です。記者会見では「倭奴《ウェノム》に天誅《てんちゅう》を与えよ!」とか言いたい放題の挙句に席を立ち、一言取ろうと追いすがる記者を「やかましいっ!」と一喝して退席したり。浮島丸の爆沈現場に向かって父母の名を叫ぶ遺族を前から撮ろうと、正面から遺族にカメラを向けたテレビクルーを「無礼者、どけっ!」と杖で殴ったり。港で祭祀《チェサ》が終わると、供え物の餅や果物、干物なんかに加えて、ビールを缶のまま海に投げ込むんです。テレビカメラが回っててもお構いなし。「さすがに缶は中身だけに!」と言ったら「構わん、魚が喰《く》う」ってニコッと笑って。本当に突き抜けた人でした。田中さんの印象は?

いや、普段は淡々と喋る人だからねえ。それで一言一言がなんてのかな、聞いたことのない話だから、吸い込まれるっていうのかねえ、それは非常に新鮮だったたし、「目から鱗《うろこ》」というのか、まったく別世界の考えてもみないことだからさ。私は当時、孫振斗さんの問題もやってたから国籍の問題については関心を持ち始めていた時期だったけど、およそ考えてもみない話だったたな。それで裁判、傍聴に行くようになってね、そのうちに今は京都弁護士会の大御所になった小野誠之さん(一九四二年〜)、当時、まだ駆け出しだった小野さんが宋さんの相談に乗るようになったんです。あのころは結構、学生運動が元気よくてね。彼らにとって宋さんは尊敬の対象で、京大熊野寮の二部屋を提供して住んでもらっていた(笑)。

――あれは寮の新左翼学生たちが、鴨川の橋の下で寝起きしていた住居不定の宋さんをいわば「三顧の礼」で招いたと聞きました。一九七三年のことです。私が彼に取材した『毎日新聞』京都支局時代にも二部屋を使ってましたね。

私も京都に行くとだいたいあそこに泊まってた。それで私は一九七二年にアジア学生文化協会から愛知県立大学に移るわけ。それで大学行くと『紀要』ってのがあって、教員は何か書かなきゃいけないの。そんな面倒くさいことあるって知らなかったから、どうしようかと思って困っちゃった。それで「あの話おもしろかったから、あれを手がかりにして何か形にしよう」と思って書いたのが「日本の植民地支配下における国籍関係の経緯——台湾・朝鮮に関する参政権と兵役義務をめぐって」(『愛知県立大学外国語学部紀要(地域研究・関連諸科学編)』九号、一九七四年)だった。要するに兵役義務と参政権についての論考です。きっかけは宋さんです。冒頭にこの宋さんの手紙が来て、こういうこと言われて、これを元に私はいろいろと考えてこういう論文を書いたという、私としては非常に記念すべきものとなった。言い換えれば、それだけ大きなインパクトを宋さんが与えてくれたということ。だから宋さんとの出会いがなかったら、私のその後は全然違うものになってたかもしれないと思うね。だって、在日朝鮮人でいまだ日本国籍を持っていると主張するのは在日社会のなかではまあタブーっていうほどじゃないけど、およそ耳にしない主張だったから。

——しかし在日をとり巻く問題に取り組みはじめた初期に出会った人物が、「異端」そのものの宋さんとは運命的ですね。

異端と言えばあとは崔昌華《チォエチャンフォア》さん(牧師、一九三〇年〜一九九五年)だったな。例の金嬉老《キムヒロ》事件[2]

（一九六八年）の時に彼が在日朝鮮人のことを「少数民族」とか書いて（崔昌華著『金嬉老事件と少数民族』酒井書店、一九六八年）、これも在日社会ですごく反発受けるんですよね。崔さんも身体ごっつくてさ、怖い感じの人だったな（笑）。

――とは言え、在日の異端たちの語りに違和感はなかったですか？

まあ穂積五一先生の影響かな。先生は理屈じゃなくて、感性でものを言う人だけど、そんな先生が念仏みたいに言ってたのは「価値観を棄てろ」でした。あえて私なりに言うとね、留学生に向き合う時には、自分の持ってる価値観を全部棄てて、そこから始めなきゃダメだっていうこと。要するに、こちらの立場から向こうに説明するとか、こちらの立場を留学生にわかってもらうって形のコミュニケーションではダメだということなんです。最初にまず彼ら留学生の言うこと、彼らの論理、価値観にじっくり耳を傾けて、もちろん反論するとかいうことはあり得るとしても、まずこっちを無にして、じっくり彼らの話を聞くことなんだと。まあ抽象化して言えばそういう空間のなかで生きてたわけ。

――田中さんのフェアな姿勢にも通じていると思います。

だから宋さんに会った時もおそらく私は、とにかくこの人の言うことをじっくり聴こうという態度だったと思う。しかしまあ（笑）、一言一言、聴くこと、ことごとく、およそ今まで聴いたことがない、でも理屈としては「まさにそうだ」っていうね。「ちっぽけな国に、まあ住みにくいかもしれないけど、よろしかったらどうぞいらしてくださいぐらいの挨拶があっていいのに、ビザを延ばせとか、指紋押せとか、何様だと思ってんだ」って。でも言われてみりゃ本当にそうだと思う（笑）。

それで「国籍とは何か」を考えるようになって、国籍を媒介にして考える時に割合わかりやすいものとして、義務のシンボリックなものとしての兵役義務、それから権利のシンボリックなものとしての参政権に着目して、それが植民地時代にどうなっていて、戦後どうなったかというのを書いたのがその論文なんですね。

あれほんとに一生懸命書いた論文で、その後も私のすごく重要なベースになっています。宋さんにしても、孫振斗さんの問題にしても、後でふれる石成基《ソクソンギ》さん（元軍属、一九二一年～二〇〇一年）たちいわゆる「忘れられた皇軍」たちの問題にしたって、煎じ詰めれば全部「国籍」へ戻るわけですよね。

――ところで国籍確認訴訟の傍聴とかは？

ちょくちょくね。途中から小野誠之さんとかが代理人をやるようになって、それで私が京都へ行くと大体、宋さんのところに泊まってね、弁護団会議に出たり法廷に出たり。京都の弁護士の人たちとの繋がりはあの当時からですね。小山千蔭さん（一九四四年～二〇一九年）とかもね。

――宋さんは弁護士との付き合いも強烈でした。事務所を回るんだけど、三〇分五〇〇〇円で相談するんじゃない。逆に弁護士からカンパを巻き上げて回ってた（笑）。あと学者も。金はあるところから巻き上げればいいみたいな。元「大陸浪人」の凄《すご》みというか、大杉栄といった二〇世紀初頭のアナキストたちの八チャメチャぶりを思わせます。

そうそう（笑）、もう誰も何も言わない。「浮島丸訴訟」だって、宋さんが原告を募ってオルグして回った。それからサハリン残留コリアンの問題も、[3] 一番最初に種を撒《ま》いたのは宋さんですよ。サハリン裁判では、弁護団事務局長になった高木健一弁護士（一九四四年〜）を口説いてね。その後、大沼保昭さん（東大名誉教授、国際人権法、一九四六年〜二〇一八年）が入って行って「議員連盟」を作ったりいろいろと仕掛けて動かしていくんだけど。浮島丸もそう。あの問題も簡単に言えば国籍です。やはり旧植民地出身者を巡る問題はとどのつまり「国籍」がキーワードになってくる。

――まさに紛うことなき差別を「合理化」してしまう魔法の杖ですね。

そう、やはり国籍の問題に収斂《しゅうれん》してくる。それを事実に即して裁判で具体的にやっていったわけです。サハリンの問題もそうだし、浮島丸だってそう。いわゆる元「慰安婦」への戦後補償もそうです。韓国の人たちの戦後補償をいろいろと支援していた「太平洋戦争犠牲者遺族会」の梁順任《ヤンスニム》さん（元「慰安婦」の金学順《キムハクスン》さんらの訴訟を支えた人物）のところにはたしか最初、私と小野誠之さんとで一緒に行ったんじゃないかな。そういう意味では国籍というものを手掛かりにして、植民地支配の清算問題というか、最近の言い回しをすればポスト植民地問題の一番の根幹を問うてきたって感じでしょうね。

注

1 一九四五年八月、帰還する朝鮮人を乗せて青森県大湊を出港した「浮島丸」が、寄港した舞鶴港（京都府）で爆沈、少なくとも五四九人が死没した大惨事のこと。機雷に接触したのが原因と言われるが自爆説もあり真相は不明。一九九〇年代に入り、宋の呼びかけを受けた韓国の生存者や遺族が日本政府を相手取り、賠償と公式謝罪を求めて提訴。一審京都地裁は原告一部勝訴の判決を言い渡したが高裁で逆転敗訴、二〇〇四年、最高裁で請求棄却が確定した。

2 一九六八年二月、静岡市内のキャバレーで、在日朝鮮人二世の金嬉老（権嬉老）が、金銭トラブルからヤクザ二人をライフルで射殺、寸又峡温泉の温泉旅館に逃げ込んだうえ、客や従業員を人質に籠城した。金は取材に来た記者らに自らが受けた民族差別の数々を語り、地元署の刑事に差別発言への謝罪を求めるなどしたため、事件は大きな注目を集めた。約八八時間後、金はメディア記者に紛れ込んだ警察官によって逮捕されたが、裁判でも金は「朝鮮人に対する民族差別抜きに事件は語れない」と主張。法廷では金達寿（作家）や金時鐘（詩人）、高史明（作家）、日高六郎（社会学者）らが意見陳述した。死刑の求刑に対し判決は無期懲役で、一九九九年に金は出所するが、日本政府が国内での保護観察を認めなかったため韓国に渡り、二〇一〇年三月に死去した。享年八一歳。

3 日露戦争で日本は南樺太を獲得、政府はそこにあった数カ所の炭鉱に多くの朝鮮人労働者を動員した。日本敗戦時の在サハリン朝鮮人は推計四万人超とも言われ、一九四六年七月の調査では千島を含むサハリン全土で朝鮮人人口は二万三〇〇〇人を超えていたという。一九四六年一二月の「米ソ引揚協定」締結や、一九五六年の「日ソ国交回復」などで、在サハリン日本人のほとんどは帰還を果たしたが、現在の韓国に故郷を持つ朝鮮人の帰還は遅々として進まなかった。大きな原因は、歴史的責任を持つはずの日本政府が一九八〇年代後半まで帰還支援をネグレクトしてきたこと。その「理由」に持ち出されたのは、一方的に押し付け、喪失させた日本国籍の有無だった。

第4章　「日立」から「民闘連」へ

孫振斗《ソンシンドウ》と宋斗会《そうとかい》、二つの出会いと同時進行で、在日の権利伸長運動の歴史が動き出していた。一九七〇年、日立製作所の入社試験で、履歴書に「通名」を書いて採用された在日朝鮮人二世、朴鐘碩《パクチョンソク》（当時一九歳）が採用を取り消されたのである。「嘘《うそ》をついた」ことを解雇の理由とする日立に対し、朴は同年一二月、民事訴訟を提起する。在日朝鮮人の権利闘争を拓《ひら》く「日立就職差別裁判」だった。

——民族差別に法的応戦をする。日立の闘いは、今に至る在日の権利運動に新たな地平を拓きました。

私は当時、朝鮮人被爆者の孫振斗さんの問題に取り組んでいたこともあってね、実際の裁判にはかかわってない。弁護団会議に出たことも、法廷に行ったこともない。ただ日立就職差別裁判では全国各地に「朴君を囲む会」っていう支援会ができてね。私は、名古屋でフォローしていたんです。

——そこで在日を取り巻くさまざまな問題や一世の思いにふれたと。朝鮮学校の大学受験資格問題[1]に遭遇したのもその場だったそうですね。

いろいろありました。ひとつは在日の年配の人だったけど、日立訴訟の集会で「ちょっと皆さんにお尋ねしたいけども、私たちが市営住宅に入れないことを、ご存じの方は手を挙げてください」って。誰も知らないんだよ。支援集会に来る人でも、在日の状況が見えていない。衝撃でした。当時、名古屋市長が革新の本山政雄さん（元名古屋大学教授、一九一〇年〜二〇〇九年）で、「市長に文句言おうじゃねえか」となってね、私も市役所行って、国籍条項を外せと言ったんです。その時に印象的だったのは、交渉した担当課長が言ったんですよ。「皆さんのお話はよくわかりました。逆にひとつお尋ねしたいのは、皆さんの言われるように国籍条項を外すと、たとえば市営住宅を一〇〇戸作れば、今までは全部日本人が入った。国籍条項を外すと日本人は九八戸しか入れなくて、二戸は外国人が入るかもしれない。それでいいんですね？」って。そうか、これがポイントなんだと。その後、少しして名古屋は入居可能になりました。国際人権規約加入（一九七九年）で可能になるより早かったですよ。

もうひとつはね、やはり在日のかなり年配の方が「私なんかはね、裁判をしてまで日本の会社で働きたいのかって、素朴に疑問を持ってる」って言ったんです。後の指紋押捺《おうなつ》拒否運動の時にも、似たようなことを言われました。「たしかに指紋はケシカランけど、別の見方をすると、指を真っ黒にして指紋を取られる時、『何で、俺たちはこういう日に遭《あ》うのか』と考える。それは、自分は何者かを考える重要な機会なので、指紋押捺義務はむしろないとダメ、いわば重要な通過儀礼なんだ」って。それは、この社会で生まれ育ち、将来にわたって生きていく朴さんたち二世とのズレなんだよね。やっぱり人権問題とか、差別にどう立ち向かっていくかを考えるって時に、第一世代ってそういうところあるんですよ。

――ここはやむなく渡って来た場所で、根を下ろすつもりはない。あくまでも異郷なんだという感覚ですね。そして、実体験に培われた日本社会への拒絶感がある。「世代」が闘いの背景にもあった。

私はそれほど朴さんと話したことはないけど、彼は一九五一年生まれです。金敬得《キムギョンドク》さん（日本の外国籍弁護士第一号）が四九年生まれ（二〇〇五年死去）。いずれも、一九五二年の「日本国籍」喪失以前の生まれです。日本の学校で民主主義を勉強するけれど、いざ社会に出て行く時、差別の現実に直面するわけ。自分たちを取り巻く状況は何なのか、民主主義じゃないのか、それを踏まえて自分はどう生きるかを考えざるを得ない。そんな世代的状況って関係してんじゃないかと思うんだよね。在日弁護士という意味では、金敬得さん以前にも司法試験に合格した人が一二人いるけど、みんな「帰化」したんだから。そこで彼が踏みとどまったのも世代だと思う。鄭香《チョンヒャン》均《ギュン》さん（国籍条項による管理職受験拒否を司法の場で問うた）も五〇年生まれです（二〇一九年死去）。

差別の現実を、学生運動に携わった人たちに投げかける「入管闘争……」とか言うけど、具体的な差別の問題について、あなた方はどうするんだ」みたいな形でね。裁判以前から、朴さんは同世代の日本人たちとの繋がりがあったんだろうね。孫振斗さんの件を私に持ち込んだのも学生運動の人だったと思う。当時は金嬉老《キムヒロ》さんの事件（一九六八年）で、差別という問題が大きくなっていてね、梶村秀樹さん（歴史学者、一九三五年〜一九八九年）も、崔昌華《チォエチャンフォア》さんも、そこにコミットして、「金嬉老公判対策委員会」[2]ができるでしょ。この七〇年っていう年はこれら全部かぶってくるんですよ。

――両者はまったく違いますが、身体を張って差別を撃つ意味で、私には「日立就職差別裁判」と「金嬉老事件」はある種コインの両面のように思いました。まさに時代の生み出した闘いが「日立」だった。

ただまあ後者の「金嬉老」に集ったのは言うなれば知識人たちですね。支援者も法廷に立った人も。一方で「日立」は純然たる市民運動だった。当時のバックグラウンドはベトナム反戦です。入管が留学生の政治活動を弾圧し始める。私の場合で言えば、千葉大の留学生、チュア・スイリン君が六四年に奨学金打ち切り処分され裁判が始まる。判決が出たのが六九年四月です。その六九年に政府方針の具体化としての「入管法案」が出てくるわけでしょ。その翌七〇年には「劉彩品《リュウサイヒン》闘争」があってね、あのころは奈良県立医大生の李智成さんという華僑《かきょう》青年が、入管法反対を遺書に書いて自殺したんです。この年には「華青闘」告発もあったでしょ。その流れのなかで出てきたのが日立就職差別問題だから、市民運動がどーんと広がったのかなという印象ですよね。

あと社会運動自体の変化もね。基本的にはやはり「べ平連」以降の流れだと思う。従来の市民運動は、ダミーと言えば失礼だけど、実際、ほとんど政党が動かしていた。だから、被爆者運動も原水禁と原水協に分かれるとか、アジア・アフリカ連帯委員会も分裂するとかさ。「べ平連」

はその意味では違っていた。会の名前に「ひらがな」が入ったのはひとつの象徴でしょう。昔は役所みたいに漢字ばかり。「日本平和委員会」とか「原水爆禁止日本協議会」とか。それが「べ平連」の場合はあの長い名前にひらがなが入ってね。小田実《おだまこと》さん（作家、一九三二年〜二〇〇七年）の「文化」なのか、とにかく新鮮だった。その影響でしょうね。日立訴訟支援の名前も「朴君を囲む会」でしょ。

——初めて鐘碩さんに会った時の印象は。

彼はガンガン演説ぶつタイプではなくてね。「囲む会」のニュースに自分の名前を初めてハングルで書いたこととかを、とつとつと語っていたのを覚えていますね。初めて会った時じゃないかもしれないけどね。

——「囲む会」の機関誌『玄界灘』でハングル署名をしたことですね。実際にそれを目にした時はどう思われましたか。

「えーっ」ってちょっとびっくりしたね。でも考えてみると、そうだよなと。ハングルで名前を書いて、自分のアイデンティティを踏まえて闘争していく。彼はその先駆け。後で首突っ込む指紋押捺拒否もまったく同じだったね。結局、押捺拒否するとね、いくら「通名」使ってても、自分が在日だと公《おおやけ》にせざるを得ないんですよ。市役所交渉に行くと、あの人とあの人は拒否してるってわかる。この町では三人と思ったら、役所に行ったら五人いるっつってね。名前を伏して拒否した人は表面に出ないけど、われわれが把握している三人は、運動のなかでみんな本名を名乗るようになっていくわけです。それで自分が在日で、ずっと出自を隠して生活してきて、たとえば同じクラスにいた朝鮮人がいじめられてる時に、自分は日本人の側に立って一緒にやった、やらないと自分が危ないと思ったとかね。そういう体験を、時に涙ながらに告白しながら、何故自分が指紋押捺拒否に踏み切ったかの、一人ひとりのストーリーが出てくるんですね。

結局ね、差別にぶつかると、自分のアイデンティティを確認しながら闘っていかざるを得ない。そのひとつの走りが『玄界灘』に書いた朴さんのハングルの名前だったなあ、という気がしますね。

あのころ朴さんはね、「この裁判勝っても負けても、自分は全然生まれ変わることができたから、むしろ日立に感謝したいぐらいだ」みたいなこと言ってんですよね。私はやっぱりあれは非常に重要なことだと思う。指紋押捺拒否の問題だって、そういう面があるんだよね。だから差別の問題っていうのは、差別と立ち向かうことによって自分自身が変わっていくというのか、それでないと差別との闘いってできないんじゃないかな、やっぱり。特に、名前の問題にしても、ずっと隠れているわけですから。

——その裁判では、原告の意向を尊重した訴訟指揮がなされました。

あの時は裁判官に中平健吉さん（一九二五年～二〇一五年）がいたのが大きかったと思うね。中平さんが裁判官を辞めて弁護士になった後、何度かお話を聞きました。細かいことは言わないけど、なかで相当一生懸命やったみたいですね。原告側の証人を沢山採用したり、朴さんの出身地の名古屋や、宝塚市の被差別部落でも出張尋問やったりさ。今では考えられないようなことを随分とやった。

――逆に裁判官次第でそれくらいは可能ということですね。今の高校無償化訴訟の裁判官たちは何をやっているのかと思います。そして裁判は一九七四年、横浜地裁で勝訴。在日の歴史性や、通名使用を含めた民族差別の現状を認めた画期的なものでした。

私の印象では、あの時の思いは「やればできるじゃないか！」だったよね。日立製作所という天下の巨大企業相手に一在日が裁判やって勝てた。泣き寝入りを繰り返しては、いつまで経っても埒《らち》があかない。おかしいと思うことについては、きちっと「異議申し立て」をすべきだということ。金敬得さんが「帰化」を拒んで弁護士になろうとした契機のひとつも、ここにあったんじゃないかな。

――韓国では不買運動が起き、アメリカでもキリスト者らが抗議の声を上げたと聞きます。日立が控訴しなかったのはこれらも影響した？

当時、ソウルの地下鉄に日立製モーターの導入が検討されているという情報が入ってね、「差別企業の部品を使うのか！」とか韓国で怒りが高まった。これは教会ルートの市民運動が担いました。それがどれほど有効だったか不明だけど、日本の支援者と協力して日立と交渉して、判決前の段階で、「もし負けても控訴はせず、地裁で終わりにする」という約束をとった。それで日立も矛《ほこ》を収めたんですよ。だって普通だったら控訴するじゃない（笑）。

その意味ではあの裁判は、在日の人権問題で日韓が協働した最初のケースだったと思う。そもそも韓国で、在日のことはほとんど知られてなかったし、意識ある人でも在日の差別問題にコミットすれば、下手すると「朝鮮総連」との関係になるから、あえて手出ししない部分があったわけじゃないですか。今では、ウトロ[3]にしても、朝鮮学校の問題にしても、総連が困惑するくらい韓国の市民運動が全力で支援しますけどね。

――かねてから田中さんはこの闘いを協定永住（「日韓国交正常化」にともなって結ばれた「日韓法的地位協定」に記された在留資格。大韓民国国民が申請できる〈朝鮮籍者は対象外〉とされ、取得すれば退去強制事由などで、一般永住に比して一定の優遇がなされた。一九九一年、入管特例法の制定にともない「特別永住資格」に統合された）の問題と絡めて発言しています。

ひとつはね、提訴時、朴さんは未成年だった。訴状を見せてもらったんだけど、「右・親権者」って書いてあってね、余談だけど今やっている朝鮮学校の高校無償化裁判の原告も同じ未成年です。朴さんは提訴する前の段階で、親と一緒に「協定永住」を取っていたわけですよ。

日本と韓国の二国間では、この「法的地位協定」で在日の処遇問題は一応決着がついたということになってたけど、就職差別にも対処できない。結局、この協定は中途半端な政治的な妥協の産物で、とりわけ在日は切り捨てられたことが、かえって白日の下にさらされた。だって指紋押捺にしたって、金敬得さんにしたって、全部自力で闘ったわけだから。

難民条約に日本が加入したら、国民年金法とかの国籍条項は外れたけども、日韓法的地位協定では何も変わらなかった。戦傷病者戦没者遺族等援護法も典型ですよ。日韓国交正常化を揶揄《やゆ》してね、「ボク（朴正熙）にやるなら、ボク（僕）にくれ」なんて言葉が流行ってた時代です。無償三億ドルの供与も日本政府はあくまで「償い」ではない「独立祝い金」説をとったわけですから。歴史問題は、まったく抜け落ちてたんじゃないかなあ。

——そして勝訴は「民族差別と闘う連絡協議会（民闘連）」の結成へと至ります。「在日韓国・朝鮮人の生活実態を踏まえて民族差別と闘う実践をする」「民族差別と闘う各地の実践を強化するために交流の場を保障する」「在日韓国・朝鮮人と日本人が共闘していくこと」を掲げ、「この指とまれ」で繋がった緩やかな連合体でした。

闘いでできた各地の繋がりを、その次に続けていこうということで自然発生的に集まった印象ですね。中心になったのは、関東では、李仁夏《イインハ》さん（牧師、一九二五年〜二〇〇八年）、裵重度《ペチュンド》さん（現・「青丘社」理事長、一九四四年〜）でしょうね。

毎年夏に集まり各地の運動成果や課題を話し合う。公営住宅とか児童手当とか。指紋押捺や戦後補償、参政権とかね。われわれの求める社会像を示さなければということで、一九八七年には「在日旧植民地出身者に関する戦後補償および人権保障法（草案）」も作りましたよ（『韓国・朝鮮人の補償・人権法』民族差別と闘う連絡協議会編、新幹社、一九八八年）。また、教育課題に取り組む「全国在日朝鮮人教育研究協議会」（全朝教）も発足しました。「同和教育」に必死で取り組んでいた教師たちが、やはり在日朝鮮人の問題は個別にやらねばと立ち上げた。あれも「日立」の勝利が生んだと私は思いますね。

電電公社の国籍条項とか、日本育英会の奨学金貸与の国籍条項の撤廃なんかもやりまして、私も行きましたよ。「何でダメなんだ」って訊《き》いたら、「電話の架設で自宅に上がって回線を引くから、外国人では困る」とか言ったんだよ。ほんとに頭にきてね、「それじゃ朝鮮人の家に、日本人が上がって線引くのはいいのか」っつったら黙り込んじゃったけどね。妙な理屈なんだよな、日本の差別は「公」が率先してるんだよな。

そのうち民団[4]が権益擁護委員会を作って、一九七七年に『差別白書』第一集を出す。あれも「民闘連」の影響です。地方公務員の外国籍者採用とかの自治体一覧表を作り、○×付けてね。それを一個一個潰していこうとか言ってね。

――日本人と在日朝鮮人、在日韓国人が差別撤廃の一点で集まり、具体的に協働する。「民闘連」は運動形態としてもエポックメイキングなものだった。

具体的な協働という意味では初めてじゃないかな。たとえば、一九六〇年代後半の美濃部都政の時に朝鮮大学校認可問題があったでしょ。その時は「社・共」の影響下でやってたね。国立大学の学長声明とか意味はあると思うし、あんだけ人物が集まったのに、例の朝鮮学校卒の大学受験資格問題には繋がらなかった。今と違って国立大の学長は影響力もあったし、あれだけの面子を並べたのは凄《すご》いと思うけど、さらに進んで、当事者の置かれた差別状況を踏まえて、日本の社会をどう変えるかには至らなかったと思うんだ。具体的に何が問題で、どこをどう攻めるかを考えて、知恵絞って動かないといけない。政治闘争的なやり方では困るんだ。

――権利伸長は当然のことですけど、定住を前提とした運動に多くの第二世代が参画する一方で、「祖国」をどう考えるかとの問題が出てきます。飯沼二郎さん（農業史、運動家、一九一八年～二〇〇五年）たちが提唱した「第三の道」論もあれば、「在日志向」「本国志向」といった二分法もありました。「在日論」についてどのように考えていましたか。

ひとつは朴鐘碩さんや金敬得さんの存在ですね。彼らを見て、考えていると、やっぱり「日本でどう生きるのか」の問いの前で、自分たちが立ち止まって考える。もう少し言えば、前の世代の在日が直面するその「問い」について、ちゃんとしたものを残してない現実はあったと思う。一方で「在日か祖国か」でバサッと分けて、対立的にものを見るって発想は、やっぱり問題だなあと思いますね。特に、民族教育の問題を考えると、なかなか難しいと思うんです。ひとつは民族学校です。その場合は不可避的に本国との関係が出てくる。もうひとつは、軍政時代に韓国で捕まった在日元政治犯の持つ問題です。最近になって、私は彼らの日本における法的地位回復問題[5]にかかわるようになって、彼らと付き合うようになりました。そこでいろんな話を聞くんだけど、朝鮮学校に行くことを躊躇《ちゅうちょ》する在日が、それでもアイデンティティを問いつつ選ぶのは本国留学なんですよ。何人かに話を聞いて感じたのは、やっぱり民族性を巡る問題なんですね。自分は何者なのかとか、今後どう生きるのかとかを考えた場合、とにかく祖国の門を留学として叩くわけでしょ。

そこで、国の今後を憂い、考えている韓国の学生とかかわるうちに、国家保安法で逮捕されちゃうみたいなね。韓国の治安機関サイドの観点で言えば、在日の場合は裏取らなくていい。ぶっ叩いて吐かせりゃいいし、しかも自分の身内に総連系の人がいる在日なんて普通でしょ。日本に戻った時に身内の誰某と会って話したとか、そんなので引っ掛けていく。今ようやく再審無罪の確定が積み重なってきてるけどね。

それで話を戻すと、私が彼らの会に出て話を聞くようになって、やはり感じるのは、朝鮮学校に行けない人たちのもうひとつの道は韓国留学で、それによって自分のアイデンティティを考える構造になってんだなと。そうすると「在日指向か祖国指向か」という二分論で考えるっていうのは、ちょっとやっぱり形式的で、それじゃ済まないだろうというのは感じます。

飯沼二郎さんの「第三の道」って、いろいろ話題になったけども、問題はそこんとこだと思う。教育を除いた、単純な権利擁護だけだったら「在日指向」ですっきりするけど、やっぱり教育、アイデンティティの問題を考えると、そんな単純じゃないと思いますね。

——七〇、八〇年代を通じ、在日をとり巻く差別の撤廃闘争を牽引《けんいん》した「民闘連」ですが、九〇年代に入り、民団、総連とは違う第三の民族運動団体を志向する人たちと、在日と日本人たちとの共闘を追求する人たちとの間で路線が分かれ、結局、数年後に解消されました。今改めて「民闘連」運動の総括を。

「民闘連」がなくなっても、かかわった日本人の大部分は、依然として「共生につながる市民運動」として今に繋がってんじゃないかな。先日、参院会館で公立学校教員の常勤講師問題（外国籍者は教頭や校長への道が開ける教諭にはなれない）の集会で喋ったけど、運動を続けている人も基本は元「民闘連」です。関西の場合は部落解放運動の流れもあるけど、それぞれの課題に今なお取り組んでいる。

それからもうひとつは、ニューカマーの人権擁護や差別問題にかかわる市民運動にはかつて「民闘連」に参加した人たちが多いね。あまり一般化すると間違うかもしれないけど、いつかも山梨から「力を貸して欲しい」って電話があってさ、かつて名古屋で「民闘連」にかかわった人で今は山梨にいる人でしたよ。やっぱりコツコツやってんだよ。二〇年ぶりくらいに会って話してね。例の在特会の「蕨《わらび》市事件[6]」と同じようなケースで、退去強制を受けてお母さんは帰ったが、子どもの在留をどうするかって事案でした。「入管は在留特別許可出せよ！」ってやっててね、そのうちに出るんではと思いますが。一時期、タイからたくさん来た花嫁を支える運動もしててね、年に一回タイからお坊さん呼んで、二、三週間滞在してもらって繋いで回ると、タイ人女性には精神的な支援になるんだって。

――ある意味で「派手」な「民闘連」が解消しても、足元で「共生」を目指すことを止めない。

いくつかあるだろうね。やっぱり「民闘連」ってのは、日本社会の自己中、排外主義と闘う一点で繋がっていたから。それから特定の政治勢力と一緒にやるんではなくて、自前でやってきたということ。そこは「民闘連」のもうひとつの大事な部分でしょうね。だからどこに行っても自己流でそれなりにやれるんじゃないかな。それから「民闘連」ってのは日本人と在日とが一緒にやるでしょ。そのなかでね、これはたしかに在日の人権問題だけど、それは一方では、日本社会の問題そのものであるという認識が共有できたと思うな。要するに、かかわる日本人は「応援団」じゃないっていうこと、それぞれが自らの問題だと思う人たちの集まりだった。やはりそこが「肝」でしょうね。

注

1 第13章参照。

2 大学教員やジャーナリストらが一九六八年に立ち上げた。メンバーは鈴木道彦(フランス文学者)、岡村昭彦(ジャーナリスト)、久保覚(編集者)、梶村秀樹(歴史学者)ら。無期懲役の確定と刑務所への移送で活動を終えるまでの約八年間、法廷闘争や集会、四〇号に及ぶ「金嬉老公判対策委員会ニュース」の刊行などを通じ、在日朝鮮人を取り巻く問題を明らかにし、日本社会の責任を問うことを目指した。

3 京都府宇治市にある在日朝鮮人集落で、大戦末期の軍事飛行場建設の際、多くの朝鮮人労働者を集め、住まわせた「飯場」に起源を持つ。土地は国策会社の後身「日産車体」から、ある住民を経て「地上げ屋」に転売され、残された人びとは長く強制立ち退きの危機にさらされてきた。だが、住民、民族団体、日本人支援者たちの粘り強い運動が韓国内の世論を喚起、韓国政府も買取支援金を予算化。土地の幾ばくかを買い取り、公営住宅を建てる形で「土地問題」としての「ウトロ」は解決した。

4 在日本朝鮮人連盟(一九四五年一〇月結成)の左傾化に反発した右翼や親日派がいくつかの段階を経て一九

四六年一〇月に結成した「在日朝鮮居留民団」に根を持つ。「在留同胞の民生安定」「在留同胞の文化向上」「国際親善」が綱領で、初代団長には朴烈が就いた。一九四八年に大韓民国が建国されると、李承晩は民団を在日の公認団体と認定、それにともない名称を「在日本大韓民国居留民団」に変更(一九九四年に現在の名称に)。綱領に「大韓民国の国是遵守」を加えた。一貫して大韓民国を支持してきた。

5 軍政時代の韓国に留学中、「北のスパイ」に仕立てられ、長期刑や死刑判決を受けた在日は少なくない。民主化を経て、彼らの再審無罪があいついでいるが、大きな問題のひとつが日本における在留資格の回復である。長期に囚われたため、彼らは「再入国許可」(これ自体、不当の極みだ)の期限が過ぎてしまい、「新規入国」の扱いとされた。そのため、ほとんどの在日が持つ「特別永住」の法的地位はなく、さまざまな不便、不利益を被っている。

6 他人名義の旅券で入国、十年以上にわたって日本で暮らしていた(=在留資格のない)フィリピン人夫婦と、日本で二人の間に生まれた娘の三人家族が二〇〇六年に摘発され、退去強制を巡る議論が起きた。これに便乗した「在日特権を許さない市民の会」が二〇〇九年、家族の地元で彼らの強制送還を掲げるヘイトデモを強行。一〇〇人単位のデモ隊が娘の通う学校をかすめるコースを練り歩き、「犯罪外国人を叩き出せ」などと連呼した。これが首都圏で「在特会」が勢力を伸ばす起点となり、関西エリアの活動家と「過激さ」を競い合う構図が生まれた。その半年後、「在特会」メンバーらで構成する関西のレイシスト集団「チーム関西」が京都朝鮮第一初級学校への襲撃を開始する。

第5章　「憲法の番人」の人権感覚を撃つ

在日韓国人、在日朝鮮人の人権伸長運動に新たな地平を拓《ひら》いた「日立就職差別裁判闘争」に触発されるように、一九七六年、もうひとつの画期的な闘いが始まる。在日二世の金敬得《キムギョンドク》（一九四九年〜二〇〇五年）が、それまでは不可だった外国籍のままでの弁護士任用を求めたのだ。旧知の留学生からの依頼で、田中宏は「憲法の番人」を撃つ闘争に加わっていく。

――金さんとの出会いは。

一九七六年の一〇月ですね。アジア学生文化協会から愛知県立大に移って数年経ってたんだけど、前職時代から親しくしていたシンガポールの留学生でトウ・ナムセン（卓南生）という人がいてね。ある日彼から頼まれたんです。「私の友人に金容権《キムヨングォン》（著作家、翻訳家、一九四七年〜）という在日がいる。彼の後輩が今度、苦労して司法試験に受かったんだけど、『帰化』しないと弁護士になれないというんだって。その後輩は、弁護士は自由業だから、日本国籍を取らずに弁護士になって、次代に道を拓きたいって言ってるけど、何かと大変らしい。彼の力になってくれないか？」って。それで行ったわけですよ。

――日本国籍確認訴訟の宋斗会《そうとかい》さんもチュア・スイリンさん（留学生）の繋がり。朝鮮人被爆者の孫振斗《ソンジンドゥ》さんも留学生を巡る闘争で知り合った日本人青年からの相談が端緒です。伊藤博文が千円札に載ってることに問題を感じない日本人の破廉恥を指摘したのも留学生でした。在日の問題は軒並み留学生繋がりですね。

　前から気にはなってたんだけどね、シンガポールに限らず東南アジアの留学生には何故か在日の友だちが多い。「何でだろう」と思って見てたんだけど、途中からこう思ったわけ。「あ、彼らには外国人登録証（二〇一二年の外国人登録法廃止にともない、「在留カード」に移行した）という共通項があって、居住をはじめとする個人情報が日本政府に管理されているでしょ。そこで意識が繋がってんだなあ」と。この見立ては意外と当たってんじゃないかと思うよ。みんな指紋押した手帳（外登証）持って歩いてて、下手すると不携帯で捕まるとかさ。日本人にはまったく無縁なことですよね。

――司法試験に受かった後、司法研修所での修習を経て初めて法曹になれるのですが、最高裁は研修所の入所資格に国籍条項を設け、外国籍者を排除していた。一方で申し込む段階で「帰化」を約束すれば「見込み入所」が認められる。これまでの在日はみんなそうしていた。司法試験を突破した後、金さんは運動系の人だけじゃなく、幅広い在日の先輩に意見を求めていたようですね。以前、作家の高史明《コサミョン》さん（一九三二年〜）に聴き取りをしていた時も「そういえば以前、金敬得さんから相談されたことがある」と唐突に言われてびっくりしました。一面識もないのに突然、電話があって、自宅に来てひたすら韓国籍のままで弁護士になることへの思いを吐露して帰っていったそうです。

うん、結構あちこち訪ね歩いてるんですよ。敬得氏に後で聞いたけど、李恢成《イフェソン》さん（作家、一九三五年〜）を訪ねたら、二つ返事で「君！　それは帰化して、ちゃんと弁護士やったほうがいいよ」って言われたんだって。その心は「在日から弁護士が出るのは大変意義あることなんだから、難しいことを言わず、まず弁護士になるのが大事だ」ということ。でも敬得氏はそれでも動じないわけね。そこが彼、偉かったんでしょうね。だって李恢成さんといえば在日で初の芥川賞作家で、若い在日への影響力も大きかったわけですよ。そういう有名な先輩に言われてさ、普通なら「長いものには巻かれろ」的になってもおかしくない。「ああそうか、やっぱり先輩もそう言うんだったら、そうするっきゃないかなあ」ってね。でも彼はそう思わなかった。

――李さんは大学の先輩でもありますね。とは言え、金さんはそもそも民族運動とは距離を置いている人だったと。

そう、私も一度ね、「そもそも何で和歌山から東京に来たの？」って聞いたの。そしたら「いやウチは焼肉屋で朝鮮人丸出し。狭い世界で自分のこともバレバレ、東京だと俺が朝鮮人だなんて誰も知らねえだろうと思ってたから来た」って。「でも来たら早稲田って在日がいっぱいいてね、朝文研（朝鮮文化研究会）だ、韓文研（韓国文化研究会）[1]とかが連日勧誘に来るから、もううるさくってね、それで頭にきて『俺はもうお前らとは関係ねえ』と言って、一切かかわりを持たなかった」っつうんだ。それでボクシング部に入ったんだって。

当時の話で印象に残ってんのは、彼は高校の時にバスケットボールやってたんですよ。それで敬得氏は私に言うわけ。「バスケットってのは、すごい卑怯《ひきょう》でいい加減なスポーツだ」と。「何でだ」と聞くと、「とにかく人にパスすれば済む。責任を回避できるんだから」って言うの（笑）。「ところがボクシングってのは一対一だから、まさに自分の責任、やるかやられるかなんだ。これこそ本物のスポーツだと思って、自分を鍛えるためにそれをやった」って。彼はそんなにガタイが大きい人じゃないけど、鉄下駄履いてさあ（笑）。なんか副キャプテンまでやったっつうんだから、相当入れ込んでたんじゃない？

――ボクサー特有の少し腫れぼったくて下がった両目尻が、激しい殴り合いの日々を想像させますね。金さんはバスケットボール部では主将を務め、県大会や近畿大会で優勝したけど、国籍条項で国体に出られなかった経験がある。彼は在日朝鮮人のアイデンティティを形作るのは「国籍」「名前」そして「差別」だと明言しています。高校時代の差別経験もその原点だったのでしょう。そもそも司法試験を受けたのも「朝日新聞」の記者になるという「夢」が、入り口で潰えたことが契機だったと。

早稲田の法学部だけど司法試験を目指していたわけじゃなかったらしい。ボクシングに入れ込んでたから勉強もあまりやってなかったはずですよ。それで就職の時期が近づいて就職課に行ったんだよ。でも「朝鮮人を採用するマスコミはない」とか言われてまったく取り合ってもらえなかった。それで職員が奥の部屋に行って「先輩も見たもの」とか言って出してきたのが、被差別部落出身者と在日、障害者を雇用した企業のファイルだった。それで「朝鮮人でも採ってくれる会社があったら連絡する」と。

相当ショックだったらしい。それで彼は一念発起してね、「曲がりなりにも法学部に来たんだから、司法試験を目指そう」と。それで「土方」で日銭を稼いで、小銭が貯《た》まったら早稲田の図書館に籠《こも》って受験勉強したんだって。本、買う金なんてないからね。

――早稲田の後輩にあたる姜誠《カンソン》さん（ルポライター、一九五七年〜）の回想によれば、キャンパスで見かける敬得さんはいつもグリーンのヤッケ、着た切り雀《すずめ》だったと。服装に構うゆとりもなかった。

たしか、彼、三回目で受かったんですよ。それで例の国籍条項の問題に直面するわけ。私は、知り合いの愛知大学の中国法の先生だった幼方直吉《うぶかたなおきち》さん（一九〇五年〜一九九一年）に相談し、それが原後山治《はらごさんじ》さん（弁護士、一九二六年〜二〇〇八年）のところに持ち込まれて陣形ができていくわけ。

――そもそも弁護士法にも司法試験法にも国籍条項はないのに、最高裁がわざわざ要項に国籍条項を入れて、在日が法律のプロになる道を閉ざしていた。不当の極みです。

戦前の弁護士法には「帝国臣民」が明記されていたのが、一九四九年の新法でなくなった。なのに「憲法の番人」がそれから二十年近く経ってこれですよ。本当に国籍条項っつうのは無茶苦茶なんだから。法治国家じゃないよ。

――司法試験法（旧法）も一九四九年です。ＧＨＱ（＝米国）占領下で制定されたがゆえに「国籍条項」が入っていないのかもしれませんね。取り組みを進めるなかで、田中さんは金さんに「帰化」も選択肢に入れるべきと提案したと。

まず言ったのは時間がかかるってこと。だって司法研修所の「選考要項」ってＢ４一枚の白い紙があってさ、研修所への申し込み資格が書いてあるんだけど、最初の項目が「日本国籍を有する者」ですよ。他には禁治産者《きんちさんしゃ》とかあるんだけど、一番目が「国籍」ですよ。優先順位が高いわけです。それで敬得氏に言いましたよ。「最高裁が考えを改めて、来年度の選考要項からあの文言を削って、ようやくあなたが申し込むことになる。最短距離でも翌年になるから、少なくとも一年は棒に振ることは覚悟しなきゃダメだよ」って。

それでもうひとつ言ったのがその提案、「帰化」の申請です。今はなくなっているけど、少なくとも当時は帰化手続きの際に名前を「日本的氏名」に変えさせていた。[2] それを本名で帰化申請しようと。彼の名前は「金敬得」で、すべて常用漢字だから漢字制限にはかからない。変えずに申請できる。でもそうなると法務省の「日本的氏名」の方針に引っかかるわけで、金を金山とか金田にしないということで許可が出ない可能性が高い。それで法務省が「民族名じゃ帰化させない」とか言い出して、彼が研修所に入れないことになったら、もはや敵は法務省です。そこを悪者にして喧嘩できる。もし最高裁相手に喧嘩したら、裁判になっても最高裁が首根っこを押さえている下級審の裁判官が判決書くんだから、並大抵じゃないよ。仮にもしも本名で許可され、街のなかに「金敬得法律事務所」って看板が出たら、誰が見たって在日の弁護士だということになる。だから帰化もひとつの手段だよ。名前で勝負かけたほうが喧嘩としてはおもしろいんじゃないかって言ったんだよね。

――提案したときの彼は？

「これまでも『土方』しながら勉強してきたし、今さら一年や二年遅れてもどうってことはない」って、切り返されましたね。非常に印象に残ってますよ。そこのこだわりは本人から直接聞いたわけじゃないから何とも言えないけど、その後、最高裁に出した「請願書」を読んで「なるほどな」と思った。自分は幼少期から朝鮮人として生まれたことを恨みに思い、朝鮮的な一切を排除して日本人らしく振る舞うことに努めてきた。でもそうやって生きていく小心翼々さの惨めさに耐えられなくなった。そして大学時代に味わった就職差別を契機に差別の解消、日本の民主化のために朝鮮人弁護士を目指し、アルバイトをしながら勉強して司法試験に合格したことを綴ってね、彼はこう書いているんです。「最高裁判所から国籍変更をせまられるというこの時点において、軽々しく帰化申請を行うことは、私にはできないのであります。それは、私が弁護士たらんとした立脚点そのものを失うことを意味するからであります。帰化したうえで、朝鮮人差別の解消に努力すればよいし、朝鮮人のために弁護活動を為せばよいではないか、といってみたところで、帰化した私が、如何なる形で、朝鮮人差別の解消に関わっていけるでしょうか。帰化をした私が、どうして在日同胞の信頼を得ることができるのでしょうか。また、朝鮮人であることを恨み、いたいけない心を痛めている同胞の子どもに対して、「朝鮮人であることを恥じずに、強く生きるんだよ。」と諭してみても、それが帰化した人間の言葉であってみれば、一体いかなる効果があるでしょうか」って。

――「帰化」という「戦略」は、田中さんにとっても相当の決断を要する「提案」だったと思うのですけど。

「落とし所」という表現の是非はあるけど、生身の人間の問題でね、かつ確実に何とか前に進めなきゃいけない時に、どうすればいいか私なりに真剣に考えたんでしょうね。それは留学生の問題のときから一貫してます。私は、こうテクニカルに、何かうまく収められないかみたいなことで、あれしたんだけど、本人は全然その気はなかったわけです。そこは何か軽くいなされたという感じだったわね。

――法治国家の最高機関が決めたことを食い破り、現状突破を目指す発想はそうするしかないマイノリティだからこそだと思います。最高裁にも交渉に行きました。

今じゃ考えられないけど、原後さんが最高裁と話をつけて、原後さんと敬得氏と私の三人で、生まれて初めて迷路の奥に入りました。それで泉徳治さん（一九三九年〜）って人が出てきてね。当時、人事局任用課長です。それで彼とやり取りをするんです。それで泉さんは、「今まで調べたら外国籍の合格者は一二人いた。帰化すれば何の問題もない」と言ってね、「最近の例」として具体名を挙げた。今では個人情報保護であり得ないと思うけど、元民団中央団長の息子でした。任用課長の泉さんとしては、そんな「大物」でも「帰化」したという現実を示せば、敬得氏は折れるだろうと思ったんだろうね。でもね、敬得氏ってやっぱ凄《すご》いなと思ったんだけど、その時にこう言ったわけ。「私は一生帰化しないというような考え方を持っている者じゃないけども、何かこう『踏み絵』のように持ち出されて、帰化したらこれが貰《もら》えるというような、そういう帰化はしたくないんです。帰化する時には、まったく自発的に帰化するようにしたい」と。声を荒げるでもなく、穏やかに淡々とね。泉さんはおそらくその時、「ちょっとこの人は違うな」と、「これ以上言ってもダメだ」と思ったんじゃないかな。

最高裁と交渉したのはあの一回です。それ以外にも覚えていることがあってね。最初に原後さんからね、「今日、出て来るのは担当課長だから、最高裁が如何におかしいかを、しっかり言って聞かせてやってください。『研修所に入れんのはおかしい』ってのを思う存分に君のほうから説明してくださいよ」ってネジ巻かれていたのよ。いざ交渉になると原後さんは何も言わないし、私は勢い込んでね、「司法試験に受かって弁護士になるまでにどうしても司法研修所に入らないといけない。弁護士法にも司法試験法にも国籍条項はないのに、その中間のところで日本国籍持ってなきゃダメだって言うのはおかしいじゃないか。弁護士法と司法試験法の趣旨に反することを、最高裁はやってんじゃないか」とか言ったわけ。

そしたら泉さんが、「いや、実はご存じかもしれないけども、大学の法学部で五年以上教授を務めた人は、司法試験を受けなくても弁護士資格が得られる（当時、博士課程を持つ大学の法学部で五年以上、基礎科目を担当した教員は、試験と修習を経ずに弁護士になれた）。私立大の先生は外国人でもなれるから、必ずしも二法の立法の趣旨に反するわけではない」って言ったんだよ。詭弁《きべん》もいいとこです。私はほんとに頭にきてね、「まあそのことは私も薄々知ってるけどもね、あんまり格好良くない説明ですね」って言ったんだよ。

それからはもう言いたい放題（笑）。事務官が相手だと思うから、延々と法律の講釈をしてさ、かなり勝手にいろんなこと言ってね、「何だこの最高裁のやり方は！」とかさあ。

その後になってわかったんだけど、泉さんは事務官じゃなく、裁判官だった。私もいろんな裁判にかかわるから裁判所に行くでしょ。どんな裁判官がどこにいるかも大事な情報だからさ、法廷にかかっている裁判官の名札を見るわけですよ。ある時に名札を見たら、「泉徳治」って名前があるんだよ。「えっ！　まあ、同姓同名かもしんないけど」と思ってね。それで後で誰かに訊《き》いたら「最高裁の課長は全員裁判官だから、そこに名前が出ることもあり得るよ。本人だろう」って。もうびっくりしたんだけど「後の祭り」。私は裁判官相手に法律を講釈していたわけ（笑）。原後さんも、ずるいというか、私にネジ巻いて言いたい放題言わせるんだけど。原後さんは、その後に何かの法廷で顔を合わすこともあるかもしれないから、自分自身は裁判官とは喧嘩しない？　あの時も最後までほぼ黙ってた（笑）。

――そして一九七六年一一月三〇日に記者会見を開き、「最高裁の差別」との闘いに打って出ます。

一〇月九日が合格発表で、一八日に司法修習生採用選考申込書を出して、一九日には最高裁から帰化申請を約束する追加書類を求められたけど応じず、一一月二〇日に韓国籍での任用を求める請願書を最高裁に出して向こうの出方を見てました。そのうち修習の申請者には健康診断の通知が葉書で来る。実はここで外されたら最高裁との喧嘩を「公」にしようと決めてました。敬得氏は早稲田だから同期生が何人か受かっていてね、その横のルートで訊いたら、どうも何人かには葉書が来ていた。郵便だから一日や二日遅れることはあるかもしんないけど、それを過ぎても敬得氏には来ないわけ。それで闘いに打って出ようとね。

すごく印象に残っているのは名前です。当時は崔昌華《チォエチャンフォア》さんの裁判（NHKを相手取り、名前の朝鮮語読みを求めて一円の慰謝料を請求した）[3]もあったから、記者会見で名前をどうするんだってなってね。彼は「金沢」って通名を使ってたけど、まさかこの会見を金沢でやるわけにはいかないでしょ。ところが金敬得って名前の発音が難しいんですよ。キム・ギョンまではいいけど、ドクが正確に読むと「ドゥオック」になるんです。「ツ」が大きい。それで金容権氏なんかが「新聞記者に聞かれたとき、ツが小さいとか大きいとかで間違ったらみっともないぞ。今晩よく覚えとけよ！」とか冷やかしてましたよ。

それで記者会見に出ると翌日の新聞で記事になる。一応顔写真が出るじゃない。そしたら大学などの知り合いで「彼は在日だったのか」「お前韓国人だったのか」って言う人が出てくるわけ。昔の知り合いは金沢でしか知らないんだよ。よくある話だけど。だから結局ね、差別にぶつかってそこに対抗していくとなると、やはり自分のアイデンティティを確認しながら闘っていかざるを得ないっていうことだよね。

――就職差別で新聞記者をあきらめたことを契機に、朝鮮人であることに「引け目」を感じ、日本人のなかで小心翼々として生きる自分に我慢ができなくなり、ついに金敬得と名乗ることを決意した。そして最高裁との闘いを宣言した記者会見は、そこからさらに踏み出す「本名宣言」の場でした。

　基本的にあのころまでは金沢で通っていたんじゃないかな。事務局会議とかではもちろん「キム君」と言ってるけどね。指紋押捺《おうなつ》拒否闘争でもそうだよね。指紋を拒否してね、結局自分が在日で、これまで日本人のなかに隠れていて、たとえば同じクラスの朝鮮人がいじめられてる時、自分は日本人の側に立った。一緒にやらないと危ないと思ったとかね、そういう経験を告白しながら、なぜ自分がこの指紋拒否に踏み切ったかという一人ひとりのストーリーが、闘いのなかで溢《あふ》れ出してくるというね。

——まさに日立就職差別裁判闘争の朴鐘碩《パクチョンソク》さんが『玄界灘』にハングルで署名したのを想起します。

　自分をさらけ出すというのは変かもしれないけど、やっぱり闘いを通じて自分のアイデンティティを確立していかないと現実の差別とは闘えないということでしょうね。そしてそのことは闘うなかで明らかになってくる。在日が闘っていうと、何か日本人だけ責めてるように見えるかもしれないけど、実はそうじゃない。自分自身と向き合わないといけないというのが在日の問題に共通してるんじゃないかな。

——「敵」と闘うことが、内面化した差別を切開する痛みをともなう。それは京都朝鮮学校襲撃事件[4]でも同じでした。民間レイシストとの闘いを通じて、「仕方ない」、「しょせん外国人やし」、「我慢するしかない」と感情を抑えつけて来た自分の生き方を問い直さざるを得なくなる。そんな彼の思いを凝縮したのが、幾度もふれてますけど、一九七六年一一月二〇日に出した最高裁宛の請願書でした。

記者会見をして、これからどうするかとなったんだよ。裁判だと口頭弁論が続くけど、違うからね。それで、やはりなぜ自分が「帰化」せずに弁護士になりたいかをちゃんと文章に書いて、最高裁に出そうとなってね。それは原後さんの提案ですよ。「とにかくお前の思いを、最高裁の裁判官に書け」と。原後さんも昔かたぎの人でね、文章を一語一語細かくチェックしてたな。さっきも引用したけどさ、これは今読んでもね、在日の権利闘争に関する歴史的な文章ですよ。その後は言うなれば最高裁との理論闘争です。なぜ外国籍の人が司法研修所に入れないのか、理屈がないじゃないか。それで「意見書」を出そうとなるわけ。

――ちなみに日立就職差別裁判の勝訴がその二年前でした。それも金さんの決断を後押ししたと?

それは大きいでしょうね。敬得氏はのちに李相鎬《イサンホ》さん（指紋押捺拒否で逮捕、起訴された）の刑事裁判でもね、日立のことを引用するんです。それを語った後、裁判官に向かって、「『なんで自分を朝鮮人に産んだんだ！』って子どもに胸を叩かれる母親の気持ちが、あなたにわかりますか！　こんな『在日』が世界中のどこにいるんだ！」って涙ながらに訴えたって言うんだ。私はあの時、法廷にいなかったけど、敬得氏と一緒に弁護をしていた新美隆《にいみたかし》さん（弁護士、一九四七年～二〇〇六年）に聞かされたな。あれは凄《すご》い弁論だったと。

――金さんに弁論の順番が回って来て、隣に座っていた新美さんは耳を澄ましていたけど、何分経っても声が聞こえてこない。嗚咽《おえつ》して語れなくなっていたそうですね。新美さんにとっても忘れ難い経験だったのでしょう。酒が回ると新美さんは、自分が期待をかけている若い弁護士たちにその時の話を何度も繰り返したそうです。「あの時の弁論で理論や理屈に魂が入ったんだ。君たちは裁判に魂を入れないといけないんだ！」と。この闘争を支えた原後弁護士で印象に残ってることは。

原後さんはね、東大の時に学生運動やっててね、堤清二さん（元「西武流通グループ」代表、一九二七年～二〇一三年）なんかと一緒に逮捕されてるんだよ。みんな共産党だったから。それで司法試験に受かって研修所に入る時に問題になるわけ。大げさに言えば前科者でしょ。それで団藤重光さん（東大教授、のちに最高裁判事、一九一三年～二〇一二年）に身元保証書を一筆入れてもらって、辛うじて研修所に入れてもらって弁護士になったという経過があるようです。学生運動で捕まった人たちはそうやって平身低頭で研修所に入るみたいなことが、当時あったみたいですね。弁護士は大学を卒業しなくてもなれるでしょ。七〇年安保の時暴れた人たちで、大学を卒業できなかったけど弁護士になった人って随分いるじゃない。それで原後さんが言ってましたよ。「俺にとってはあの時の意趣返しだ。あの時のことがあるから、俺はがんばるんだ」って。それは非常に印象に残った（笑）。だから今度は最高裁をいじめてやるみたいな言葉はさすがに使わなかったけど、そんな思いだったんだろうね。

――それにしても大学までは「民族」から逃げたいと思っていた金敬得さんが、とてつもない壁に挑んだわけですね。

敬得氏が亡くなった後の「偲ぶ会」とかで、お兄さんにちらっと聞いたことがあると思うんだけど、彼はずっと通名で生活してて、私が出会ったころは「言葉」もまったくできない人だったんだよね。それが何でかなって、今まで一二人が全員「帰化」したというのに、彼のところで止まったのは何故か、その動機というか踏ん張れた原因が何かってのは、私にもよくわからない。ただ思うのは、歴史というのは何をきっかけで動くかわからんということだね。「同化」って言葉で言えば、彼はほとんど同化の崖っぷちに来てたような男じゃん。そもそも敬得氏があの先輩の「助言」を聞いて、素直に「帰化」してたら、司法研修所の国籍条項は今もなくなってなかったかもしれない。でもその彼がね、闘いを契機に変わっていくんだよ。

注

1 上部組織、関連団体は違うが、いずれも大学の在日学生サークル。

2 一九八〇年代以降、「帰化」制度で日本国籍を取得した者や、ダブルの日本国籍者らが、裁判を通じて民族名を取り戻す闘いを展開したことで、民族名による「日本国籍取得」への道が開いたといわれる。日本政府が自主的に方針を変えたわけではない。その闘いについては、民族名をとりもどす会編『民族名をとりもどした日本籍朝鮮人―ウリ・イルム』（明石書店、一九九〇年）などに詳しい。

3 裁判は敗訴に終わるが、この法廷闘争を経て大部分のマスメディアが、在日朝鮮人、在日韓国人の名前を基本的に民族語読みするようになった。崔昌華著『名前と人権』（酒井書店、一九七九年）。

4 二〇〇九年一二月から翌年三月にかけ、「在日特権を許さない市民の会」のメンバーらが京都朝鮮第一初級学校にヘイトデモを繰り返した。襲撃犯四人が威力業務妨害罪などで有罪判決。続く民事訴訟で京都地裁は二〇一三年一〇月、人種差別撤廃条約を援用し、襲撃者や「在特会」に対し一二二六万円の支払いなどを命じる判決を言い渡した。大阪高裁、最高裁もそれを支持。判決は翌年一二月に確定した。

第6章　在日韓国人弁護士第一号、金敬得が遺したもの

外国籍での司法修習を求める金敬得《キムギョンドク》の挑戦に、田中宏は留学生の要請で参画する。事実と論理を駆使して攻めた結果、最高裁は「呆気なく」門戸を開放する。闘いから見えたのは、それほど無根拠な「国籍条項」が人びとを排除してきた現実と、それを看過してきた「憲法の番人」たちの感性である。そして金敬得の「闘い」は続いた。

——記者会見、請願書に続く闘いはどのようなものでしたか。

原後山治《はらごさんじ》さんと鈴木五十三《すずきいそみ》さん、それから泉博さん、杉田光義さんと私の五人で集まってね、司法修習や弁護士制度の沿革とか在日の法的地位とか調べて「意見書」を出しましたよ。みんな若かったし、意気軒高というか、何としても最高裁を理論的に論破しようと。敵が「憲法の番人」だからさ、相手に不足はないわけ。裁判やってる気持ちなんですよ。まあ私はそれほど深く考えていなかったかもしんないけど、私以外みんな弁護士ですから。海外の事例もいろいろ探してきましたよ。

——アメリカで弁護士をしている女性の事例ですね。

あれは泉博さんが探してきたんです。日本人でアメリカの弁護士になった女性が『現代』(講談社)に文章(伊藤廸子「ニューヨークで女弁護士になる」同誌一九七七年三月号)を書いてるのが見つかってね。原後さんが連絡をつけて最高裁に意見書を書いて欲しいとお願いしたけど、多忙で無理っつうんで、原後さんとの往復書簡を意見書に添付して出したんですよ。ポイントは、「私もアメリカの国籍を取らなければいけないと言われたら、そう簡単に日本国籍を捨てて弁護士になったか疑問だ」と彼女自身が書いてること。了解を取ってそれを意見書の資料にひっつけたりさ。それからコネチカット州では州法で、弁護士をアメリカ市民に限定してたんだけど、それが連邦最高裁で平等条項に反し違憲とする判決が出ていたのも見つけ出した。

平身低頭で最高裁に「入れてもらった」怨念があるのか、あの時は原後さんもほんと一生懸命でさ(笑)。五人でしょっちゅう集まって、今度の意見書は何やるかとかって議論して。それから司法修習生は給料貰《もら》うじゃない(その後、一時、停止されるも現在は復活)。それで「司法修習生は国から給料を貰ってるから国家公務員に準ずる。だから国家公務員になれない外国人は研修所入所もダメ」みたいな議論があったから、私はあの時一生懸命調べて引っ張り出したのが「研修医」のことですよ。同じく国から給料貰ってんだけど、研修医には国籍条項がないんですよ。だからおかしいじゃないかってね。細かいことで言えば、旧弁護士法の「帝国臣民」を新法で削除したのは、司法試験に受かれば弁護士になれる形にする必要があったからで、戦前から戦後の変化を最高裁が無視して司法修習の段階で国籍を持ち出すのはとんでもないとか、まあとにかくあらゆる議論を引っ張り出して論破して、意見書にして出していく。勉強になりましたよ。

——一方、メディアや支援運動との調整にも苦労したと。

敬得氏が「時の人」になっていくといろいろあってね。ひとつは韓国メディアからの取材ですよ。当時、「朝鮮日報」の東京支局長だった許文道《ホムンド》さん（一九四〇年〜二〇一六年）っていう人がいてね。彼が敬得氏に密着取材して、「金敬得の一週間」みたいなタイトルの新聞連載にしたいとか言ってきてね。私は「ダメだ」って撥《は》ね付けたのよ。

今は違うけどね、当時は最高裁判事一五人は全員お爺《じい》ちゃんばっか。女性もいない時代です。そこで許さんに言ったのよ。「目的は何か、を考えて欲しい。残念ながら問題の可否は、あの頭の固いお爺ちゃんが決めるんだから、この時期に敬得氏を韓国で英雄に持ち上げたら、彼らの頭のなかに反発が生まれるかもしれない。決まる話も決まらなくなるってのがわかんないのか。最終的に決めるのはあの爺さんたちなんだから、それを考えてよ！」って。

「お前は日本人のくせに邪魔するのか、生意気だ！」とか彼は怒ってね、もう大喧嘩（笑）。

「彼（敬得氏）と一緒に受かった人が、翌年四月に司法研修所に入る時が来る。その時に彼が入れなかったら、もう何やってもいいけど、それまではとにかく理論闘争でいくべきだ。そりゃ私は生意気かどうかしらんけど、私が何故そう言うかっていうのは、そういうことだから、お前さんも考えてよ」つったらまあ、収まったけどね。彼は帰国後、青瓦台《チョンワデ》（大統領府）に入って秘書室長か何かで偉くなりましたよ。今どうしてんのかしらないけど。[1]

次は韓国民団でした。「最高裁にデモをかける」とか言い出してさ。そことも大喧嘩でした。私は民団にも文句言いましたよ。前にも言ったけど、最高裁と交渉した時、泉徳治さん（当時、最高裁任用課長）が名前を出してきた「最近の帰化例」は、民団の元中央団長の息子なわけですよ。「アンタんところで昔、団長やってた人の息子さんが受かった時は、すんなり『帰化』したのに、今になって『帰化しろと言う最高裁はケシカラン』ってデモかけるって一体どういう了見なのよ、民団のやるべきことはもっと前にあったんじゃないの！　頭の固い一五人の最高裁判事が実権握ってるんだから、民団がデモかけてＯＫになるなんてあり得ないし、いい影響も出ない。だからとにかくね、来年の四月までは、すべからく静かにしてくれ。その時ダメだったら、デモでも何でもやってください」って収めました。あの時は随分闘いましたよ、「生意気だ」ってみんなから言われたけどね。留学生の時から、私は生身の人間をどうするかを軸にやってきたから。「落とし所」という言い方がいいかわからないけど、やっぱり如何に物事を確実に前へ進めるかを考えないと、単なる政治運動じゃダメですよ。

——意見書に最高裁から反論は？

いや、何もなし。もう一方的にこっちが出すだけでした。

——でも組織内では激しく動いていました。一九七七年三月二三日、最高裁は唐突に「採用」を決めます。

あれは第六次意見書を出した日付での発表でした。おもしろかったね。こっちはいろんな調査をして、関連する「疎明資料」を付けてね。それであの時、原後さんが凄《すご》いと思ったのは、「これは貴重だから本にしとこう」とか言ってさ。私なんか、考えてもなかったことだから。それで原後さんが出版社と話をつけて出したのが『司法修習生＝弁護士と国籍』（日本評論社、一九七七年）ですよ。

――次への蓄積という意味でも大事なことだと思います。事務局体制整えて取り組んだ法廷闘争でも、終わって五年もすれば資料が散逸する例は多い。ひとつは書籍なりにして纏《まと》めていないからです。

そう、でもひとつ言うとね、次に起きて来る問題に、前やった何かの応用編みたいな形で対処できたことはこれまでなかったよ。いつも何もないところ、ゼロからのスタートです。目的や課題はあるわけだから、それを見据えて手探りで勉強して攻め方を組み立てていくことになる。高校無償化はその典型です。教育や学校制度という根幹にかかわる問題なのに、学者や研究者の書いたものがない、あっても役に立たないんだ。ある意味じゃ非常に新鮮というかね。うち（妻）のは「あなたは、次つぎ新しい問題が出てきていいわね。だけど何もなくなったらどうすんの」とか冷やかされるんだけどさ、私が問題起こしてるわけじゃないんだよね。安倍（晋三）さんがあれだけ元気なんだから、こっちも元気でいるしかないじゃない。

――さて最高裁の「方針転換」についてです。のちに金さんは「一〇年はかかると予想していた」と語っています。信じられない速さで壁が崩れたのは歓迎すべきですが、法治国家を謳《うた》う国の最高裁が「その年」の要綱に設けた条件を「その年」に撤回する。差別撤廃は当然ですが、『国籍条項』の無根拠を示しています。

だからさ、ほんっとに無茶苦茶ですよ。法治国家じゃないもん。「おかしいじゃないか」っていろいろと指摘されたら、「ああ御免なさい」みたいにね、日本国籍を有する者に限るって最初に書いてたのを翻《ひるがえ》すという、とてつもないことが起きちゃう。「法の支配」もへったくれもないですよ。最高裁が好きなようにやってんだもん。それが「憲法の番人」として、裁判所の一番上で判断するんだから恐ろしいってことですよね。この国が、法の支配とか法治主義とかにどれほど反してるかっていうこと。国籍を切り口に見るともう、ボロボロとそういうのが出てくる。それの最たるものが最高裁のこれじゃないかな。

——何も考えずに「自明視」している。

そう（笑）。だけど逆の言い方すると、それでも敬得氏がいなければ、この状態がずーっと続いちゃうってことなんだね、うん。それって恐ろしいよなって。

——その翌年、最高裁は要綱の欠格条項「日本国籍を有しない者」の後に、「（但し最高裁判所が相当と認めた者は除く）」と書き加えました。この期に及んでも最高裁に裁量の余地を残そうと思ったのでしょうか、小汚いやり方です。

「日本国籍を有しない者（但し最高裁判所が相当と認めた者は除く）」なんてさ、ほとんど日本語としても無茶苦茶だよね。二〇〇九年になると、その但し書きもシレッと消して、国籍云々自体をなくしちゃうわけ。それに、敬得氏を採用する時も、条項をなくす時もそうだけど、最高裁はまったく何も言わない。最近は「説明責任」とか言われるけど、最高裁は何もしないわけ。最高裁ってのは司法機関だけど、これは司法行政の範疇《はんちゅう》の話でしょ。個別事件の判決にかかわるものじゃないから、本当は国会でちゃんと議論すべきだと私は思うんだけどね、最高裁の事務総長かなんか呼んでさ。法廷での判決について判事を国会に呼びつけるわけにはいかないけど、これはそれと違う司法行政なんだから事務総長とか呼んでさ、何故当初国籍条項を設け、後に何故全廃したのか、説明責任を問うべきでしょうね。

——それはしっかり問題化して、議論を重ねて蓄積すべきだと思います。

だって今、盛んに説明責任とかさ、情報公開とか言ってんじゃない。だから、本当だったら最高裁でこの件を決めた決裁文書を、情報公開請求したらおもしろいと思うんだよ。私は今その暇はないけど、時間があれば本当はしたいなと思ってんだよ。それから国会議員なら「質問主意書」が使えるから、あれで訊《き》いたらいいと思うんだよな。だって司法行政なんだからさ。

それでついでに言うけど、マスコミもやっぱそこダメなんだ。ちょっと取材したらいいと思うんだよね。どんな対応するかしらんけども、今度から司法修習生にお金が出るようになったのだって司法行政だからね。それについては、メディアも国会議員も、もっとちゃんとやったらいいと思うんだけどもさ。加計《かけ》学園の問題もさることながら、法科大学院のことだって、たくさん認可しておいて、次々に潰れているわけですよ。獣医学部を作る時の話と大違いですよ。何故ちゃんとやんないのかね。メディアの監視能力ってまったくないなあって思う。

——研修を終え、原後事務所に入所後、在日韓国人の無年金を巡る訴訟や樺太《からふと》在留韓国人の帰還訴訟などの弁護団に参加した後、金さんは韓国に留学します。一九八一年のことです。

ほとんど同化の崖っぷちみたいな在日が、このことを契機にやっぱり変わっていった。それで原後さんが、「もう君は早い時期に、言葉の勉強もやってしまえ」と言って送り出したんですよ。原後さんの事務所に籍だけ置いてね。どっからそのお金が出たのかは、私にはわからないけど（笑）。

敬得氏はやっぱりすごく頭がよかったね。だってあっという間に完全にバイリンガルになってた感じだから、私は言葉のことはよくわかんないけども。サハリン問題で、東京でシンポジウムやった時なんかは、韓国から来た弁護士や学者の通訳を全部彼がやってたよ。

それで向こうで勉強してる時に知り合った人と結婚して戻って来るわけ。敬得氏は朝鮮学校には行っていないけど、奥さんがネイティヴでしょ。私は一、二度家に行ったことがあるけれども、家のなかではだいたいウリマル（「私たちの言葉」、ここでは韓国語のこと）でやってたんじゃないかな。子どもは日本の学校にやってたけどね。それで子どもの入学式や卒業式とかの公式行事では、奥さんには必ずチマチョゴリを着てもらうと。その前には、彼が校長に会ってね、うちの子どもは韓国人だから、「君が代」とか「日の丸」とかはやりませんからということを事前に必ず伝えて、他の子どもとは違った対応をしていたんだって。子ども全員そうしたって言ってましたよ、彼。

——民族教育を受けなかった者が、被差別体験、権利獲得闘争を経て自らを見つめ、「留学」を通してアイデンティティを培った。

それから韓国行きの実質的な話として、ひとつはどうやって飯食うかってことがあった。韓国行きについて、原後さんは、若いうちに言葉を身に付け、韓国の弁護士資格も取っておけば、日本での仕事で食いっぱぐれることはない、と言ってましたね。留学を終えてから韓国の試験を受けてましたよ。敬得氏が言ってたけど、当時の韓国は、植民地時代に作られた法律が大体使われてるから日本とほぼ同じ。言葉ができれば、司法試験のために改めて法律の勉強をする必要がないって言ってた。ところが、直接法律に関係のない常識とか教養についての試験科目があるんですよ。彼は韓国の教育を受けていないから、それがなかなか太刀打ちできないんですよ。二、三度受けたけどダメだったみたいです。ソウル弁護士会の名誉会員にはなったようでしたけどね。

――言語習得にも通じると思いますけど、本当に妥協を許さない人だったようですね。何度かお話をうかがった時も、滲《にじ》み出る峻烈《しゅんれつ》さを感じました。ひとつお訊きすると数倍の答えを滔々《とうとう》と語る。話も角度が鋭くて思わず聞き入ってしまう。後でノートを見たら私の質問意図を完全に無視した話が延々と続いていて、途方に暮れたこともありましたけど。

「追悼集」を読むと、本当に仕事への姿勢が厳しくて、ボス弁（事務所の代表者）としてはある意味で「最悪」だったとか、「土日休んでたのか？」って冗談抜きで問い詰められるので、月曜日に会うのが怖かったとか書いてる人がいました。

その仕事の部分はね、私はよくわかんない（笑）。

――自らも拒否しての指紋押捺《おうなつ》訴訟、戦後補償、元「従軍慰安婦」宋神道《ソンシンド》さんの裁判での代理人に加え、民団の各種委員の長などとしても活動した金さんですが、二〇〇〇年、癌《がん》が見つかります。彼が最後に手掛けた大きな裁判は、東京都の保健師、鄭香均《チョンヒャンギュン》さん（一九五〇年～二〇一九年）が、外国籍を理由にした管理職受験拒否を裁判で問うた東京都管理職任用拒否訴訟でした。

　あれも最高裁のデタラメさの表れだった。東京高裁で勝つでしょ（外国籍職員から管理職選考試験の機会を一律に奪うことは職業選択の自由〈憲法第二二条〉に違反するとして、東京高裁は一九九七年、都に四〇万円の支払いを命じた）。それで最高裁上がってね。七年後の二〇〇四年春、最高裁から電話が掛かってね、「弁論を開く」と。高裁判決をひっくり返すんだよね。それで意見があれば出してくれっつうんで「意見書」を準備してたら、最高裁から秋口に「弁論期日を取り消します。この事件は大法廷に回付されることになりました」って。そんなことあり得ないと思うんだ、だって裁判官は独立でしょ。三つある小法廷のひとつが事件を審理して、高裁判決を変更するという「判断」を下したから、弁論期日を通知して来たわけでしょう。それがどうして大法廷に移るわけ？　小法廷の判断内容はそこの判事以外が知っちゃいけない、知り得ないのが大前提ですよ。「弁論を開く」という決定前ならあり得ますよ。でも決定の後にどうして「大法廷に」となるのよって。在日外国人の法的地位についての訴訟だから、何らかの事情で小法廷から大法廷に回されたということでしょう。[2] 敗訴の結論は変わらないけどね。皮肉なことに、小法廷には泉徳治さんはいなかった。

――この大法廷で、一二月一五日、原告の鄭さんに続き、弁護団を代表して敬得さんが意見陳述をします。在日の歴史性と国籍喪失の不当性、国籍差別の数々や政治参加の動きなどに言及し、「旧植民地出身者の人権の保障は、平和主義憲法が内在的に要請している」と言ったうえでこう結びます。「在日韓国・朝鮮人は、日韓、日朝の間にあって平和のために身を挺することはあっても、祖国、生育圏いずれの国家のためにも銃を持つ事があってはならない存在である。日韓、日朝間に外交的緊張や国民感情の対立が起こる毎に、被害を受けるのは日本の民族学校に通ういたいけない子供たちであることに象徴されるように、在日韓国・朝鮮人は、日韓、日朝間の平和が守られてこそ、その存在と人権が守られるのであり、平和のための架橋の役割を負っている」「彼等（外国籍公務員）は、地域社会において、民主主義と基本的人権の尊重、平和主義という日本国憲法の理念のもとに公務に従事しているのであり、存在そのものが日本と本国の架橋であるとともに、両国に平和のメッセージを伝える存在である」。これが金さんの最後の陳述、法廷での遺言になりました。

そこで巡り合わせがあってね、大法廷だから前に裁判官一五人がずらっと並ぶでしょ。その一人が泉徳治さんでした。かつて敬得氏を交えて最高裁と交渉した時に出てきた任用課長その人です。だから泉さんは敬得氏の最後の意見陳述を聴いたわけ。翌年一月に最高裁は原告逆転敗訴を出します。一三対二でした。憲法判断を避けた不甲斐ない判決でしたけど、原告勝訴の「反対意見」を書いた二人のうち、一人は他でもない泉さんだった。

――裁判官出身の最高裁判事が反対意見を書くのは異例でした。かつて最高裁の役人として金さんに「帰化」を求めた泉さんが、約三〇年後、国籍条項による一律排除に「否」を唱えた。人は「出会い」で変わることを示していると思います。

その年の暮れの一二月二八日に金敬得氏は亡くなるわけです。それで「追悼集」を出すことになって編集委員会を立ち上げて、行きがかり上、私が編集委員長になったの。それで当初の時の経緯があるから、当時まだご健在だった原後さんにね、「原後先生、悪いけど泉さんに連絡して、一文書いていただくようお願いしてもらえませんか」って頼んだ。現職の最高裁判事が一弁護士の「追悼集」に文章を書くなんてことは、ほとんどあり得ないと思ったけど「ダメ元」でね。そしたら泉さん、書いてきてくれたんです。驚きましたね。

――『弁護士・金敬得追悼集』（新幹社、二〇〇七年）収録の「金敬得さんを想う」ですね。最高裁判事らしいなと思ったのは、都庁任用訴訟で自分が原告勝訴の少数意見を主張したのは、金さんとの出会いに影響されたのではないかと、聞かれもしないのにわざわざ言及していたこと。「無意識は否定を知らない」です。要するに「図星」なんでしょうね。

そうそう（笑）。だって最初に面談した時のことも記してくれていますよ。

「金さんは『私は大韓民国の国籍のまま「金敬得」として司法修習生への採用を申し込みます』とおっしゃった。語気を強めるわけでも拳を握るわけでもない、笑みを湛《たた》えながらの穏やかな話しぶりだった。しかし土俵で四つに組んで一歩も退かないという信念のようなものが感じられた。これまでの取り扱いやその理由を説明すれば分かってもらえるのではないかと思っていた私は、思惑が外れ、ややとまどったのも事実であるが、再度の説得は無理である。我々も金さんが提起した問題に四つに取り組む必要があると、その場で覚悟を決めた」って、こういう書き方になってんですよ。

だから泉さんの内部ではそういう、受け取り方をしたんだろうなあと私は思う。おそらくあの時の敬得氏との対話で、たぶん泉さんの人生は変わったんじゃないかと、私は思うね。

——そしてもうひとつ、金さんが余命を賭けたのが、「アイデンティティ教育」でした。

彼は子どもを日本の学校に通わせてるでしょ。それで民族教育の問題について結構、講演したりしてたからね。やはり日本の学校ではダメだと、でも総連の学校とか韓国系の民族学校ではない、在日のもうひとつの民族学校を作らなきゃいかんと感じていた。

——金さんに誘われて、理事として学校作りを共にした姜誠《カンソン》さんは、電話でこう誘われたと記しています。「どんな子どもでも通えるような、そんな在日コリアンの学校をつくらないか？　ナショナリズムや国家から距離を置いた新しいタイプの学校をさ」（『またがりビトのすすめ—外国人をやっていると見えること』岩波書店、二〇一四年）と。現状の民族学校に対する彼の問題意識がこの言葉に現れてますね。

それで彼は「コリア国際学園」（Korea International School）にすごく期待をかけてね。亡くなる年の九月に大阪であったシンポジウムでも新たな民族学校の設立を提言したでしょ。「よくもってあと半年ぐらいかな。公衆の面前で話をするのは今日が最後になるので、遺言のつもりで聞いてくださいよ」と言ってね、途中で倒れたりするといかんから、奥さんがずっと袖にいてね。私はあの場にはいなくて、後で映像を通して見たけど、あの姿はまさに鬼気迫るものがある。教育にはものすごく思い入れがあったんじゃないかなあ。

――金さんは、こうおっしゃってました。在日に残るのは国籍と参政権と教育の問題だ。参政権と国籍は国家に決められてしまう話だけど、教育は俺たちでがんばれば可能なんだと。KISは金さんが亡くなった後の二〇〇八年四月、「越境人」の育成を掲げ大阪府茨木市に開学（中高級部）しました。もし金さんがご存命なら、韓国系のインターナショナルスクール[3]というあり様をどう考えるか聞いてみたいですが、いずれにせよKISの存在は、在日韓国人、在日朝鮮人にとってひとつの可能性だと私は思うんです。朝鮮学校を訪れた時にもよく感じますが、KISも子どもの目の輝きが違います。

日韓条約時の「朝日新聞」の社説で、私は非常に印象に残ってるんだけど、二五年後の再協議の時には、在日自体がいなくなるんじゃないかというスタンスでいたわけじゃない。でも現実は違うでしょ。どんなに同化が進んでも、民族性を求める声はなくならない。朝鮮学校だって、これだけ高校無償化から外され、自治体の補助金を断たれて、日本中から袋叩きに遭《あ》ってもね、やっぱりそこに子どもを通わせている。しかも韓国籍で大統領選挙の時は大使館に行って一票投じてる人が、子どもを朝鮮学校に通わせていたりする。

自分のアイデンティティを守っていくということが、どれほど人間にとって大事なのかっていうこと。しかもそれが植民地主義のなかで強いられたことの延長線上なわけだからね。そういうことを考えないといけない。だから私は朝鮮学校を巡る問題は、植民地主義の本質的な問題を孕《はら》んでると思う。過去清算の根本問題です。だからこそ日本側も譲らないんです。そこに取り組めば過去の植民地支配の問題を洗いざらい裸にされるところがあるからさ。近代国家が何を残してきたかっていう大きな問いね。そういう根の深い、本質的な問題と絡んでいるという認識があまり持たれてない、北が云々とか、南北、東西とかの、何か単純な図式で片付けようとしてる。

――改めて司法研修所を巡る金さんの闘いの意味を。

たとえば今、朝鮮高級学校の無償化裁判を全国五カ所でやってるでしょ。広島訴訟にはいないけれども、東京、名古屋、大阪、福岡の四弁護団にはすべて在日の弁護士が入っていて、しかも朝鮮学校を出た人が多い。朝鮮大学校まで一六年間民族教育を受け、日本の法科大学院を出て試験に合格してるような人が、教育という根本的な問題、過去清算の根本を巡って日本の権力と対《たい》峙《じ》する場に参加しているわけでしょ。

東京の弁護団にも喜田村洋一団長の下に、朝鮮学校出身の金舜植《キムスンシク》弁護士、李春熙《リチュニ》弁護士など四人の在日の弁護士が入っていてね、東京弁護団の会議はすべて、敬得氏がイソベン（居候弁護士の略）をした原後法律事務所で開かれている。貴重な空間ができているなと私は思うわけです。敬得氏が朝鮮学校をどういうふうに見てたか、ちゃんと話したことはないけど、彼もやっぱり最後は教育のことが一番気になったんでしょうね。彼が拓《ひら》いた道が今、奇しくも無償化裁判の形で出てきているってのは、彼の思いと繋がってるなあという気はするけどね。

しかし、敬得氏は五六歳か、ほんとに若かったよなあ。新美隆《にいみたかし》さんはあと数カ月で還暦だった。梶村秀樹さん（歴史学者）は五四歳でしょう。小沢有作さん（教育学者、一九三二年～二〇〇一年）も七〇歳にいかなかったでしょ。それにしてもみんな若いよなあ。私はもう八〇歳、お前八〇まで生きて、何してんの？　って感じだよな。

注

1　全斗煥大統領最側近の一人として、言論統制を主導。「全斗煥政権のゲッペルス」とも称された。

2　最高裁が受理した事件はまず小法廷で審理され、長官を含む一五人の最高裁判事全員で構成される大法廷か、各五人で扱う小法廷のいずれかに係属することになる。重要な判例の変更や、違憲、合憲の判断がともなう場合は小法廷ではなく大法廷に回される。「何らかの事情」で、この事件は大法廷に回付されたが、結果的に最高裁は、重要判例の変更も、外国人の法的地位を巡る憲法判断も避けた。

3　二〇一七年一〇月には世界共通の国際教育プログラム「国際バカロレアディプロマプログラム（ＩＢＤＰ）」の認定校にもなった。http://kiskorea.ed.jp/

第7章　指紋押捺拒否——日本の公民権運動

日立就職差別裁判の歴史的勝利で火が付いた反差別・権利獲得運動のうねりは、一九八〇年代、史上類を見ない一大人権闘争へと発展する。外国人管理の象徴、指紋押捺《おうなつ》制度への「否」である。新宿区役所で拒否した在日一世、韓宗碩《ハンジョンソク》（一九三五年〜二〇〇八年）の「たった一人の叛乱」はまたたく間に燃え広がっていく。法を破って法の不正を撃つ権利のための闘争。それは国籍や民族を超えた「日本の公民権運動」だった。

——指紋押捺拒否運動へのかかわりは。

やはり崔昌華《チォエチャンフォア》さん（牧師、人権活動家）だと思いますね。崔さんは、いつも言うんですよ、「屈辱の烙印《らくいん》」、「差別の象徴」が、まさに指紋だと。彼が指紋を拒否して、「俺が指紋押捺拒否の第一号だ！」って喋って回るわけよ（笑）。

ふとしたことから、韓宗碩さんが出て来たんですね。そして、いろいろと調べてみたら、韓さんのほうが崔さんより先に指紋拒否してたんです。崔さん、「何だ、俺よりも先に拒否した人がいたのか」なんて残念そうな顔してましたよ。

　韓さんとは何度か話しましたけど、非常に印象に残っている話はね、「われわれは大したものを子や孫に残してやれない。けれども、少なくとも、この指を真っ黒にして指紋を採られるようなこと、これくらいはもうなしにしたい。こんなことは、もう子や孫にはさせたくないんだ……」って。それで韓さんは意を決して、東京・新宿区役所で登録証の切り替え時に、指紋を拒否したわけです。一九八〇年九月のこと。指紋を押さなければ、新しい外国人登録証は貰《もら》えないだろう、すると登録証の不携帯になる、下手をすると、不携帯で警察に捕まって、最悪の場合、大村収容所に送られ、そのうちに韓国に強制送還されるかもしれない。不安だったけど、それでもやろうと思ったと言うんです。

　ところが意外なことに、指紋を押していない登録証が戻って来たんです。それで当初の不安がみんなどっかにいっちゃったわけですよ、常時携帯義務違反で捕まることもないし。一方で、崔さんはあちこちで指紋押捺の問題について喋り、拒否の陣形を説く。拒否したら警察も動くでしょ。じゃあ具体的にどうしようかという話になっているうちに、韓宗碩さんが指紋不押捺罪で裁判にかけられて、新美《にいみ》隆《たかし》さんが担当弁護士になるんです。それで新美さんはああいう人だから、本格的にこれをやろう！　となってね。

　ちなみに、私が新美さんに声掛けられた最初は、韓さんの裁判です。孫振斗《ソンジンドゥ》[1]さんの代理人をやった久保田康史さんと新美さんが近しい関係だったみたいで、「外国人のことをやるなら、弁護士じゃないけど田中宏って男を使ったほうがいいよ」ってアドバイスされたって。何と言っても最初のケースだから新美さんもある意味で恐るおそる、慎重に進めてましたね。

——外国人差別を体現した制度への不服従を貫き、訴追を逆手にとって法廷をメディアにするということですね。一九七三年七月、宋斗会《そうとかい》さんが法務省前で外登証を焼却し、刑事被告人となって主張を繰り返したことを想起します。

それでいろいろと議論するんだけど困ったことが出てきてさ。私は法律家じゃないからよくわかんなかったんだけど、指紋不押捺罪というのは、もちろん外国人登録法にきちんと定めがあって、罰則が決めてある。それにもとづいて捜査し、起訴して公判になるんだけども、通常、刑事事件っていうのは、「俺は物盗んでないのに、検察が盗んでるって言うのはケシカラン」とかさ、そういう「争い」になるわけじゃない。ところが指紋不押捺っていうのは、本人が意識して確信犯的にやってるわけよ。「俺は指紋を押したのに、行政側が押してないって言ってる」とかいう食い違いとか争いは最初からない。だから問題は量刑をどうするかだけなんです。当初「罰金五万円以下」でしたが、拒否運動に対する攻撃かどうかしらないが、途中から「二〇万円以下」に上がるんだけど、罰金をいくらにするかは裁判所の判断になる。だから情状酌量の余地があるかないかという話にはなるけど、これでは刑事裁判で何をどう争うか、体をなさないんですよ。

——考えてみればそうですね。事実関係には何も食い違いがないわけですから。こちらから何かしらの仕掛けをしないと、主張の機会を得られないまま即日結審（審理終了）してしまう。

そのうえで、こっちは指紋がケシカランということをどう主張して、喧嘩に持ち込むかっていうことですよ。それで指紋押捺制度の背景とかを調べて、裁判所で主張し、場合によっては「意見書」を出したり、「証言台」に立つとかして闘うことを考えるわけです。そうしないと裁判自体が維持できないわけですよ。それで指紋押捺制度導入の歴史を調べていたら、かつて、旧満州で日本が指紋を採ってたことがわかった。ご承知の通り「満州(帝)国」っていうのは、日本帝国主義の対外侵略の象徴的な存在と言えるでしょ。そして、指紋押捺制度は戦前に根っこがあることがわかり、しかもそれを現在は外国人に適用している事実を、裁判官に訴える必要があるんじゃないかということになってね。一九八七年三月には押捺拒否者で在日中国人二世の徐翠珍《じょすいちん》さん(一九四七年〜)が大阪地裁でこう陳述していますよ。「偽『満州』で銃剣のもとに持たされた(これも常時携帯)指紋付き居住証と、今私たちに強要している指紋、あるいは外国人登録証と。いったいどこが違うと言うのでしょうか」と。[2]

——旧満州、中国東北部への調査にも行ったのはその年、夏ですね。

一回ですけどね。あの時は金敬得《キムギョンドク》氏も一緒でしたよ。それで吉林省延辺の朝鮮族自治州に行ったんです。当時、延吉のような都市部は開放されていたんだけど、農村はまだ未開放、要するに外国人は入っちゃいけない。それを交渉して特別に農村に入れてもらったんです。

当然、ビザ持って中国に入国するんだけど、その村の近くに行くともうひとつ関門があって、事前に許可をもらって未開放地区に入る仕組みです。

延吉で歴史博物館に行くと、国民登録証だったかな、「満州帝国政府」と書かれた現物が展示してあった。顔写真は剥《は》がれてたけども、その下に「指紋」が黒く押してあり、持ってた人の名前も書いてあってね、それを確認して写真も撮って帰りました。

そして、戦前、指紋を採られた経験のあるお爺《じい》ちゃんたちと話をする時間が持てました。当時の登録証は縦型で、顔写真の下に指紋が押されているんです。それで当時、指紋を採られたお爺ちゃんたちと話をするわけです。その時に、敬得氏がいるから外登証持ってるでしょ。それ見せて、実際日本で外国人は今、こういう物を持たされているんだって説明したら、お爺ちゃんが「なんか、過去の亡霊を見るようだ」って言ったのが、非常に印象に残ってます。それは帰国後、「指紋押捺の原点——中国東北部（旧満州）を歩いて」を『朝日ジャーナル』（八七・一〇・九）に書きました。

いろいろ聞くと、満州時代に、戦後のベトナム戦争の時の「戦略村」（南ベトナム政府軍がアメリカ軍の指導下で実施した対ゲリラ作戦のひとつ。支配地域に周囲を囲った人工村を作って農民たちを移住させ、南ベトナム解放民族戦線ゲリラと農民との接触を断とうとした）みたいなのがあったそうです。当時の「満州国」では「集団部落」という政策をとっててね、村をバリケードみたいな簡単な柵で囲っちゃう。それで農民は農作業に出て行く時、身分証明書を持って関門をくぐる。それで野良仕事終わって帰って来る時、証明書で出入りを確認して、ゲリラが「集団部落」に潜り込むのを防ぐシステムになってたんです。ベトナム戦争時の「戦略村」が、実は満州の「集団部落」に源があるとは驚きました。そんなこともわかってきて、とにかく指紋押捺っていうのは過去の軍国主義の遺物じゃないか、指紋押捺制度が持っている歴史的背景を、いろんな形で展開しようということとなった。

それからもうひとつ思い出すのはね、そもそも裁判にならないものを裁判にしようっつうわけです。それで、私も何回かわかんないけど、いろんな裁判所に、証人として出たんです。検察側は「検察一体の原則」ですから、(日本全国の) どこで裁判しても向こうはひとつなわけ。それで検察側は「この証人は、どこそこの法廷で、すでに証言をしてるから、その証言調書を取り寄せれば済むので、証人採用の必要はない」と裁判所に言うわけですよ。そうすると弁護団のほうも、「いや、この証人はその後もいろいろと調べているから、前回の証言と重複しない範囲で証言するので、ぜひ採用して欲しい」と言うわけ。そう主張すると結構、採用されるんですね。それはいいですけど、私のほうは大変ですよ。「これまでと重複しない範囲で」と条件を付けられてるから、新しいネタを用意せないかんわけですよ。

ほんと大変でした。さっきの満州の話だってね、中国行って手間と時間かけて調べても、一回、法廷で使ったらもう終わり、同じネタは二度と使えないでしょ。それで私も、物に取りつかれたように、自転車操業よろしく、いろいろ調べて、いろんなことがわかってくるわけ。

たとえば、昔は自動車免許証の交付時に指紋を押してたと聞いてね。警視庁に行っていろいろ聞いたらそれを定めた法令はなくて、じきになくなった。それから昔、東京都民に指紋を登録させる動きがあって、最初は上野駅のホームレスの人たちから採ることにしたという記事を見つけたり。それから宮城県議会には、一九五一年三月、「住民指紋登録条例」が出されたことがあってね、その新聞記事を見つけて、県庁に手紙を出して議事録を取り寄せて読んだこともありました。その条例案は議会に提案されたけど、押さない人への罰則をどうするかが問題になり、刑事罰まで科すのはやり過ぎじゃないかとかの意見が出て、結局成立しなかったんです。結局、日本人には罰則を盛り込んだりすることができなくて、うまくいかないんです。

――一方で外国人の押捺拒否には、一貫して刑事罰で応じてきたという対応の違い。外国人ならいいけど、「国民」にそこまではできないという発想ですね。それ自体、差別です。

それでおもしろかったのは、国会でも一九四九年七月から九月にかけて、「国民指紋法」制定の動きがあってね、議事録を読んだんです。当時は参院に羽仁五郎さん（歴史家、一九〇一年～一九八三年）がいてね、「みんなから指紋を採ることを考えているようだけど、皇族からも採るのか」と質問をして、それで政府のほうも困っちゃってね、彼はその時、神奈川県の逗子《ずし》に住んでたらしくてね、新聞記事を示して質問したみたいに議事録には記録されてるんで、私は一生懸命記事を探したんだけども出て来ないんだよ（笑）。いろいろと聞くとね、彼はどうも時々そういうハッタリをやってたらしい。実際には記事はないけど、あることにして攻め立てると。

それからもうひとつ思い出すのは、一九八五年の大量切り替えの年に合わせて、「朝日新聞」が指紋問題を取り上げた（大阪本社版、同年五月七～九日夕刊）。企画段階で大阪の「朝日」の記者から電話が掛かってきてね。黒木忠正さんっていう、当時、法務省入管局登録課長でまだご存命ですけど、その黒木さんと新聞で対談してくんないかって言うわけ。それで「私はいいけども、現職の登録課長って渦中の人だから、ちょっと無理じゃないの?」って言ったら、「いや、それは『朝日』のメンツにかけて口説きますから、まずはあなたがOKしてくれないとね」って言うわけ。そしたら見事なもんで、その黒木さんが出て来ることになったんですよ。それで東京・有楽町のマリオンで対談したんです。

対談の後、黒木さんが話したことで印象に残っているのは、「田中さん、指紋、指紋って言うけれどもね、俺は国家公務員試験に合格してキャリアとして法務省入る時、指紋採られたんだよ」ってペロッて言ったんだ。こっちはネタ探しに苦労してるから「あ、これはおもしろいなっ」て、人事院へ行って調べてね(一九五〇~五九年まで採っていた)。法的根拠はないんだけど、できるだけ指紋をという動きがあったから、「公僕は率先して」みたいに始まったらしい。何かに使われたことがあるかと聞いたら、身元不明死体が出て、国家公務員かもしれないということで集めた指紋カードのファイルを一、二回開けたことがあった気がするって。それも裁判所での証言で使いました。このように、いろいろ漁《あさ》りましたよ。一方で、いい勉強になりましたよ。

それからもうひとつ言うとね、愛知県では中学三年になると全員の指紋を採ってたことがわかってね(一九五五年から)。これも法律はもちろん条例もないんだけど、学校ルートで来るから有無を言わせず、「今日は指紋の日ですから体育館に集まってください」とか呼びかけてパーッとやる。そんなことが普通に行われていた。それについては新村猛《しんむらたけし》さん（一九〇五年～一九九二年）っていうフランス文学専攻の人がいてね、『広辞苑』の新村出《いずる》さん（一八七六年～一九六七年）の息子です。新村猛さんは名古屋大学の教授で「中学生の指紋制度に反対する会」ってのを作って代表になって、ある種の市民運動ができていた。『朝日ジャーナル』にも新村さんの文章が載っていたし、それから『アサヒグラフ』が県警のラックに収められた指紋カードを写真で紹介していた。

愛知の指紋制度は、運動の甲斐あって一九七〇年で止めになるわけです。私は外国人の指紋押捺について反対運動をやってるからさ、あちこちの講演で言って回りましたよ。日本人は運動の結果、体育館で採られることはなくなったけど、同じ愛知の中学生のなかには当然、外国人もいるわけです。みんなで体育館に集められて採られる形はなくなっても、外国人中学生は一人で複雑な思いを抱えながら、今も区役所に指紋押しに行っている。新村さんほどの知識人でも、ここに思いが至らなかったところに、指紋押捺問題の根深さを感じるってね。

その観点は結構大事なことだなと、あん時思いましたよ。最初の押捺はその後「一六歳」に引き上げられるんだけどもね。そういうことを片っ端から調べて、いろんなことが浮かび上がってきて、そのなかで、この運動をどう展開するかという、崔昌華さんが言う「服従のシンボル」「差別の象徴」をどうなくしていくかという、そういう運動に広がっていったっていうことでしょう。

――新聞や雑誌って結構役に立つんですね。

いやほんとね、宮城県議会の条例は、「日経」の小さなベタ記事を手掛かりにして、県議会に問い合わせたのですよ。愛知県の中学生指紋もね、『朝日ジャーナル』の記事や『アサヒグラフ』にラックに入った指紋が出てくるわけです。大阪「朝日」の対談などの三連載記事も役に立ちました。

――しかし現役の法務省担当課長がよく登場しましたね。メディアから要請されれば出て喋らざるを得ないほど運動が盛り上がっていたのでしょうけど、何よりも現場で取材している記者の問題意識と熱いものがあってのことですから。

あれは大阪の「朝日」の社会部取材班で、田中英也さん、波佐場清さん、清田治史さんの三人だったと思うんですね。あの時、おもしろいなと思ったのは、大阪からカメラマンまで来てるんです。有楽町マリオンって、旧朝日新聞社のところにできたビルの上の部屋ですよ。「何でカメラマンまで大阪から来るんだ」って聞いたの。そしたら「同じ『朝日』でも東京と大阪は別会社なんです（笑）」とか言うんだ。

あの企画はすごく良い記事になり、三日連続でしたね。最初は、張本勲さん（野球評論家、元プロ野球選手）の写真が大きく掲げられ、イーデス・ハンソンさん（タレント、エッセイスト）とかいろんな人たちのコメント入れて、二回目で黒木さんと私の対談が中心で、最後は、国際的な状況や飯沼二郎さんの談話などで締めた。

ところが、東京の「朝日」はその記事を一切使わないわけ。東京はね、東大の大沼保昭教授と、当時の小林俊二入管局長の談話を並べる記事を出した。黒木さんと私の対談みたいにクロスするやり取りはなく、単なる両論併記の記事です。大量切り替えを前にした段階で、東京はその記事だけでお茶を濁《にご》した。「やりました」のアリバイですね。「東京と大阪は別会社」って言うのも「なるほどなあ」と思ったね。「大阪の記事を、東京が使えるか」みたいなこともあるらしい。それにやっぱり大阪は在日が多い場所だからね、東京とは問題意識が違うのかな。でもあれはおもしろい経験になったなあ。

——政治、経済の中枢に居て、日々「エライ人」たちと接していることも影響しているのでしょう。相対的に東京のマスメディア業界は、権力や資本の言い分に寄り添う「物分かりのいい」記者が多い印象です。中央の動きや方針をさしたる批判もなく垂れ流す類の記事が主流で、マイノリティ当事者からじっくりと話を聴き、彼・彼女らの側から社会の歪みや病理を照射する記事も少ない。

まあかつての「読売新聞」でもそうだよね。反戦、平和、反差別の記事も黒田清時代の大阪社会部だけでやったでしょ。

——さて、裁判を含めた指紋押捺拒否闘争、どのような攻め方を。

まあひとつは歴史的な問題からきちっとやるということ。それから日本人については、さまざまな指紋押捺の試みがあったけれども、刑事罰をともなう法による強制は一度もなかった。それが外国人だけを対象になされているという点が総括的なものでしょうね。

それからもうひとつは、指紋押捺拒否者のなかに、「在日」ではない、いわゆる白人系の人たちが参加していたということ。多分、在日の人たちもびっくりしたんじゃないかな。たとえばキャスリーン・モリカワ（森川キャサリン）さんっていう、アメリカ国籍の女性で、日本人と結婚していた人です。どうして彼女が拒否したのか、私はよくわからなかったけれども、拒否者で初めて罰金一万円の有罪判決を受けた人です。その彼女がいつも集会とかデモに来るわけです。それで彼女が言ったことで、私が非常に印象に残っているのは、「指紋で、皆さんと私たちは同じだと思っている。だけど皆さんはその意味が多分わからないと思います。たとえば、バスに乗り込んだ時に、私にサッと視線が集まる。その独特の雰囲気というのは、多分在日の人は気付かないかもしれない」と言ったんです。彼女ならではの思いですよね。

それからもうひとつは、東京・江東区にカトリック潮見教会という有名な教会があって、その後を継いでいるフランス人のコンスタン・ルイ神父っていう人がいたんです。彼も指紋を拒否していろいろと集会に来ていたわけ。われわれは時々、法務省と交渉していたんですよ。法務省に出かけて行って、一階の応接室みたいなところに通されて、向こうは係長クラスが出てきて、拒否者や支援者の代表といろいろとやり取りするわけです。特に意味があるものではなく、他愛もないことかもしれないけどね。ある時、その席に、やっぱりルイ神父さんが来てた。

それで法務省の役人が、ルイ神父さんに訊《き》くわけですよ。「あなたはもう三〇年くらい日本にいるわけです。今までずっと指紋を押してきたわけでしょ。なぜ今度は押さないんですか？」って。そしたらルイ神父さんが言ったんです。「いや、今押すとなると、在日の人たちを苦しめることになる。私は、たとえ法律に従わなくても、神の前ではそういう人を苦しめるものに加担したくない。だから今までは押してきたけど、今回は押さないのです」ってね。「なるほどなあ」と私は思ったんだけど、その場にいた在日の人も、「何か」を感じたに違いないと思います。

——ルイ神父はこう記しています。「この地域に住む大勢の韓国・朝鮮人、中国人たちにイエズスの福音を宣べ伝える責任を負う者としては、もはやたくさんの少年少女を苦しめ傷つけているこの制度、指紋押捺制度を認めるわけにはいかないと強く感じました。今までのように平気で区役所で指紋を押すならば、わたしは彼らを差別する側に立つことになります」（ルイ神父を支える会編『寄留の他国人として』中央出版社、一九八八年）。差別を前にした時、人に中立はあり得ない。そして差別のある社会に生きることは自分自身の尊厳をも傷付けるとの宣言です。ルイ神父も起訴されて被告人になりますが、担当した検事がルイ神父さんの人格に感動し、自ら洗礼を受けてクリスチャンになったという逸話が残っています。

ルイ神父さんは、その裁判で私が証言台に立ったこともあり、特に印象深いですね。指紋を拒否している時に、お母さんが亡くなるんです。それでフランスに戻るかって話になるわけです。だけど指紋押さないと再入国許可が出ない。崔昌華さんの娘さん（音楽家の崔善愛《チェソンエ》さん。指紋押捺拒否で再入国不許可とされたまま米国留学、永住資格を失った。裁判闘争を経て後に特別永住資格を回復）と同じで、片道切符になっちゃうわけです。随分悩んだ末のことではないかと思うんですが、最終的に「指紋を押して、お葬式に行くことはしない」となったようです。それで結局、お母さんのお葬式には出られなかったんです。

私は宗教のことって全然鈍感だからわからないんだけども、指紋に関する小さな集会をやるのも大抵教会でした。やっぱり教会には、何か普遍的な価値というものがあって、そこをベースに運動が広がっていく。もうひとつ別の物差しがあって、国家や国籍、国境の壁を越えて繋がるっていうね。そんなかに、ルイ神父さんとか、キャスリーンさんがいる。それから教会の神父や牧師の日本人が、「この部屋を使ってください」ということも多かった。すると、その神父さんや牧師さんも集会に来て、在日や指紋押捺制度についての認識が深まる。それから、教会のニューズレターや、教会関係の出版物とか刊行物に指紋の問題が取り上げられる。「カトリック新聞」とかの取材も受けたし、頻繁に出ていたのを覚えてますよ。

そのうちに、たぶん教会のルートで「在日の人」がアメリカに行くんです。今はともかく、当時は在日の人がアメリカなんて行ったことない時代です。それでアメリカに行って向こうの話をいろいろ聞くなかで、反差別運動を知るわけです。アメリカでは、差別に反対する「公民権運動」の歴史に直接ふれる、差別されている人たちの闘いにふれ、国籍はあっても公民権のない状態をどう突破していったかみたいな話を聞いてくる。

――第二世代は「日立」以降の闘いに、アメリカの公民権運動を重ね合わせたわけですね。

私なんかも、当時のアジ演説とかで、指紋押捺拒否闘争は日本における公民権運動なんだと。運動をその切り口で語ったり、位置付ける人が増えていく。それらの多くは、アメリカルーツでした。当時は韓国との間での連携はあまりなかった。日立就職差別裁判に呼応して韓国で日立不買運動が起きた件はあったけど。当時はやはりアメリカの影響が大きかった。公民権運動に学んで帰って来た人たちが、「差別の問題って、どこにでもあって、それぞれ闘ってきた人たちがいるんだ」と。「われわれもそれを念頭に、日本の公民権運動を闘おう」というね、そんな励ましや勇気付けをもらったというのも、これは教会のルートだったと思いますよ。

注

1　第2章参照。

2　徐翠珍の闘いの一端は、ドキュメンタリー映画『1985年　花であること』（金成日監督、二〇一〇年）に記録されている。監督で在日韓国人二世の金も指紋押捺拒否者で、一九八七年に外国人登録法違反で逮捕。強制具で無理やりに指紋を採取された経験を持つ。金や徐たちは、押捺制度廃止後には法務省への外登証返上運動を展開した。

第8章　指紋押捺拒否2

「こんなことは、もう子や孫にはさせたくないんだ……」。韓宗碩《ハンジョンソク》の叛乱《はんらん》で始まった日本の公民権運動「指紋押捺《おうなつ》拒否」。刑事告発、逮捕、起訴、再入国不許可と、なりふり構わぬ公権力の弾圧にもかかわらず、反差別のバトンは繋がっていく。そして政治が動き始める。

——指紋押捺制度への「否」。制度化されたレイシズムへの怒りと、「ともに生きる社会」を求めるうねりは民族、国籍の違いを超え広がっていきます。

反入管法の時は、在日と中国人との共闘というか問題の共有はある程度あったけれども、指紋問題が、あえて言えば白人との共闘、一緒に運動が広がる展開はみんな想像していなかったんじゃないかな。私もそうでした。だからキャスリーン・モリカワさんとかルイ神父さんが拒否して、母親が亡くなっても、指紋を押して帰る道を選ばなかったルイ神父さんの姿には多分、在日の人たちもいろんなことを考えさせられたんじゃないかなって思う。キャスリーンさんはいつも集会に出てきて、一緒にデモってるわけですよ。

──一九八二年に政府は初登録の年齢を一四歳から一六歳に引き上げ、切り替えを三年から五年に延長する一方、罰金を三万円以下から二〇万円以下に引き上げ、指紋拒否者には再入国許可を認めない措置を強行します。翌年六月には京都で押捺を拒否していた在日二世の金明観《キムミョンガン》さん（性人類学者）が、全国で初めて逮捕されます。その後も各地で強制捜査があいつぎますが、それでも闘いは止まず、制度の本質である「差別」をえぐり出していきます。

ひとつは一九八四年五月、岡山地裁での姜博《カンパク》さんの裁判で、当時の前登録課長だった亀井靖嘉さんが国側の証人として出たんですね。法務省の課長クラスで裁判所が証人採用したのは彼だけじゃないかな。先の黒木さんも呼ばれてない。われわれが申請しても裁判所はそのクラスはまず採用しないからね。

当然ながら、こっちは「何で外国人だけ指紋を採るんだ」って訊《き》くわけよ。そん時に、彼は日本人と外国人は端から違う。いったん、何かあれば日本のために武器を取って戦うのは日本国籍を持ってる人なんだ、日本人と外国人は端から違うんだ、みたいなすごいこと言ってね。私もあの時、岡山地裁で聴きましたよ。なんかおどろおどろしい話だなってことを覚えてます。あれは随分話題になりましたよ、「亀井証言」と言ってね。

──それにしても亀井氏の発言はひどい。彼はこの後九月、名古屋での韓基徳《ハンキドク》さんの裁判でも、「危急存亡のときに鉄砲を持つことが外国人と内国人をわける基準」と証言しています。しかも国側の証人です。法廷で相手側の弁護士に攻められてつい口を滑らせてしまった暴言・妄言じゃなく、おそらくは事前に法務省内で検討し、想定問答を作り、少なくとも部長、局長級のチェックや決裁も受けた言葉なわけでしょう。軍国主義時代から変わらぬ、彼らの「思想的底流」を感じます。

指紋は「外国人差別ではない、公正な管理のため」と言うんだったら、国籍問わず全員から公正に採れよって話なわけですよ。私は、この問題を巡って本省の役人と何度もやり取りしましたけども、彼らは通常こう説明をするんですよ。指紋は「同一人性の確認」に非常に簡単で正確だと。指紋を採ることは同一人性の確認のために、最も好ましい方法なんだ、そう説明すんだよね。私は法務省の役人に言いましたよ。だけど日本人だって同一人性の確認っているんじゃないかと。たとえば、選挙の時に田中宏という人間が一票を投じに来た。それが田中宏かどうかは重大な意味がある、他人が投票したら困るわけだから。でもその時は指紋を採らないでしょと。なりすまし投票は時々発覚するけど、重大な問題じゃないんですかって。何で外国人にだけ同一人性の確認のために指紋が必要なのかって。そしたら、最後は「それは外国人だからです」って。要するに答えにならないんですよ。「同一人性の確認」を繰り返すけど、反論したら結局答えられない。

もうひとつ思い出したのはね、天皇が代替わりした一九九〇年に、韓国から、当時の大統領だった盧泰愚《ノテウ》さんが来日したんですよね。それで宮中晩さん会で、今の天皇が初めて「痛惜の念」って言葉を使って過去に言及して話題になった。その日か次の日に、例の討論番組「朝まで生テレビ」があって私も出たわけ。大島渚さん（映画監督、一九三二年〜二〇一三年）が番組の常連で、

「忘れられた皇軍」の石成基《ソクソンギ》さん（九〇年代の戦後補償裁判の原告）とかの戦後補償の話も出たけど、指紋の話も出てね。当時、指紋押捺拒否闘争が継続中で注目されてたから。

その時、西岡力《にしおかつとむ》さん（「北朝鮮に拉致《らち》された日本人を救出するための全国協議会」会長）が向かい側にいてね。彼は、北朝鮮からの工作員の問題があり、指紋押捺は絶対に廃止すべきではないと言うわけよ。それで、私は、それじゃ聞くけども、密入国者が「俺は日本人だ」と言った時に、日本人の指紋付き証明書はないでしょ、と。密入国とか工作員とかが来るから指紋が必要と言うなら、日本人の指紋も全部採っとかないとね。そのストックと照合して初めて紛れ込んでることがわかるわけで、あなたの論理は破綻してるんじゃないの。この問題を通じていつも感じてきたんだけど、同一人性の確認は外国人だけに必要なもんじゃないでしょ。だから、あなたはむしろ日本人全員から指紋採るべきだって運動をすべきじゃないのって、私も口が悪いから言ったんだよ。そしたら彼、黙っちゃったけどね。あれはお笑いだったな。

――指紋押捺への「否」は八〇年代に入って表面化していくわけですが、そこで疑問なのは、それまで広範な抵抗が起きなかったのは何故か。さらに言えば何故このような制度を当時の在日朝鮮人たちが呑んだのかということです。当時は今よりはるかに民族団体が巨大で、社会的にも力を持ち、激しい闘いをしていた。そんな時代にこの制度は如何にして実施されたのでしょうか。

結局は、こうなんだと思います。日本政府は、一九五二年四月二八日に、「在日」は日本国籍がなくなって外国人になった、との最後通告を出し、例の「法一二六号」[1]（外国人にされた在日朝鮮人らの在留資格について暫定措置を定めた法律）が制定され、同じ日に外国人登録法が公布・施行される。その外国人登録法に、指紋押捺義務が初めて登場して（登録令にあった義務は携帯と呈示で指紋押捺はなかった）、それがずっと続くわけです。最終的には二〇一二年に外登法そのものがなくなって、ちょっと状況は変わりますけどね。

一九五二年の段階で在日の民族団体は「民戦」[2]（在日朝鮮統一民主戦線）でしょ。その段階で彼らは、日本共産党と一緒に戦ってたわけですよ。指紋を採るのは実際に役場に行って押捺をやらせる。それは基本的に外登証（外登証それ自体は一九四七年の外国人登録令で開始）の切り替え時（当初は三年毎、後に二年毎、三年毎、五年毎に変更）にやる。外登証の期限が来て新しく切り替える時に指紋を押す。当初、戦前「犬の鑑札」と言われた「協和会手帳」[3]の再来だと反発が強くて、反対運動がすごく激しかったみたいです。それで指紋を強行すると外登証自体の切り替えが進まないということがあって、法律公布後、指紋押捺の部分だけは三次にわたってその施行を延期する法改正をしている。

そのへんを調べているうちに出て来たんですけど、大量切り替えの時期にそれをやると、反対運動を刺激して一斉にワーって来るでしょ。だから切り替えのない時期に指紋押捺の施行にこぎ着けようと、施行の時期をあえてずらすんです。最終的には、切り替え前年にあたる一九五五年四月に実行に移す、この年は奇しくも「朝鮮総連」（在日本朝鮮人総連合会）結成の年ですよ。

その年の初めに日本共産党が朝鮮人党員に離党勧告を出して、縁を切っていく。それまでは共産党と一緒に指紋問題にも取り組んでいたのではないかと思うんだよね。国側はまず一九五二年に、「国籍処理」で日本人と朝鮮人を分断するわけですよ。次は一九五五年です、朝鮮人と共産党がある意味で分裂し、朝鮮人運動は共産党という後ろ盾がなくなる、役人はそのタイミングを見計らい、切り替えの間隙を縫って指紋を施行したわけですよ。そうした知恵者が役所にいたんだなあ。

実務雑誌で『外人登録』っていうのがあったんですけど、そのあたりを振り返る座談会が組まれていて、それを読むと、「切り替えのない時期を選んで、反対運動の機会を与えずに、施行することが、私どもの秘策であった」とかいう発言が出てきますよ（同誌、一九五九年四月号）。

──いわゆる「路線転換[4]」のタイミングを狙ったと。体制を支える役人の奸智《かんち》です。しかしその段階で「国民」が反対すれば状況は違っていたと思うのですが。

一般的には押捺拒否は韓宗碩さんが第一号と言われてるけど、調べてみると彼は「目に見えた一号」なわけ。一九五五年に指紋を具体的に採り出すけど、前々からやっていた運動もあったから、やっぱり指紋を拒否する人が出て来るんですよね。警察庁の『犯罪統計書』が一年に一冊出るんだけども、そんななかに外国人登録法違反が載ってる、「登録証不携帯」とか「指紋不押捺」とか。それが何件あったかの統計が出て来るんですね。不押捺は、一九五五年が二七件、五六年一九五件、五七年二五四件、五八年八六件と、決して小さな数ではありません。

しかし、当時の押捺拒否はいずれも取り調べの段階で押捺に応じたようで、最高裁まで争ってるケースが一件あったんです。一九五六年一一月拒否の下関の安商道《アンサンド》さんっていう人です。判例を調べてみると、結局捕まって調べを受け、怖くなって押捺するんです。弁護士はどうしたかというと、押したからいいじゃないかと法廷で主張するわけ。ところが、検察側は、いや、いったん拒否したら不押捺罪が成立するから、その刑罰は免れ得ないと言う。だから指紋採るのはケシカランとかの主張はひと言もないんです。それで「懲役四月、執行猶予二年」ですよ。八〇年代は、せいぜい罰金刑で、それに執行猶予が付いた例もあり、当時の量刑の重さには驚きます。

——数年間は毎年かなりの拒否者が出たわけですが。

それがだんだん減っていくわけです。歴史的に見れば、韓宗碩さんより以前も多くの指紋拒否がある。私は下関に行った時、安さんに会って話を聴きました。弁護士は「国選」でね、基本的な論争は、「もう押したからいいじゃないか」と「いやいったん拒否したら処罰は免れ得ない」っていう主張のぶつかり合いで、指紋の差別性を問う八〇年代以降とは全然違う。

ここは調べきれないんだけど、やっぱり共産党と朝鮮人が袂《たもと》を分かったところに、指紋押捺の楔《くさび》が打ち込まれたのではないかということです。当事者は指紋に反対して、拒否する人がいるけども、それを支える日本人はまったくいなかったんじゃないかな。少なくとも新聞とか繰ってもまったく出てこない。朝鮮人に指紋押させてケシカランとかさ、まったく出てこないわけです。弁護士も何らの手立ても取らなかったようだ。だから警察に捕まって、みんな押捺していく。統計的にはいったん拒否するとデータに残り、記録はある、当時はそんな状態じゃなかったのかなってことが推測されますね。

あと思ったのは、「国選」をつけざるを得ないほど指紋拒否の量刑が重かったっつうことだよね。八〇年代以降の押捺拒否を巡る状況とは、天と地の開きがあり、いろいろ考えさせられますね。

——在日朝鮮人とは、日本の近現代史が犯罪の歴史であることの生き証人です。その処遇を巡る刑事裁判が「国選」でなされたこと自体、この社会が自らの責任に向き合っていないことを示してます。国家による差別という悪質性や、そこに対峙《たいじ》する歴史的意義を認識していたならば、大勢の弁護士が無償弁護を申し出てもいいはずです。でもそうはならず、四半世紀後にある意味で異端めいた人たちが火を灯した。

韓宗碩さんにしても、崔昌華《チォエチャンフォア》さんにしても、既存の民族団体と関係があったのかどうかよくしらないけど、基本的には、それと関係なしに自分でやったみたいなところがある。言うならば、日立就職差別裁判以降の市民運動としての在日の闘いという様相が色濃かったと思います。

——田中さんの表現を借りれば、その動きは「燎原《りょうげん》の炎」のごとく燃え広がり、一九八五年、大量切り替えの年にピークを迎えます。

指紋は通常は切り替えの時に押すわけです。車の運転免許証も切り替えがありますけど、あれは誕生日でしょ。だから、切り替え時期はバラバラです。でも外国人登録だけは一斉切り替えの歴史がある。なかには早く拒否したいからと、登録証を洗濯機に入れてダメにして、役所で再交付を求め、そこで拒否する人とかもいましたけどね（笑）。

――私の住んでいる京都でも、自分で引き裂いた外登証を持って窓口に行き、「おい、新品（サラ）出せや」って担当者の目の前に投げつけた人がいましたね。

外登証が始まったのは一九四七年で、約六〇万人の在日が一斉に登録をし、一九五五年から指紋が始まる。押捺一世ですよ。この人たちが、その後一緒に切り替えをする。もちろん年とともにだんだん亡くなっていくから、一斉切り替えの山は低くなっていくけど、かなりの数なわけですよ。

それで一九八五年が山だとわかってね、一九八四年九月に、二世、三世たちが「指紋押捺拒否予定者会議」を立ち上げるんです。大量切り替えが翌年に来るけど、そん時私たちは押さないことをあらかじめ宣言することで、この問題をクローズアップさせたわけです。

それから、たとえば万単位の拒否者を警察が捜査して検察が起訴するとなると、公判維持も大変なわけですよ。各地の裁判所で今までみたいな裁判闘争やるってなったら、日本の裁判所機能がマヒするんじゃないか、とかいろいろ考えてね。裁判官の数は全部でどれくらいいて、どれくらい拒否者がいればとか、勝手なことばかり言ってさ（笑）。

――まさに法を破って、悪法を撃つ闘いです。

予定者会議の運動が広がってくると、韓国民団の「青年会」と「婦人会」が関心を示すようになる。それで青年会の幹部は、結構拒否をするんですよ。今、民団中央で副団長をやってる林三《イムサン》鎬《ホ》さんもその時の青年会幹部で、ハンストもしました。呉徳洙《オドクス》監督（一九四一年〜二〇一五年）の

『指紋押捺拒否』（一九八四年）の最後のほう、日比谷公園でのシーンに彼は出てきますよ。今の民団幹部には、昔拒否した人たちが多いですよ。

それから婦人会の人たちが途中から随分関心持ってね。それで私と大沼保昭さんで手分けして、婦人会の研修会で、北海道から九州まで講演して回りましたよ。あの時、会長をしていたのが裵順姫《ペスンヒ》さんという大阪の方でしたね。彼女の言葉で今も印象に残っているのが、「民団の男どもはだらしないから、この問題は青年会と婦人会がやらないとダメだ」とか言ってさ（笑）。それから青年会は会としてかどうかはわかんないけど、幹部がみんなやってるから、当然みんなもやるみたいな感じでね。

その時、私は朝鮮総連の人も知らないわけではない。当時の「在日朝鮮人の人権を守る会」[5]に私は関係していたから、知っている総連社会局の人に、総連は指紋やんないのとか聞いちゃったんだよ（笑）。そしたら、いや総連は「破壊活動防止法」の調査対象団体なんで、法を犯すと組織に手入れが入ることが十分考えられる。私たちは法を破ることをやるわけにはいかないんだって言われたのを覚えていますよ。なるほどな、と思ってさ。

――私の知るところでは、在日韓国青年同盟（「在日韓国民主統一連合」[6]傘下の青年団体）なんかも総連と同じ方針でした。とは言え総連もあの制度への反対自体は表明してましたけどね。当時の朝鮮学校生のなかには生徒一同で街頭に出て反対署名を集めたり、なかには授業の振り替えにされたなんて話を聴いたこともあります。さて、民団は婦人会と青年会の声を受け、「指紋押捺留保宣言」の方針を打ち出します。

ひとつの戦術でしたね。まあ向こう（自治体）も、地域の住民をいきなり告発して警察に突き出すのは何だからという思いもあって、こちら側も今回は押さないで留保しますっていうやり方を考え出したんだと思うんだけどね。拒否とまで言わないけれど、今回はちょっと待ってという。そうすると役所のほうも不押捺罪で所轄警察に告発することはしないと、それで留保が一定の数溜まってくれれば、一定の意味を持つみたいな時期がありました。

結局、一九八五年五月、法務省が自治体に「五・一四通達」を出す。「真っ黒のインク」から「無色の薬液」に、「回転指紋」から「平面指紋」に、変える。ある種の緩和策です。その一方で、告発の徹底と指紋拒否者の外登証の不交付、住民票にあたる外国人登録済証明書に「指紋不押捺」と記入するという指示を出したわけ。それでも運動が収まらない。

――本質を堅持しての誤魔化しですからね。あと当時、特筆すべきは自治体の動きです。当事者の闘いに呼応し、警察への告発をネグレクトする自治体が現れます。以前取材した京都でも、法務省に「説得中」と回答して告発を引き延ばす者たちがいました。そのひとつの到達点として一九八五年、川崎の革新市長、伊藤三郎氏が法務省の求めに抗い、「拒否者不告発」を宣言します。多くの自治体が「自治」をドブに擲《なげう》ち、国に付き従う今とは違い、当時は自治体が歯止めになり風穴があいた。拒否者はこの年に一万人に達します。

それで一九八六年、「アジア競技大会」の開幕式で中曽根康弘首相が韓国に行った時、ソウルで、指紋押捺を「一回限りにする」と発表したわけですよ。覚えているのは、「朝日新聞」で対談した黒木忠正さんが登録課長だったんですけど、彼が後に言ってましたよ。「田中さん、私なんか、あの時強制連行ですよ」って。「なんで?」って聞くと、「人質としてソウルに連れて行かれたんだ」って。そん時の官房長官が後藤田正晴さん（警察庁長官、法務大臣、内閣官房長官などを歴任、一九一四年~二〇〇五年）ですよ。

——絵を描いたのはやはり後藤田さんでしょうか。

そこは私はよくわからない。でも後藤田さんやはり警察官僚出身だからね、官僚の抵抗を見越してたんだと思いますよ、おそらくはトップで決定して、日本国内では役人には言わず、韓国で発表した。黒木さんにはおそらく出先で教えて有無を言わせず飲ませたんでしょうかね、とにかく、ソウルで「一回限り」と発表した。法改正はその後ですよ。

弾圧してでも緩くしてでもとにかく運動が収まらないんで、次の手をということですかね。最初だけ採って後はそれを転写すると。だけど前述した『外人登録』のバックナンバーを読むとね、指紋は切り替えのたびに押捺しないと意味がない、もし一回だけだと嫌がらせになってしまうと、官僚が言ってるんですよ（同誌、一九八〇年一二月号）。まさか、こんなことが将来起こるとは思わないから（笑）。あれはお笑いだったな。定期的に採って人が入れ替わってないことを確認しないと意味がないんだと。彼らなりの論理で説明していた制度が、その整合性なり、意味合いが破綻したわけですね。

——そして「九一年問題」[7]（在日の法的地位を巡る日韓協議）での「廃止」表明に至ります。それに先立つ一九八九年には昭和天皇死去にともなう「政令恩赦」で三〇人余の拒否者が免訴されます。よりによって植民地支配と侵略戦争の主犯であるヒロヒトの葬儀で起訴自体が「なかったこと」にされる。もちろんそれで天皇とこの国の歴史的責任までは「なかったこと」にはできませんが、卑劣な「逃げ」です。幾重もの犠牲を払って押捺を拒否した「被告」たちの無念は如何ほどばかりだったかと思います。[8] 権力はあくまで問題解決を自分たちからの「恩恵」に落とし込もうとする。

まあ政治だなと思ったのは、結局、日本国内の反対運動に屈して制度を変えるのはメンツが許さないんでしょう。それで一九九一年一月の「日韓覚書」に、二年以内の廃止を盛り込んだわけです。

ひとつ興味深かったのは、廃止は形式的には「在日」だけで、さらに厳密に言えば「日韓」にかかわる協定永住（日韓基本条約に基づく韓国籍在日のみ適用の在留資格）だけなわけですよ。だけど、結局は、それ以外の人にも指紋廃止が適用された。ひと昔前だったら、この覚書の対象は協定永住だけで、それ以外の、たとえば特例永住者（＝朝鮮籍者）は含まれないとか、韓国側が言い張ることも考えられる。日本側も、それを突破口にして他の外国人にまで拡大するのは困るとか言ってもおかしくない。このへん、私は当時の入管当局は立派だなと思っているんです。結局この時、入管特例法を作って韓国、朝鮮、台湾籍を問わず旧植民地出身者を全部、特別永住資格にした。その震源地は「日韓覚書」ですが、その覚書で全部を束ねて「特別永住」にした。しかも、指紋廃止を「一般永住」にまで拡大した、この点私は法務省を褒めてる。にもかかわらず、現在の入管局は何なんだ！　って文句言いたいんです。

——外登法による指紋押捺は二〇〇〇年までに全廃されます。一方で外登証の常時携帯義務は法廃止まで残り[9]、二〇〇七年には「テロ対策」と称して、特別永住者以外の外国籍者には入国（再入国）時に空港で指紋と顔写真を採取する「US-Visit」が導入されました。「名目」を変えた復活とも言えます。

日本人と外国人を割る発想は指紋押捺制度と変わらない。テロ対策が建前だけど、日本人にはテロリストはいなくて外国人にはいるという理屈でしょ。だけど、たとえばオウム真理教はどうなのよって。強いて言えば特別永住者は除外したけどね。でもそうなると、徐翠珍《じょすいちん》さんのような、在日と同じような中国人の一般永住者は、海外に出るたびにその問題に直面することになる。歴史的には在日と共通するのに何でと。永住者というのは、入管当局が定期的に在留状況を審査する必要がないとした人たちです。定期的に入管に出頭しなくていいわけです。その人を特別永住と分けるのはおかしい。指紋押捺だって、まず「特別永住」と「一般永住」は、同時に廃止したんです。より「国民に近い外国人」ということで。それから今後のこととして、一定の条件で「一般永住」を「特別永住」に組み入れる制度を作るべきです。一〇年とか二〇年で「一般永住」を自動的に「特別永住」にするとかさ。日本の国籍法が生地主義でなく血統主義をとっている以上、こうした工夫は避けられないはずです。生身の人間のことを念頭に処遇を考えないといけない。だけどこれが、最近は全然機能していないんだよね。

——闘争を通じていくつもの出版物が出ましたが、私が印象深いのは、一九八五年五月、初めて告発なしで逮捕された李相鎬《イサンホ》さんに送られた脅しや罵倒の手紙に田中さんたちが反論した『指紋押捺拒否者への「脅迫状」を読む』（民族差別と闘う関東交流集会実行委員会編、明石書店、一九八五年）です。おぞましい文言の数々には、まさにこの制度の本質であるレイシズムが滲《にじ》みます。改めてこの闘いが問いかけたものは。

あの脅迫は今に繋がるもの。この社会を考えるうえで大事なことが表現されていると、当時、反論を書きながら感じたね。「出て行け」とか「犯罪者が多い」とか、ヘイトスピーチと同じですよ。ただ、当時は、今みたいにそれを恥ずかし気もなく公然と街頭宣伝することはなかった。それから、私はもう一冊とのセットで考えるんです。『日本人へのラブコール―指紋押捺拒否者の証言』（在日大韓基督教会指紋拒否実行委員会編、明石書店、一九八六年）です。川崎の裵重度《ペチュンド》さん（当時、民闘連事務局長）が付けたタイトルですよ。日本人に歯向かうのがわれわれの運動の趣旨ではなく、共により良い社会を作っていくんだということ。一方だけじゃなく、同じ社会のメンバーとして、日本人と一緒に多文化共生を作るというメッセージの意味が込められているんですね。それまでと違って、日本人にも気付いて共に闘う人が現れ、運動を通じて繋がりを作ったんだから。一方だけじゃ展望は生まれないんだと。裵さんは流石だなと思ったね。

注

1　正式名称は「ポツダム宣言の受諾に伴い発する命令に関する件に基づく外務省関係所命令の措置に関する法律」。この前年に制定された出入国管理令は、外国旅券を持ち、査証を得て入国した外国人を対象に、二十数種類の在留資格と在留期間を付す外国人管理法だった。しかし敗戦前から「国民」として日本に居住しており、日本政府の都合で外国人にされた朝鮮人らはその対象には当たらない。六〇万人もの人間を何かしらの在留資格に振り分けることも現実的に不可能だ。そのため暫定措置を定めたのが法一二六号である。「別に法律で定めるところによりその者の在留資格及び在留期間が決定されるまでの間、引き続き在留資格を有することなく本邦に在留することができる」とし、終戦時に在日していた者とその子は在留できるとした。「別の法」は「特別永住資格」を定めた「入管特例法」（一九九一年制定）、実に四〇年もの間、在日の法的地位は店ざらしにされた。ちなみに当初、日本政府は旧植民地出身者を一九五一年の入管令の適用対象にしようとしたが、ＧＨＱ（連合国軍総司令部）が反対して見送られた。

2 一九五一年一月に結成された左派朝鮮人の団体で、朝鮮戦争下での運動を牽引した。五五年に解消。

3 「協和会」とは、戦時下で在日朝鮮人の管理、皇民化を推進した組織で、特別高等警察（特高）の内鮮係が主導、全朝鮮人が会員とされた。協和会手帳は戸主に発給された身分証である。最初に「君が代」と「皇国臣民の誓詞」が記され、戸主の写真と家族の職業や住所、神社参拝や勤労奉仕などについても記録されていた。不所持者は取り調べの対象となった。

4 朝鮮戦争期、左派朝鮮人は日本共産党の指導下で運動を展開した。だが朝鮮人を「日本の革命」に動員する方針や、常に朝鮮人が最前線を担わされることへの不満から内部対立が深刻化。一九五四年には在日朝鮮人を「在外公民」とする南日・ＤＰＲＫ外相の発言もあり、共産党も朝鮮人に対する方針を転換。民戦の解散、朝鮮総連の結成に至る。

5 一九六〇年代、日韓の国交正常化交渉を背景に、首都圏などで朝高生へのヘイトクライムがあいついだ。法律家、研究者による調査団が結成され、それが発展したのが「在日朝鮮人の人権を守る会」。法的地位や民族教育などについてさまざまな調査研究の結果を世に問うた。

6 一九六一年の軍事クーデターで朴正熙が権力を掌握すると、韓国民団内では保革の対立が激化した。改革派は七三年、金大中を議長とする「韓国民主回復統一促進国民会議」（韓民統）を結成、八九年に在日韓国民主統一連合となった。軍政時代の七八年、韓国大法院で「反国家団体」に指定されており、二〇一九年五月現在も指定は取り消されていない。

7 一九六五年の日韓基本条約にもとづき、在日韓国人の法的地位として「協定永住」制度が導入された。だがその対象は戦前から居住する者とその直系卑属で、許可は親子二代までに限定されていた。三世代目以降の処遇は、協定発効（一九六六年）から二五年以内に韓国側の要請があれば再協議するとなっていた。その九一年協議の結果、入管特例法が制定され、宙吊りだった在日旧植民地出身者の法的地位がやっと確定した。この時の協議では、自治体職員や教諭採用、参政権などについても話題となったが、特段の進展は実現しなかった〈第11章、第12章参照〉。

8 大赦令で免訴された指紋押捺拒否者は三十数名。うち徐翠珍ら一三人は大赦拒否の民事訴訟を起こした〈最高裁で敗訴、最終段階で原告は九人〉。

9 新たな在留管理制度にともない外登証は「在留カード」に。なお特別永住者は「特別永住者証明書」になり、その携帯義務は免除された。

第9章　「忘れられた皇軍」たちの叫び

憲法第一〇条で「国民の要件」(＝日本国籍者)を前置きし、第一一条からは軒並みその享有主体を「国民」として「人権条項」が並ぶ。この構成が示すように、敗戦後、日本の民族差別は、戸籍の違い(同じ「皇国臣民」でも内地と外地の「戸籍」の違いで、「日本人と朝鮮人」は峻《しゅん》別《べつ》されていた)から、国籍の違いを「利用」したものへと再編され、旧植民地出身者を狙った「排除」と「監視」のシステムが構築されていった。前者の極みが、皇国臣民として戦争にまで狩り出された挙句、日本の主権回復後、補償の枠から排除された在日朝鮮人軍人、軍属である。一九八〇年代以降、田中宏はその「忘れられた皇軍」たちの闘いに連なっていく。

――民闘連(第4章参照)の活動のなかで石成基《ソクソンギ》さんたち「忘れられた皇軍」と出会うわけですね。出会うまでの経緯はどのようなものだったのでしょうか?

日立就職差別裁判で、川崎の李仁夏《イインハ》さんがやってた「青丘社《せいきゅうしゃ》」(在日と日本の子どもが共に学ぶ施設として設立された社会福祉法人)とか、あの当時は市民運動も今では考えられないくらい活発だったから、そういう団体が動いて、各地に「朴君を囲む会」ってのができてたんですね。日立の裁判が勝訴で確定したんで、この反差別運動のなかで各地に生まれた支援団体の横の繋がりを発展させて、例の「民族差別と闘う連絡協議会」が一九七四年に発足するんですね。毎年夏に全国交流集会をやって各地の報告をするわけ。日本育英会の奨学金から国籍条項を撤廃しろとか公営住宅開放だとか、具体的な問題がひとつ見つかると、そこを攻めていく、それはもちろん大事なんだけどさ……。

——あくまで個別課題を潰す「差別のモグラ叩《たた》き」に留まっているということ。

そう。それで私たちの社会像というか、本来どうあるべきかを総体的に考えて、社会に訴えていく必要があるんじゃないかという議論になってね。外国人を対象にする日本の法律は「外国人登録法」と「出入国管理令」の二法、ともに管理法ですよ。外国人を権利の享有主体とする法律がない。だから「定住外国人基本法制を考える」という切り口が出てきた。日韓の「九一年協議[1]」も見えていたから、そこに合わせた提言という意味もあってね。そこでプロジェクトチームを作って、提言をまとめる方向でみんなで議論していたんですよ。

それで当時、いわゆるニューカマーも少しずつ増えてきていたけど、議論を進めるうちに、やはり歴史的な背景がある「旧植民地出身者」と、その他の定住外国人とは区別して問題を組み立てる必要があるんじゃないかということになっていく。そこで行き着いたのが、旧植民地出身者の処遇問題を法案の核にして、日本に定住してるその他の外国人はそれに準じた扱いにする、こういう組み立てにしようという話になった。それでできたのが一九八八年一〇月に発表した「在日旧植民地出身者に関する戦後補償および人権保障法（草案）」です。で、「忘れられた皇軍」たちと出会うのはその議論の過程での話です。

法案は市民運動の延長線上で書き上げていくから、すべて現実の運動の事例に即して課題があり解決法が生まれるわけ。日立の就職差別の事件を踏まえてクオーター制（格差是正のための割当てを意味する。いわばアファーマティブ・アクション〈積極的差別是正措置〉を導入するとか。日本育英会の奨学金にも公営住宅にも取り組んできたから国籍条項の問題ももちろん入る。参政権も裁判やってきたテーマだし入ってくる。

ちなみに言うと、在日の法的地位について「特別永住」という言葉が最初に出たのはこの草案です。われわれが最初に使い始めたんです。当時は「協定永住」の時代で、入管特例法が制定（一九九一年）される前ですから。あの後に法務省が「特別永住」という言葉を法律に使ったんだよ。あの草法は「九一年協議」を見据えて発表したからそれに適《かな》ったわけですけどね。

そうやって具体的な課題がひと通り出て来るわけですけど、ただひとつね、困ったことに戦争犠牲者が出て来ないんだよ。なぜ戦争犠牲者をその草案のなかに入れなきゃと私が思ったのかと言うと、当時、アメリカで日系人の問題が大きくなってきたからです。ご承知の通り、先の大戦中、アメリカなどは自国内にいた日系移民の多くを収容所に入れたり財産を没収したりした。それに対して一九八〇年、連邦議会に設けられた特別委「戦時における民間人の転住・抑留に関する委員会」が、機密上、必要ではない措置をしたとして、アメリカ大統領に謝罪と一人当たり二万ドルを払いなさいという勧告を出した。これがいわゆる「バーンスタイン報告」、一九八三年のことです。[2]

――この問題についてはその後も何人もの大統領が謝罪、補償を重ねましたね。私はアメリカを是とする人間ではありませんが、それでも理念や正義がまだ力を持つ社会なのだと思います。それから半世紀以上を経た二一世紀の現在もなお、朝鮮学校や朝鮮総連に関係する人びとを狙い撃ちし、徹底的に弾圧し続けるこの国のグロテスクさが際立ちます。アメリカがなし、後に謝罪と補償をするに至ったあの愚行を、二一世紀になぞろうとしているとしか思えません。しかも相手は日本が蹂躙《じゅうりん》した旧植民地にルーツを持つ人びとです。どこまで破廉恥なのかと。

　それで日本だって戦争の時に被害に遭《あ》った旧植民地出身者がたくさんいるはずじゃないかと。軍人・軍属として戦争に狩り出されて命を落としたり、大ケガをしたとか。やはりそういう人には日本政府の責任でちゃんと補償をすべきだろうと。何しろ日本人には戦没者遺族や戦傷病者、引き揚げ者に至るまでみんな手厚く手当して、外国人は国籍を持ち出して排除してんだからと。ところが自分たちがその問題に取り組んだ事例がそれまでの運動には何もなかった。

　事案がないわけじゃないんですよ。グアムで例の「横井庄一さん」が見つかったのをきっかけに、名古屋の「在日」の夫妻が戦死した息子の補償を役所に相談したけど断られた件が報道されたりね（一九七三年一二月六日付、「中日新聞」夕刊）。でも運動として取り組めてこなかったわけです。それで法案を起草する段になって、私はさすがに言ったんですよ。「しかしね……戦争の時に引っ張り出されて死んだりケガした在日の人だって、どっかに必ずいるだろう、それが入んないと法案つったって格好つかないよ。戦争で被害を受けて補償を求めている親や遺族がいるだろう。草の根分けても探し出さなきゃいけないよ！」なんて、私は口が悪いからさ、もう言いたい放題に言ったんですよ。そしたらその場にいた李仁夏さんがね、意を決したみたいに語り始めたんですよ。「田中君がそこまで言うんだったら、実はね、私のよく知ってる人が、ここ川崎にもいるんです。何度か相談を受けたけど、その都度断ってきた」と。それで石成基さんのことを話し始めたんです。

要するに、植民地時代に民族独立のため戦って受傷した人を助けるならわかるけど、彼らは日本軍の一員として出征した人でしょ。戦死したのかケガしたか知らないけど、そんな人を助ける気にはなれない。だから一切無視してきたという意味でした。

あの「告白」が私の原点です。李仁夏さんのことは尊敬していましたし、正直ショックだった。川崎の在日運動の象徴的な人だったし、私は宗教には縁遠いけど、彼はクリスチャンで、「さすがクリスチャンは凄《すご》い」と思うことが何度もあったから。逆に言えば、あれだけの人格者ですら、そう言わしめるだけの感情が在日のなかには渦巻いていたということ。

調べてみたら、一九六三年八月一六日に、在日傷痍《しょうい》軍人を取り上げたテレビドキュメント『忘れられた皇軍』（大島渚監督、一九六三年）が放送されていたこともわかったり、石さんが首相

（佐藤栄作）に陳情しようと首相官邸に車で乗り入れて逮捕された記事（一九七一年四月二七日付「毎日新聞」）が出て来たりね。

――「直訴男、レッカー車で連行」という記事です。打つ手がなく捨て身の行動に出た者を「すわり込み男」と呼んで馬鹿にする最悪の報道でした。スタートラインだった「戦後補償および人権保障法案」では第二章で「戦後補償」を取り上げ、「旧日本軍の軍人、軍属」が対象の第一項に明記された。それから具体的な闘いが始まっていきます。

それで李仁夏さんに石さんを紹介してもらって話を聴いてね、日本人と同じく補償しろということで裁判をしようとなって、「在日の戦後補償を求める会」を立ち上げて、李さんと私で共同代表になった。

まず神奈川県庁に戦傷年金の支給を申請します。当然ながら却下されたんで処分取消を求めて一九九二年八月、東京地裁に行政訴訟を起こした。神奈川に住んでいた石さんと、埼玉在住の陳《チン》石一《ソギル》さんとで共同原告になってね。大阪地裁には鄭商根《チョンサングン》さんが、大津地裁には姜富中《カンブジュン》さん、京都地裁には李昌錫《イチャンスク》さんがそれぞれ提訴してね、各地で戦後補償裁判が始まったわけですよ。

――石成基さん、陳石一さんについて、とりわけ印象に残っているのは。

一番残っているのは、神奈川県庁で申請の記者会見した時ですね。もちろん私も一緒に行ったんだけど、あれは九一年一月でした。湾岸戦争で自衛隊の掃海艇《そうかいてい》が出て行く時期とちょうどかぶってたんです。その時、石さんがポツポツと言ったの。「今の厚生大臣は良い人ですか？　株でもうけることに熱心な政治家も多いようですが。日本政府は人道上の問題で掃海艇を出すんなら、四〇年以上もわれわれを放置している戦後補償の問題は人道問題じゃないんですか」って。あの湾岸戦争に引っ掛けて、石さんが記者会見の時言ったってのは、一番印象に残ってますね。脳血栓で入院先から来ていて、ガウン姿で車いす、後遺症で言葉が出てきにくいでしょ。訥々《とつとつ》と喋るっていう感じ。だから余計ね、あれはシンボリックだったなあと思ってます。

陳さんで覚えているのは、場面とかいうより彼の口癖でしたね。「私にとって日本とは何だったのか、日本にとって私とは何だったのか」という言葉です。

――大島渚さんのところにも行かれたと。

はい。話を聴いて驚いたのはね、大島さんは世界的に有名な映画監督だから、国際映画祭があると、回顧上映が企画されることも少なくない。そこで必ず選ばれるのが『忘れられた皇軍』なんだそうです。ところが上映されると、必ず観客から「この人たちはその後どうなったのか？」と訊《き》かれると。「私としては『監督として目一杯の作品を作ったけど、現実は何も動いていない』と答えるしかない。これまでそんな答えを繰り返さざるを得なかったけど、石さんたちの裁判が始まって、世論喚起のために若い人たちが大阪から東京までキャラバンやったりしている。私の作品を見てくれた海外の人に、『その後の動き』を話せるようになって非常にうれしい」と言ってね。彼はわれわれの集会にも来て話してくれ、法廷で『忘れられた皇軍』が上映された時も傍聴席にいましたよ。彼は人物でしたね。

――排除の仕組みを調べるなかで、日本の「戦後」が見えてきたと。

結局、石さんたちが外されている「大本《おおもと》」を知りたくなる。それは「戦傷病者戦没者遺族等援護法」の国籍条項です。それさえなければ、石さんたちに適用されるんです。支給額には等級があってね、一番重い「特別項症」から一番軽い「第七項症」まで。石さんは「第三項症」でした。それに則《のっと》って傷病年金の額が決まる。それでいくらぐらいの額が出るのか調べたんですけど、あの時一番ショックだったのが、学者の書いた論文なりないかと、いろいろ調べたが、まったくなかったこと。

それで結局、全国各地の役所が「虎の巻」にしている『戦傷病者戦没者遺族等援護法の解説』っていう分厚い手引き本に頼るわけです。それにはいつ法律ができて、何年にどういう改正がされ、適用範囲がどう広がったかが、非常に細かく書いてあって、すごく勉強になるんだけども。そこから「戦傷病者の妻」や、「戦没者の妻に対する特別給付金支給法」とか、「戦没者等の遺族に対する特別弔慰金支給法」とか、数多くの法律があることがわかる。こともあろうに全部「国籍条項」がある。一番最初に成立したのが「戦傷病者戦没者遺族等援護法」で、これは一九五二年四月三〇日公布です。二日前の四月二八日にサンフランシスコ講和条約発効で日本が主権を回復したから、これが第一号なんです。翌年には軍人恩給が復活して、さまざまな戦後補償法が作られていく。

たとえば「戦没者の妻に対する特別給付金支給法」。戦没者の妻はそもそも遺族年金を貰《もら》っているわけ。だけども精神的な苦労が大変だろうから国として追加支給すると。それが「特別給付金」と名付けられるわけ。そうなると戦傷病者の妻は？　となる。この場合、本人は生きてるでしょ。しかし寝たきりとか手足が負傷しているとかね、そういう人の妻は大変だろうというので、「戦傷病者等の妻に対する特別給付金支給法」ができるわけ。ところが、なかには未婚のまま出征して戦死した人もいるわけ。そこで今度は「戦没者の父母等に対する特別給付金支給法」ってできるんですよ。妻がいなけりゃ父母なんです。実に見事なまでに細かく手当するわけ。それは全部お金が支給される法律です。唯一、お金に関係ないのは「未帰還者に関する特別措置法」で、行方不明者の「戦時死亡宣告」をするための法律だけです。これは相続とか婚姻で残った者の間で問題が出た時のためだから。

――至れり尽くせりの一方、援護法発効でＧＨＱ（連合国軍総司令部）時代には旧植民地出身者にも出ていた傷病恩給が打ち切られ、徹底した排除の体系が作られていく。卑劣としか言いようがない。

前も少し言ったけど、そこにはやはり「お国のために」を基準に排除されている空襲被害が微妙に絡んでくる。二〇一六年に亡くなった名古屋の杉山千佐子さん（全国戦災傷害者連絡会会長）とは昔から知り合いでね、私は彼女が作ってた『傷痕』という雑誌に、国籍差別と空襲被災者差別は、本体から除かれている二つの差別だと書いたことがある〈「戦争被害者とみられない人びと―外国人と戦災被害者」（『傷痕』一二、一九九五年）〉。だから戦後補償の問題ってのは、戦後日本の「正体」が何であったのかを根本的に考える契機になるんです。

さっき言った金銭給付の法律、戦後補償にプラスアルファを上積みする法律が次々とできるのが六〇年代ですよ。しかもその時の日本遺族会会長は賀屋興宣《かやおきのり》（一八八九年～一九七七年）です。彼は東条内閣のときの大蔵大臣で、A級戦犯ですよ（後に赦免）。それが政界に復活して、遺族会の会長を一五年ほどやる（一九六二年～七七年）。日本は高度経済成長期に入っているから、ものすごい額のお金を簡単にばら撒《ま》いていくわけですよ。ついでに言えば被爆者だって最初は「健康手帳」だけだったのが、六八年に特別措置法ができて「健康管理手当」が支給されるようになる。

六〇年代の高度成長期に、戦争被害者への金銭給付がものすごく膨らんでいく。その一方で外国籍者と空襲被災者は除かれていく。戦後史研究とかあるけど、その辺りのことは誰もやってないんじゃないかな。もうひとつ言えば空襲被災者についてはね、戦時中は「戦時災害保護法」という法律を作って、空襲で亡くなったり家が焼かれたりケガをした人には国家補償が行われていた。「銃後」を固めなきゃいけないからです。ところが戦後、占領下では止まった軍人恩給とかは全部復活する一方で、空襲被災者についての補償だけは復活しなかった。そこの持つ思想性を研究者たちはちゃんと議論してないんじゃないかと思う。

——何故それだけ復活しなかったんでしょう。

やっぱこれは「お国のために」何らかの形で働いた人の面倒は見るということ。杉山さんも散々おっしゃってましたけど、裁判で空襲被災者の訴えを退ける場面でね、戦争被害、損害は

「国民の等しく受忍しなければならなかったところ」なんてのがキーワードでしょ。わけわかんないよね。等しくないからこそ、わざわざ裁判まで起こして問題にしてるのに。だからそれを思想的にきちんと整理しないと。それから私は戦後補償関係で調べたなかでよく覚えているけど、日本の「厚生白書」に諸外国と比較した、小さな事実が載っててね、西ドイツでは階級制度（給付における軍人の階級による差別化）を廃止しているって書いてあったんです。日本ではそれが今も全部生きてるわけでしょ。ものすごく思想的にシリアスな問題がそこにはあると思うわけ。それが数字で明らかなのに、その重大さがあまり議論されてねえなあという思い。これは単なる偶然ではないだろうけど、『忘れられた皇軍』は一九六三年の八月一六日放映で、「伊藤博文の千円札」登場が六三年の一一月一日です。六四年が「東京オリンピック」でしょ。林房雄の「大東亜戦争肯定論」が『中央公論』に載るのが、一九六三年九月号から六五年六月号です。六〇年代に国の形が見えてくる。

――日本人ならいくら支給されていたのでしょうか。

たとえば、石さんの場合は利き腕がない。等級は「第三項症」です。石さんがもし日本人ならいくら出るのかを計算したら、当時で年に三五〇万円ほど、月三〇万円ぐらいの年金が出ている。一九五二年に法律ができてから時間が経ってるし、頻繁に年金額も改訂されている。だから竹村泰子さん（元参議院議員）を通して、厚生省に、「利子まではいいから、全部計算して欲しい」と頼んだんです。そしたら六〇〇〇万円とかって金額になるわけです。一人でそれですからね、亡くなるまでを考えれば一人一億円くらいが支給されることになる。「おい、一億円だぜ！」ってもう私はびっくりしたのを覚えてますよ。しかも石さんは中程度と評価される「第三項症」ですよ。もちろん利き腕がないとなると、かなり生活は大変ですけど、もっと重い人はもっと金額が高いわけですよ。それが在日の戦傷病者にはゼロということです。

それでじゃあ日本人の戦争犠牲者に年間いくらぐらいを支出しているのかを調べようと思ったんだよ。そしたらちゃんと『社会保障統計年報』ってのがあって、社会保障の支出が全部出ている。「年金」だとかいろんな項目があるなかで「戦争犠牲者援護」という項目もあってね、そのなかの五項目を足し算すればね、一年間にいくら使っているかが機械的にわかる。当時調べたら、一九九一年度決算で約二兆円だよね。その年の一般会計の決算額は約七一兆円だから、半端な額じゃねえなって。

その異様な戦争犠牲者援護体制が、先ほど言った賀屋興宣の時代にできていく。当時から言われていたようだけども、「金銭的給付」と「精神的慰謝」が車の両輪なわけです。金銭面はもうだいたい十分やったということで、「精神的慰謝」の問題が出てくる。具体的には「靖国」です。戦前は靖国に神様として祀《まつ》られたわけだから。それで家に行くと「遺族の家」っていう看板がかかってて、みんなから尊敬されるわけですよ。お国のために息子さん犠牲になってるって。

そこで「靖国神社国家護持」が浮上する。靖国神社法案が出されるが、どうしても憲法第二〇条、政教分離との関係がクリアできない。そしたら右は「じゃあ公式参拝しろ」と騒いで、今度は総理大臣の靖国公式参拝が焦点化する。三木武夫さん（在任期間一九七四年～七六年）が一九七五年に「私的参拝」をやって、中曽根康弘さん（同一九八二年～八七年）が八五年にそれを「公式参拝」にまで持ってく。総理大臣が靖国神社に行くか行かないかっていうことは、今に至るまでずっと問題になって尾を引いてるわけでしょ。それが、今言った流れと全部繋がってくるわけですよ。だから戦後の重要な問題っていうのは、在日の処遇を巡る問題から見ると本当に透けて見えてくるわけですよ。日本の戦後、平和と民主主義とかいうものの虚《うつ》ろな姿がすっと見えてくるという。

――先ほども出ましたけど、裁判では法廷で『忘れられた皇軍』の上映も。

弁護団ががんばってね。今の裁判所はもっと設備がいいけど、当時は傍聴席から裁判官のほうに向けた受像機と裁判官のほうから傍聴席に向けた二台を使ってね。かろうじて映している状態だった。最前列には大島渚監督が座ってずっと見てたね。法廷で「日本人よ、私たちよ、これでいいのだろうか」っていう小松方正のドスの効いたナレーションが流れてね。先ほどの話に繋げば、一九六三年に大島さんがあれを作ったことの持つ意味も、あまりきちっとフィードバックされてないんじゃないだろうかと思うね。

――陳さんは、東京地裁の結審後、判決直前、九四年五月に亡くなりました。

あの時は告別式で私に「『在日の戦後補償を求める会』を代表して弔辞を読んで欲しい」ということになってね。それまで、あまりない経験だったし、それに通常のお葬式とはわけが違うでしょ。私としてはあれでも随分、一晩寝ずに考えて書いた文章だったんですよ。やっぱりあの時もキーワードは「『私にとって日本は何だったのか』『日本にとって私は何だったのか』を自問する」ということでしたね。彼を送る言葉で、私はそれを使いましたね。口癖のように陳さんが言っていたことは、やはりすごく重たいというのかね、やっぱり当事者の思いというのが一番出ている言葉だなあと思ってね。

――そして七月一五日に出た判決はひどかった。「取り扱いに差異が生じているとしても、その立法政策の当否はともかく、それをもって本件附則が憲法一四条に違反することになるということはできない」という棄却判決、司法の役割放棄でした。

陳さんの遺影を遺族が持ち込もうとしたら裁判所職員と押し問答になってね、風呂敷を掛けて持ち込んで、廷内で外すことが認められたんですよ。大島さんもいましたね。

不甲斐《ふがい》ないというか、情けねえなあと思って。司法府としての判断放棄ですよ。何でこんなことが乗り越えられないのかっていう。しかも、石さんも結局、判決を聞けなかったんです。車いすだから自動車で移動してたんだけど、交通渋滞に巻き込まれて間に合わなかった。

――国籍条項の壁を思い知らされた訴訟でした。

この裁判はね、実は勝てるんじゃないかと、われわれは思っていたんですよ。だって「国籍」以外に何の問題もないわけでしょ。たとえばいわゆる「従軍慰安婦」問題を巡る裁判となると、何の法律もないところで裁判を起こすわけでしょ？　だから訴訟は一般的な国家賠償請求訴訟をするわけです。ところが、石さんたち「忘れられた皇軍」の問題は、援護法という立派な法律があって、どういう障害を持ってる人にはいくら払うのかが全部決まっている。国籍だけが壁で、他には何にも問題がない。それで裁判では、その国籍による差別の当否が問われているということだからね。

裁判が係争中だった当時、内閣官房に「外政審議室」ができて、外務省のアジア局長をやった谷野作太郎さんが室長で官房に入るんですよね。それで私は時々、そこに顔を出していて、そこに定塚誠《じょうづかまこと》さん（二〇一五年〜一七年まで法務省訟務局長を経て、裁判官に復帰）がスタッフにいてね。裁判官出身だと紹介されていろいろと話をしたら、彼は、戦後補償の裁判で、もし勝てるとしたらこの裁判でしょうねって言ったんですよ。と言うのはこの事例では、国籍だけの問題だから。他の裁判は法律がないから一般的、抽象的な国賠訴訟になるわけです。裁判的に言えばこれで勝つっていうのはなかなか難しいわけです。

けど結果的には、見事に負けてね。その後も軒並み国籍条項は敗訴ですよ。後の在日無年金問題を巡る訴訟も、国籍条項だけだったけど、負けた。だから国籍条項の壁をしみじみ感じたね。その前には被爆者のことやって、それが一審から最高裁まで全勝する判決を貰って、その後にこの判決が出てくるわけです。

ついでに言えば、宋斗会《そうとかい》さんが私のところに手紙をよこしたのが七一年なんですよ。彼は一九一五年生まれでしょ。それで、当時、両親はすでに帝国臣民だった。俺はそっから生まれた帝国臣民、れっきとした日本人なのに、俺に何の断りもなしに一方的に国籍を奪ったっていう例の議論を聞かされてるわけです。あれは伏線と言えば伏線だったんでしょうね。

その出会いがあって、被爆者の孫振斗《ソンジンドゥ》事件があり、それから「忘れられた皇軍」の裁判です。それで二一世紀になって京都での在日無年金訴訟[3]にぶつかるということだから、ずっと、具体的な事件を通して「国籍条項」との格闘が続き、その重みを感じてきたということかな。

――判決後に石さんにお会いした時の様子は?

そんなしょげてる感じは受けなかったけどね。われわれも当時は意気軒高だったからさ、絶対控訴審でひっくり返す、逆転勝訴するって思ってたからさ。いろんな戦後補償裁判のなかで、この裁判はね、一番勝訴に近い位置にあると。だって国籍だけで、他には何の問題もないわけだからね。それに差別が明白なわけですよ。同じ戦傷の日本人は年に三五〇万円貰ってて、石さんは一銭も貰ってないわけです。

あと細かい話をするとね、あの時は韓国にも仕掛けをしました。戦後補償は日韓条約で「完全かつ最終的に解決された」(日韓請求権協定第二条一項)か否かという議論がありますね。実はこのすぐ後の第二項には「一方の締結国の国民で、一九四七年八月一五日からこの協定の署名の日までの間に、他方の締結国に居住したことがある者の財産、権利及び利益」には影響を及ぼさないとある。韓国の対日民間請求権申告法(一九七一年)も「一九四七年八月一五日から一九六五年六月二二日まで、日本に居住した者を除く大韓民国国民」(二条)と定めているわけです。「在日」は日本からも韓国からもはっきり除外されたということ。それで韓国側は在日の石さんたちが日韓条約の影響を及ぼさない人たちのなかに入っていると解釈しているけど、日本側は「解決済み」と逃げる。そこで金敬得《キムギョンドク》弁護士が韓国の憲法裁判所に、韓国政府には解釈をきっちり統一して、被害者の請求権のために努力する義務があるって申し立てしたんです。この後の「慰安婦」問題ではそれが出したでしょ。[4] あれとほとんど同じことを、この問題でやったんですよ。だけど当時、韓国の裁判所は却下したんです。だから韓国は随分変わってるんですよ。今は、はっきり判断してくれるんだから、あの時は何でちゃんとやってくれなかったんだと思うよね。

注

1 第8章参照。

2 第二次大戦でアメリカはドイツ、イタリアとも戦争をしたが、国内のドイツ系、イタリア系住民には日系人同様の措置はとっていない。あの強制収容や財産没収などは、アジア系へのあからさまなレイシズムの発露だった。バーンスタイン報告を受け、政府の正式な謝罪と賠償を求める法案が繰り返し議会に提出され、レーガン政権時代の一九八八年、法案は成立、発効した。

3 国民年金法（一九五九年施行）は国籍条項を設けて外国籍者を排除していた。一九八二年の難民条約加入で国籍条項は削除されたが、返還時の沖縄や小笠原の住民や「中国帰国者」ら日本人に対しては採られた無年金防止の経過措置（追納など）が在日にはなされず、一定年齢以上の在日高齢者と障害者は無年金状態で放置されていた。これに対して京都、大阪、福岡の在日高齢者や障害者が日本を相手取り起こした国賠訴訟。司法はいずれも「社会保障の適用範囲は立法裁量の範囲内」などと判じ、すべて敗訴に終わっている。

4

二〇一一年八月一一日、韓国憲法裁判所は韓国政府に対し、「元『慰安婦』たちの対日請求権問題の解決に向けた具体的な努力をしないことは、被害者らの基本権を侵害する違憲行為である」と判断した。

第10章　戦後補償裁判から弔慰金法へ

日本の侵略戦争に動員された挙句に「戦後」は「用済み」とされ、補償もないまま放置された在日軍人、軍属たち。一九九〇年代に入り、彼らは日本を相手取り、各地で「戦後補償裁判」を提起する。過去の清算を求める訴えはすべて退けられるが、「忘れられた皇軍」たちの渾身《こんしん》の訴えは、政治を突き動かしていく。

――司法での闘いは敗訴ばかりでしたが、政治家が動き出します。裁判闘争と市民運動の両輪で闘えた時代ならではです。

たしかに裁判で負けるけど、軒並み立法府に解決をうながす「付言」が付くわけです。石成基《ソクソンギ》さんたちも敗訴するんだけど、東京高裁（一九九八年九月）では「援護法の国籍条項及び本件附則を改廃して、在日韓国人にも同法適用の途を開くなどの立法をすること、又は在日韓国人の戦傷病者についてこれに相応する行政上の特別措置を探ることが、強く望まれる」ってかなり強い調子で注文を付けたわけ。それで当時の官房長官だった野中広務さん（一九二五年～二〇一八年）

がね、一九九九年三月、衆議院内閣委でこの問題に言及してね、何らかの救済を考えるべきと発言したんです。

——その二カ月後、大阪高裁での姜富中《カンブジュン》さんの控訴審で、裁判闘争は重大局面を迎えます。

裁判所が原告と国に和解を勧告したんです。私は野中発言を受けたと見てます。国を相手にした国賠訴訟だから和解は難しいけど、やる気になればできますよ。弁護士の小山千蔭さんも期待して協議に赴いたわけです。でも国側は、和解する気はまったくありません。判決を貰《もら》いますとか言って、勧告を蹴った。私は本当に頭にきてね、裁判所がせっかく和解勧告を出したのに、協議のテーブルにも着かない国はケシカランと。それで当時、参議院議員の内閣委員だった竹村泰子さんにお願いして、野中さんに会わせて欲しいと。和解協議に応じて、裁判所の協力を得ながら救済の道を拓《ひら》いて欲しいと伝えようと思ったんです。

それで会う約束を取り付けたんだけど、行ったら野中さんは不在、代わりに官房副長官の古川貞二郎さんが出て来て、「申し訳ないけど官房長官は急遽、沖縄に飛ぶことになったので、私が対応します」と。それで私は、野中さんが何らかの救済を口にしたのに、国の和解拒否は納得できないと言ったわけ。そしたら古川さんは、「私は一日に何回も野中先生とはいろんな課題について話をする立場です。この問題について先生は『何としても解決しなきゃいけない。どうしても国がやらないなら、私財を投げ打ってでも』と常に言われています。(要望については)責任持ってお伝えします」と。一度蹴った和解を「やっぱりやります」とは言えないからか、裁判は続いて、一九九九年一〇月、大阪高裁も棄却判決が出るんだけど、これにも「付言」が付いた。

――憲法第一四条や自由権規約第二六条（差別的取扱いの禁止）に違反する疑いがあり、国会が今後も是正をしない場合は、立法不作為と評価され得るという厳しいものでした。

そうするうちに民主党が具体的に議員立法に取り組み始めてね、一方では野中さんの働きで与党も動き出すわけです。当時、熱心だったのは公明党の衆議院議員、河合正智さん。姜富中さんや石成基さんとか、裁判の原告を軒並み訪ねて聴き取りをしましたよ。

――そこで出た与党案が「平和条約国籍離脱者等である戦没者遺族等に対する弔慰金等の支給に関する法律」、いわゆる弔慰金法です。一九八七、八八年に議員立法で制定された台湾人元日本兵への弔慰金二法が施策モデルだと。

一九七四年一二月、「中村輝夫」さんって名の台湾人がモロタイ島（インドネシア）で見つかるじゃないですか。横井庄一さんと小《お》野《の》田《だ》寛郎《ひろお》さんがその前に戻って来る。横井さんと小野田さんは日本国籍だから相当の国家補償が出るわけです。ところが中村輝夫さんは、国籍条項があるから日本政府はほとんど何もしない。それで台湾から「おかしいじゃないか」という声が上がる。日本政府が北京と外交を結んだことに反発するいわば台湾派の思惑も絡んで、一九七七年八月、台湾在住の元日本兵と遺族一三人が、一人五〇〇〇万円の補償を求めて東京地裁に裁判を起こす。宮崎繁樹さん（法学者、一九二五年～二〇一六年）も一生懸命で支援運動の代表でした。専門は国際人権です。陸軍士官学校卒で、親父さんも陸軍中将（宮崎繁三郎）だったことが、彼のあの熱意と関係しているのかなと思いましたね。

それでこちらも裁判自体は負けるけど、東京高裁（一九八五年八月）が「著しい不利益」を「払拭」すべきと「付言」したんです。それで立法府が動き、法律に結実した。一九八八年から九三年まで申請を受け付け、約三万人に一律二〇〇万円が支給されました。あのころは米国の日系人への補償が動いてたのも大きかったと思います。米国は一人二万ドルでしたからそれを参考にしたんでしょう。もともとこの額に相場はないんだからね。

あの時、一生懸命やった一人が自由人権協会の羽柴駿《はしばしゅん》さん（弁護士）です。後で彼に聴いた話でおもしろかったのは、自民党が、二〇〇万円払うんだから最高裁への上告を取り下げてくれと条件を出してきたんです。でも台湾人は絶対呑まなかった。負けるのはわかっているけど、闘いを止めなかった。それで最高裁判決の前に一時金支給法ができちゃったんです。

――銭金で黙ってたまるかという、まさに意地ですね。

台湾住民の特別立法をベースに、与党の自公は、在日の戦傷者に四〇〇万円、戦没者遺族に二六〇万円の一時金を出す案を出してきたんです。戦傷者は二〇〇万の倍にして、戦没者への二〇〇万は十年以上経っているからスライドさせて少し上乗せした。

あの時は民主党ががんばってね、日本人の援護法と同額を当事者に払う組み立ての法案を出したんです。数の世界だから結局は残念ながら与党案になったけど。それでも「救済」を掲げた法が成立したわけです。当時は第一次自公政権で、自民党が公明党に配慮するし、公明党にも今と違って矜持《きょうじ》のあった時期でもあるから。

——その時に参考人で審議に出席されました。

本来、当事者に要請すべきでしょ。陳石一《チンソギル》さんは既に亡くなっているし、石成基さんは車いすで大変でしょ。それでこちらは姜富中さんに証言してもらおうと思って、いろいろと手を尽くしたんだけどね、当時、内閣委員会の筆頭理事だった虎島和夫さん（自民党）が、あなた（田中氏）ならいいけど、裁判中の人はダメと言い張ってね。当時、姜さんは係争中だったから。当時は議員立法が通るか時間的にもギリギリの段階だった。ここで延ばしてまた解散とかになったら廃案ですよ。元も子もない。それで私は姜富中さんに、「どうしても自民党がOKしない。お前ならいいと言うけど、嫌なんだ、もう行きたくねえんだよっ！」とかこぼしたんです。そしたら姜さんが「私は傍聴席で聴いてるから、あんたが喋ってくれ！」って。それで参考人として行ったんです。

私は冒頭で言いましたよ。私たちは、この法律を審議するときにぜひ当事者の意見を聴いて欲しいと言ったけど実現しなかった。アメリカが大戦中に迫害した日系人の補償法を作る時には、各地で公聴会を開き、当事者である日系人の人が涙ながらに思いを訴えた。日本でも絶対やって欲しかったけど、どうしてもダメだと言うから私が喋ることになったのは非常に遺憾だって。その場にいるのに意見すらも言わせてもらえない姜さんのことを思うとね、複雑でしたよ。

——議員たちの反応は？

いや、私もこれまで何度も国会に出ましたけどね（二〇一九年五月現在で一〇回）、参考人質疑はほとんど通過儀礼みたいなもんです。それと国会って本当に生意気だと思うんだけど、人の都合をまったく聞かないんですよ。委員会で日程を決めて、あとはこの時に来てくださいだけ。お話をお願いしたいのですがご都合は？　って聞くのが常識でしょ。何とか日程を調整して行ったけどね、ひどいのは参考人の意見陳述が終わったら採決なんですよ。参考人の意見を聞いて、法律の内容を再吟味する気はまったくないんですよ。

――姜富中さんは何かおっしゃってましたか。

審議中に漫画を読んでる議員がいたって、それは文句言ってたな。

――姜さん、傍聴者として出席した裁判ではかなりの「ヤジ将軍」なんですけど、漫画議員を怒鳴り付けたりは？

そん時はなかったですね。彼にとっても国会傍聴は初めてだっただろうしね。

――法律は「帰化」制度で日本国籍を取得した人も対象です。

一つの出会いがあったんです。一九九〇年五月に『朝まで生テレビ』に出たことがあってね、当時は金曜夜から翌朝六時くらいまでやるんだけど、土曜日は愛知県大で午前中に二コマ授業があってね、私も意地があるから、絶対に休講はしない。終わったらすぐ東京駅に飛んでいって、朝九時から授業をしてたんです。それで盧泰愚《ノテウ》韓国大統領が公式訪日し、宮中晩さん会で代替わりした天皇が過去にふれた時は、「痛惜の念」がキーワードでしたね。

番組はその翌日でした。大島渚さんが常連だったから『忘れられた皇軍』の話になってね、私もそこで石さんたちの話をしたわけです。それで二コマ授業を終えて研究室に戻ったら、交換台から電話があって「何か昨日の夜テレビを見たっていう女性から電話があって、『先生は授業中です』と言ったら、『それじゃ手紙書きます』とおっしゃってました」とか。それで数日後に大阪の堺市に住む方から手紙が来ましてね。「実はあのテレビを見ました」と。

大島さんの映画だから番組の話題は傷痍《しょうい》軍属、戦没者遺族、生存者の話になる。でもその手紙の方はフィリピン戦線で夫が亡くなった在日の方、戦没者遺族なんです。それで「私のような遺族もいるということを、ぜひ先生に知ってもらいたいと思って手紙を書いた」と。それで私もびっくりして。すぐに返事を書いて、「一度お訪ねしたいけども、アポイントを取りたいから差し支えなければ電話番号を教えてくれませんか」と返事を出したんです。するとすぐに折り返しが来てね。返事が貰えるなんて想像してなかったので、返信用の切手を入れなくて大変申し訳ないって。それで私はすぐ連絡して、堺に吹っ飛んで行きました。石成基さんの話が進行している最中です。そ裁判前だったし、ぜひ原告に加わってもらえないかと話をしたんです。そしたら「いや、もう私は先生に聞いてもらっただけでいいから」と。

その方には娘さんが一人いてね。出征した後、留守に生まれたんで父の顔を知らない。苦労して子どもを育てるわけだけど、その人はどこからか「帰化」すれば遺族年金が貰えるという話を聞いてね、「帰化」申請して日本国籍を得たわけ。でも許可されたのは日韓条約の締結後だった。

ご承知の通り、日韓条約を締結した後は、「帰化」してもダメなんです。だから「帰化」したけど、年金は貰えないわけ。娘さんも一緒に「帰化」してて、もう孫もいると。娘の相手は「帰化」のことを知らないかもしれない。だから私が原告に加わって娘や孫に累が及ぶと困ると。絶対秘密を守る形で進めるやり方もありますと言ったけど、固辞されたんです。

それから、これは偶然なんだけど、戦時中だから夫の「戦死の公報」が来ている。それが六月三〇日フィリピン戦線なんです。花岡暴動の日ですよ。私は六月三〇日は必ず花岡に行くから、その前に堺に行ってお線香をあげてから秋田に行く生活を一〇年くらい続けましたね。その人は小さな家に一人暮らしで、看護師の白衣などをミシンで縫う内職で暮らしてました。一度、娘さんにも会ってね。その後、彼女から母が亡くなったと連絡を貰いました。

いつも行って、お線香あげて雑談して帰ってたんだけど、なんかね……。台所の水回りが調子悪いから少し直したわけ。そしたら近所の人が、「おたくは遺族年金があっていいですね」って、その金で造作したみたいに言われたっつうんだ。「私は貰ってないことなんか一切言ってないから、生半可な返事をした」と。それから私もびっくりしたけど、遺族会が年に一回か二回か、盆暮れか何かに寄付を集めに来るんだって。ずっと堺に住んでるから、近所はみんな夫が戦死したってこと知ってる。年金が出ていると思ってるわけ。

「しょうがないから、私はいつもね、皆さんどれくらい出してるかしらないけど、私は一人暮らしで貧しいからって、必ず五〇〇円は出すことにしてる」って言うんだよ。靖国か何か行くときの奉加帳みたいなのが回ってくると。あれはもう、何と言っていいのかわからない、すごい話だなと。彼女のことは後に『AERA』（九五・一二・一八）に出ました。知り合いの記者から「取材したい」と連絡先を聞かれた時は、私も緊張しました。まず、私が堺を訪ねて、趣旨を話し、細心の注意を払って、事前に原稿も目通ししてもらうことにして、匿名《とくめい》で出してね。三頁の記事になったんだけど、彼女は喜んでくれてね。仏壇に供えていました。亡くなってしばらく経った後ね、やっぱり気になったんでしょうね、娘さんから連絡があってね、淀屋橋（大阪市）かどこかで何時間も話したのを覚えてますよ。その時、『AERA』の記事もね、母上からもらった手紙のファイルと一緒に、全部娘さんに渡しました。

通常、法律を作るときは「帰化」した人は入らないんですよ、国籍で線を引くから。だけどこの法律では、同じ当事者だけど今では日本国籍の人にもちゃんと行き渡るようにやってもらったんですよ。この女性からの電話がなくて、この人に出会ってなかったら、私は多分、そういう立法事実には思い至らなかったでしょう。

――改めて「忘れられた皇軍」の闘いに連なって思ったことは?

やはり私にとって在日の戦後補償問題は、李仁夏《イインハ》さんの「告白」が原点です。「日本軍の一員だった人でしょ。死亡かケガかしらないけど、知ったこっちゃない!」っていうね。もちろん李さんはそんな言葉使いはしないけど、根底にある思いはそうですよ。考えてみれば、建前上はそうなるよなって。こうして「忘れられた皇軍」は在日社会からも切り捨てられているわけです。

これは重いよ。

もう少し加えると、民主党と議員立法の法案を作成する時に、摺《す》り合わせをしたんです。お金を支給しろという法律だから、必要経費を見積もらなくちゃいけない。参院の法制局から、この法律を一年執行するのに概ねいくらくらい必要か聞かれるんです。それでいろいろ調べて、裁判の原告や、裁判はしてないけど知っている人とか、新聞に載った人とかを足していくと、固有名詞がわかる人数はちょうど一〇人でした。だから私は「三桁にはいかないんじゃないかな、まあ一〇〇人おればいいほうではないですか」と答えたんです。

その後、自公の法案が通って受け付けを始めました。三年後に締め切ってみたら、四一四人が受け取っていました。裁判やって、若い人たちががんばって大阪から東京までキャラバンやったり、あちこちで集会も重ねて、それなりに問題の所在は知れ渡っていると思っていたんです。裁判やれば提訴や判決の節目では新聞でも結構大きく報道される。そしたら「実は私も……」と声掛けてくれる人もいていいと思うじゃない。でもわれわれは実は全然、接点を作れていなかった。

あの時は、金久美子《キムクミジャ》さん（女優）を起用したポスターを役所が作って貼ったり、一生懸命広報してた面もあるけど、四一四人ですよ。要するにどれほど、陰で、ひっそり暮らしてた人がいるのかかっていうことですよ。それから台湾人一人を含む二四人が見舞金を受け取っている、生存者がそれだけいたということです。われわれが把握していたのは姜富中さんと石成基さんだけです。陳石一さんと鄭商根《チョンサングン》さんはすでに亡くなっていますから。あと「帰化者」が八三人いました。

――弔慰金法が通り、四〇〇万円が支給されることになった時、石成基さんは「私たちはそれぽっちのものなのか」と呟《つぶや》いたといいます（二〇〇一・九・一二、「民団新聞」）。それでも「救済」を掲げた支給法ができたことを田中さんはどう評価されますか。

何つったらいいかなあ。結局、裁判でどうしても勝てないとすれば、私はもうしょうがないかなという感じはしましたね。あの段階ではね。

――金額の低さはもちろん、戦没者と重度戦傷者以外は枠外でした。

そこで京都の李昌錫《イチャンスク》さんの問題が起こるわけよ。彼は当事者だけど、重度戦傷者に該当しない。裁判をしたのに、新しい法律で救済されない。でもどうしようもなかった。私が龍谷大にいた時に彼は亡くなってね、それでお葬式に行ったんです。そしたら霊前に感謝状があってさ。「耐え難い人生を刻んでこられた」「長年に渡るあなたのご苦労に深甚の謝意を表し」というね。用意した主は、野中広務さんです。金一封二〇〇万円と一緒に持って来たと。自分が言い出してできた特別法だけど、それでは李さんが対象にならないわけです。本人はわかっていたのか、周囲にちゃんとそういうことを言う人がいたのかわからないけど。野中さんはわかってたんだろうなって思うね。

今の政治家と違って、そういう所はきちっとしてると思った。有名な話だけど、彼は国家公安委員長だったとき、松本サリン事件の河野義行《こうのよしゆき》[2]さんの所にも謝罪に行ってますね。

それから私がもうひとつ覚えているのは、中国人強制連行の現場を水墨で描いた志村墨然人《しむらぼくねんじん》さんの絵があるでしょ。二〇〇八年に、あの絵を龍谷大の施設で展示することになったんです。その立ち上げの時に、ちょっとしたシンポジウムをやることになって、野中さんに、歴史とどう向き合うかをテーマにした話をお願いすることになったんです。

その役目を私が仰《おお》せつかって、京都駅前にある野中さんの事務所に行ったわけ。「手弁当の集会なんで、申し訳ないですが五万円で勘弁してください」という役回り（笑）。それで誰かに「そういう場合、講師料は事前に渡すものだ」と言われたんで、事前に渡してお願いしたら、「はい、わかりました」と二つ返事で引き受けてくれてね。当日、会場に来たら、野中さんは受け付けにのし袋出してさ、そこに五万円がそのまま入ってた。

テーマに賛同してくれたんです。流石だと思ったな。私がかかわった人で言えば、野中さんと土井たか子さん（元社会党委員長、一九二八年～二〇一四年）、それから後藤田正晴さんは、戦後補償のことで直接動いて、ちゃんと結果を出してくれましたね。花岡訴訟[3]の和解交渉がこう着していた時も、土井たか子さんが後藤田さんに連絡を取ってくれて、私が使いとして後藤田さんを訪ね、状況報告をしたんです。その結果だと思うんですけど、鹿島の態度が突然変わって、局面が打開できた。通常で言えば社会党の土井さんと元内務官僚の後藤田さんなんて油と水でしょ。でもあの時代の政治家は違うんですよ。譲れない部分で一致するわけ。でもお二人とも鬼籍の方です。それから見ると小泉純一郎さん以降の政治家の軽さには本当に参っちゃうね。

——弔慰金法が間に合った生存者は五人中、石さんと姜さんのみでした。原告五人は全員今では鬼籍に入りましたが、「国籍条項」の壁はいまだ崩れていません。

与野党問わず「自明」なんですね。民主党政権時の二〇一〇年六月にはシベリア抑留についての補償法「戦後強制抑留者に係る問題に関する特別措置法」が制定された。帰還時期に応じて二五万円から一五〇万円が支給されるけど、これも「国籍条項」で朝鮮人、台湾人抑留者は対象外です。もっと遡《さかのぼ》れば、社会党華やかなりしころ、彼らが何度も出した空襲被災者の特別立法案（「戦時災害援護法案」）ですよ。調べてみたら全部「国籍条項」が入ってるんです。厚生省の役人と一緒に作ってるからでしょうけど、要するに「哲学」がないからダメなんですよ。

付け加えれば国民年金法を始めとする社会保障法についても、自民党が国籍条項を持ち出してそれに社会党が大反対して、それを自民党が数の力で押し切ったわけじゃない。社会党の人たちもさして問題意識がないわけです。児童手当三法に国籍条項が入ったことについて、野党やマスコミ、学者とかが反対の論陣張った形跡なんてないんだから。難民条約でやっと「国籍条項」が削除され、介護保険法（一九九七年）では当初から国籍条項がなくなった。その意味をもっと考えたいですね。保険というのは、できるだけ多くの人に加入してもらいたいからかも知れないけど。そんなこと言えば、国民健康保険だって同じでしょ。

——河村建夫さん（自民党、元官房長官）ら超党派の議連が、空襲被災者救済に向けた立法措置を検討しているようですが。

何かできるだろうとは言われているけどね、やはり法案の「国籍条項」を確認しないといけない。何故かと言えば、東京大空襲の百人規模の大型訴訟でも、原告に一人の在日も入っていないわけです（二〇〇七年三月、東京地裁提訴。一審、二審、敗訴、二〇一三年五月、最高裁で敗訴確定）。

――戦後補償、ポスト植民地の問題に取り組む政治家は、与野党問わず減少の一途です。朝鮮学校への弾圧がまかり通る現実もその流れの必然でしょう。

「北叩き」にとにかく乗っかってればいいという風潮ですね。高校無償化排除はその典型です。学校で勉強している子どもたちをいじめてどうすんのって。「それとこれは違うでしょっ！」って当たり前のことを、どうして誰もパチッと言えないのかなと思う。政治家の役割って何なんだよってね。

注

1　日韓特別の取り決めで、本人の意思とは無関係に日本の国籍を喪失した韓国人等の場合には、「日韓請求権協定」の発効の日（一九六五年一二月一八日）前に「帰化」して日本の国籍を取得すれば、平和条約発効の時に遡って恩給が受けられた。政府は旧植民地出身者の国籍喪失を本人の意志とそうでない者に分類し、「帰化」を条件に後者の立場を認めた。

2　一九九四年六月二七日深夜、長野県松本市の住宅街で神経ガス「サリン」が散布され、八人が死亡、約六〇〇人が重軽症を負った事件。オウム真理教信者らが起こした一連の事件のひとつで、実行役七人中四人が死刑判決を受け、二〇一八年七月に執行された。当初、長野県警は第一通報者の河野義行氏を犯人と見なして家宅捜索を行い、メディアも河野氏を犯人と見なした報道を繰り返した。

3

一九四五年六月、秋田県の花岡鉱山で、強制連行されていた中国人約一〇〇〇人が重労働や虐待に耐えかねて蜂起、警察や憲兵などに鎮圧され四〇〇人以上が死亡した。一九九五年六月、生存者と遺族計一一人が鹿島を相手取り損害賠償請求を東京地裁に提訴。二〇〇〇年一一月、東京高裁で、原告を含む九八六人の一括解決を図るため、鹿島が五億円を拠出、中国紅十字会の下に基金を設立することで和解が成立した。

第11章 「当然の法理」とは何か

「公務員に関する当然の法理として、公権力の行使、国家意思の形成に参画する公務員には日本国籍が必要」——。朝鮮戦争最中の一九五三年、内閣法制局が示した見解である。「当然の法理」とは論ずる余地もない「自明なこと」を意味する。「国家意思」はいつの間にか「公の意思」に置き換えられ、対象は地方公務員にまで拡大された。法律ですらない行政機関の「考え」が、「公による就職差別」を正当化してきたのである。当事者たちの運動で一定の改善は実現したが、本質は何ら変わっていない。

——制度的レイシズムの代表格、公務員の国籍差別問題は、七〇年代末、教員採用を巡って動き始めます。大阪や東京ではすでに外国籍者の受験可能でしたが、一九七九年に三重県で合格者が出たのです。三重県で「在日」が教員採用に合格したという記事が出たんですね。それで聞いたら愛知県と名古屋市は試験さえ受けられないと言うんです。当時、私は愛知県立大にいたんだけど、大学に県の教育委員会に顔の利く先生がいてね。その人に訊《き》いたら、前にもウチの大学で教員を希望する在日の子がいて、自分が個人的に教育委員会に掛け合ったけど撥《は》ねられたことがあったと言うんだ。それで三重でいいのに愛知でダメはおかしいってことになってね。例の民闘連運動がどんどん広がってる時でしょ。差別の一覧表作って「次はこれだ」なんて潰してた時代です。「われわれも愛知で運動で道を拓《ひら》こうじゃないか」と。

――運動で道が拓ける、権利を伸長できる。その実感がわかち持たれていたからこそですね。行政交渉でも裁判でも「勝ち」のイメージを持ち難い、今の深刻さを考えざるを得ない。

当時、私たちのなかで話題になっていたのは、この年の秋の二つの出来事です。ひとつは埼玉の上福岡三中であった民族差別的いじめによる在日生徒の自殺、それからこの三重の教員採用の件です。当時、愛知県立大に教員希望の在日学生がいたから、一九八〇年に名古屋市と愛知県に教員採用試験の申し込みをするんです。そしたら例によって断られる。そんじゃあってんで裁判を起こすんですよ。ところが試験を受ける資格というのは法的には争い難くて、ほとんど門前払いに近い形で負ける。それで次の手として八一年四月、弁護士会に人権救済の申し立てをやったんです。

その次に、クリスチャンで作る「名古屋人権委員会」が、国際オリンピック委員会に「オリンピックの東京も、万博の大阪も、外国人が公立学校教員になっているのに、名古屋では受験もできないとの差別があることに、ご留意ください」との手紙を送ってくれたんです。ソウルと名古屋が開催を争っていて、「八八年オリンピック」がソウルに決まったのは、八一年九月のことでした（田中「オリンピック落選に思う」一九八一年一〇月二七日、「毎日新聞」夕刊）。弁護士会もいろいろ調べて、大阪や東京、三重県もやってるのにおかしいということで、最終的には愛知県、名古屋市ともに開けるべきだっていう勧告を一九八二年の二月に出してくれた。それでその年の夏の教員試験から、愛知県も名古屋市も門戸を開けることになったんです。名古屋市で初めて合格者が出たのが結局八二年の秋かな。

――八二年には田中さんや徐龍達《ソヨンダル》さん（桃山学院大名誉教授、経営学）が尽力した国公立大の教員任用問題が、議員立法で一定の「解決」をみます。ただその施行に際して、文部省初等中等教育局地方課長が出した通知に「なお、国、公立の小、中、高の教諭等については、従来通り外国人を任用することは認められない」との一言を入れる。一定の「譲歩」をすると見せかけて、より縛りを強めて来る。役人の奸智《かんち》ですね。

その翌年には中曽根康弘首相の「答弁書」で、校長の公務の運営に参画するので教諭には「当然の法理」の適用が考えられると念押しが出た。ある意味、揺り戻しです。ただ愛知県の場合はもう一名採用されたしね、少なくとも「選考要項」に国籍条項を入れたりはしなかった、文部省の「通知」も出たけど。それで一九八四年一二月に、長野県の在日教員採用に文部省が圧力をかけた、いわゆる「梁弘子《ヤンホンジャ》事件」ってのが起きる。あれは「朝日新聞」が「受かった」って書いたんだ。例の通知にあった「尚書き」に県が反対するイメージになるからニュースだってことでね。それで文部省が知ることになって、大騒ぎになるんですよ。

それで私も長野に何度か行きました。長野って教育県でね、「信濃教育会」っていう財団法人が長野の教育界に隠然たる影響力を持っていて、その理事長さんが長野の教育界で一番大きな力を持ってるって言うんです。私もその方に会ったんですけど、その人もこれは何とかしなきゃいかんって感じのこと言っててね、全体的には「文部省がダメと言ったからって『はいダメです』とするわけにはいかない」という雰囲気が現場に出てきた。社会党の議員が国会で問題にしたりもして、誰が考えたのか知らないけども、最終的には教諭ではなく「常勤講師」として採用する形で妥協が成立した。ダメとはしないけど、要するにフルには認めないというね。その時出てきた常勤講師ってのは、誰がどうやって考え付いたのか私もよくわかんないね。あの時は長野の事件をとりあえず収めるための知恵として使われたんだけども、いわゆる日韓の「九一年協議」の際、その常勤講師ってのが出てくる。採用は認めるが常勤講師という。結果的には長野方式が全国的に広がっていくわけ。

――「当然の法理」を堅持した歪《いびつ》な「開放」ですが、採用の動きが加速していく。一方で大阪や東京は七〇年代前半に国籍条項が撤廃されていたのですよね。

関西を中心とする解放教育を一生懸命やっていた教師たちによる「差別」と闘う運動「全国同和教育研究協議会（全同教）」から、後に「全朝教」（全国在日朝鮮人教育研究協議会、現・全国在日外国人研究協議会）が生まれて、それに「日立提訴」以降の流れが加わったということだと思います。

大阪では、一九七四年に実施された教員採用試験から国籍条項が外されました。東京の場合は、一九七三年一一月、非常勤講師組合が「希望者全員の専任化」を求める団体交渉において、「専任化の措置において国籍を問わないこと、また一般選考においても同様に国籍を問わない」との回答を引き出したことです。非常勤講師の中に外国籍教師がいたことがきっかけになったんです[1]。

その後、前にも電電公社とか日本育英会の奨学金の話をしたけど、一覧表を作って一つずつ「これは差別だ」って攻めて潰していくの。地方公務員の受験資格もその一つでした。

結局、地方公務員の採用問題ってのは、もともと法律には何の制限もないわけだから、特に在日が多い関西の基礎自治体では採用実績があったんですね。問題は都道府県と政令指定都市ですよ。そこにはひとつの例外もない、みんなダメという状況だった。

それで鄭香均《チョンヒャンギュン》さんの話になる。彼女は保健婦（当時）として採用されていた。これまた変なんだけど、「外国人はダメ」と言っても、保健婦と助産婦、看護婦の看護三職についてはいいという通知を一九八三年に自治省が出した。鄭香均さんは採用されて保健師として八王子の保健所で仕事をしていた。ある時、管理職から「昇任試験を受けなさいよ」って言われた。もちろん自分で応募するんだけど、管理職試験ってのはだいたい上司が肩叩いてさ、「君そろそろ受けてもいいよ」って願書渡すんだって。それで彼女もじゃあと思って必要書類を書いて人事課へ出したら、そこで「ダメ」みたいに言われてね。

どういう経緯かは知らないけど、金敬得《キムギョンドク》弁護士が在日に知られてたからかな、彼女は敬得氏のところに行ってね。私も彼の事務所で初めて彼女に会いました。

あの裁判起こす時、彼女ずいぶん悩んだんだよね。非常に印象に残ってんのが、彼女は知事から辞令を貰《もら》ってるわけじゃない。その知事を相手に裁判をやるってのが、どれほど大変なことか、しかも仕事しながらだからね。だから提訴まで結構、時間かかってますよ。

でも彼女は、最初に裁判の陣形を立ち上げるとき、こういうこと言ったんだ。「差別に負けたくない、屈服したくない。問題にぶつかった人間が、そこでたじろいだんでは、また次の人が同じことになる。最初にぶつかった人間が、やっぱり一念発起してやるっきゃないと。それで決心ついた」ってね。そのへん私は非常に印象残ってますね。一九九四年九月提訴です。

――裁判は高裁で勝ちますが、不可解な経緯で最高裁大法廷に回付されます[2]。最高裁弁論での鄭さんの意見陳述は、ご両親の来歴から書き起こし、在日とは何か、醜悪極まる日本の近現代史を暴き出し、違う「ありよう」を希求する歴史的文章でした[3]。敗訴後の記者会見で語った激越な言葉の数々も忘れられません。「哀れな国」、「今、世界中の人に言いたい。日本には来るなと。外国人が日本に来るのは税金を払うロボットになるのと同じです」と。残念ながらこれは今も変わらないどころか強まっている。立ち上がり、言うべきことを言った彼女に対しては、職場への嫌がらせや抗議も相当あったと聞きます。今、大阪地裁堺支部で係争中の「ヘイトハラスメント裁判[4]」も、レイシャルハラスメントの被害当事者が在職して闘っています。しかも原告は女性で非正規雇用者です。さて「当然の法理」への「否」は翌年にも出てきます。

その翌年、戦後五〇年の九五年一月ですよ。高知県知事だった橋本大二郎さんが「年頭の所感」で、「外国人であったら支障があると言うが、問題点が考えつかない」とか言って撤廃を表明したんだ。あれも新聞報道だったな。私もね、びっくりしたんだよ。

実は私、橋本さんをＮＨＫの記者時代から知っててね。彼はたしか宮内庁クラブかなんかにいて、その時にたしか宋斗《そうと》会《かい》さんの集まりで一緒になったのが初めてだと思う。宋さんは顔広いし、どこでも無手勝流で行くから、面識あったんでしょう。それで一緒に宋さんの話を聴いたかな。宋さんに話を聴かされると、何となく動くって感じがするんだよね（笑）。

――駆け出し記者時代、被爆治療を求めて密航した在韓被爆者の取材で知り合ったようですね。知事選に出る時も報告して、「馬鹿なことはやめとけ」と笑われたとか。宋さんが死去した後に「産経新聞」に寄せたエッセイ[5]で、ご自身と宋さんとのかかわりを書かれてました。

それで政令市と都道府県はダメだと思っていた時に、唐突に知事がやるって言い出したでしょ。役人上がりにはできない勇気ある発言とは思うけど、何を考えて、自治省相手にどうしようとしてるのか、まったくわからないわけ。その時はまさに鄭さんの裁判やってる最中でしょ。それで私は単純なところあるから、とりあえず電話してみようって。それで高知県庁に電話して、秘書課に「知事が東京に来た時、会いたいんだけど時間取ってくれませんか」っつったんだよ。そしたら、「いや、うちの知事は、東京へ時々行くけども、ものすごくスケジュールがキツイから、なかなか時間を取るの難しいんですよね」って言うんだよ。まあ適当に追っ払おうと思ったんだろうけどね、そんで「じゃあ私が、高知に行くからっ！」て言ったの。そしたら、しょうがないなっていうことになってさ（笑）。土曜、役所が休みの日に知事官舎に行ったんですよ。ちょうどあの時は、彼の兄貴、橋本龍太郎が自民党総裁で、すぐに首相になるんですね。

知事に「突然、何であんなこと言い出したんだ」って聞いたらさ。県民との対話集会を始めたんです。その時にある在日のお母さんが参加してて、「ウチの子どもは、まだ中学生だけども、せめて子どもが社会に出るころには、県庁の採用試験も受けられるようにしてください！」って訴えたんだって。それで彼は一念発起してね、この問題を何とかしようと思っていろいろと調べたわけよ。

「当然の法理」ってのが当然出てくるわけで、所管は自治省だから、彼は本丸に訪ねて行って、「何でダメなんだ」とか「何の根拠があるんだ」とかって役人にしつこくいろいろと聞いたらしい。彼が言ってたのは、「いろいろと話を聞いたけど、彼らは何にもわかってない。とにかく言われたことをオウム返しに言うだけ。『何でそうしなきゃいけないのか』、『どんな理由なのか』とか何聞いてもまったく答えられない。これはもう全然相手にならん。それで採用の任命権者は知事なわけだから、俺の権限でやろうということで決断したんだ」っていうことだったね。結局二、三時間ほど話しましたよ。

おもしろいなあと思ったのが、「高知新聞」から電話掛かって来てさ、「今度知事に会われるそうですね」つって、何で知ってんのかなと思ったんだけども、「『高知新聞』の旗をつけた黒塗りの車を官舎のところで待たせます。終わったら空港まで送りますので、その間に話を聴かせて欲しい」と。それで橋本さんに電話掛けてさ、「実はね、どっからかわからんけど、俺が行くっつうのを『高知新聞』が知ってて、旗立てて官舎のところで待ってるって言うんだ」っつったらね、「いや俺のスケジュール全部オープンになってるから、知ってて別にどうってことねえんだよ」ってさ。そういう人なの（笑）。だからまあそういうことで、一九九四年に鄭さんの提訴があり、翌年には橋本さんの爆弾発言です。

――そして九六年五月、川崎市が政令指定都市で初めて撤廃を決定する。門戸開放の流れは加速しますが、その内容は「当然の法理」を具現化した括弧つき「撤廃」でもありました。ラインの管理職はダメ、消防職は端から不可。消火活動の時に延焼防止で家屋を破壊したりすることが権力行使だと。無茶苦茶です。「川崎方式」による開放は禍根を残した面もありますね。日立～民闘連の運動ラインでも「妥協」を批判する声が上がったりしました。

本当はね、戦前と違って地方自治なんだから、職員採用のやり方に国から文句言われる筋合いはないはずなんで、開き直るべきだと思うんだけどね。私は、今でも本気でやればできるだろうと思うんだけどね。だって自治体に対して予算とか何かで、手をつけることはいくら何でもやらないんじゃないかと思うけどねえ、でもわからない面もある。

――「当然の法理」の否定は、国籍による差別への「否」ですからね。排外主義とナショナリズムは安倍晋三氏の生命線ですし、一昔前ならまだしも、安倍政権なら露骨な報復だってするのでは。新基地に反対している沖縄にも明け透けな攻撃をするわけですから。

さて、その年の一一月、「当然の法理」を踏まえつつ、職種の線引きを自治体に一定委ねる談話を白川勝彦自治相が発表します。地方の「動き」を追認せざるを得なかった。

白川さんは弁護士で多少はリベラルな人でしょ。今までの紋切り型じゃなくて、少し検討しなきゃと思ったんでしょう。そんな印象です。彼は、結局、大臣を長くしなかったから、何らかの政策決定をすることにはならなかったけども、時系列で見るとそういう流れがあって、大臣もちょっと考え直さなきゃいけなくなった感じですね。

そもそも公務員は、しかも霞が関の官僚じゃなくて、住民と直接接する自治体職員でしょ。カウンターの向こうにいろんな住民がいる、そこに良質な行政サービスを提供すべきなわけでしょう。職員の側にもいろんな人がいるほうがいいはず。

――それが「当然の法理」で切り捨てられる。

結局、「当然の法理」ってのは法治主義に反するわけね。法治主義ってのは、近代国家では法律で重要なことは決めていくということ。それを法律には何も書いてないのに、外国人はダメっていう。外務公務員法には、外国人は外務公務員になれないって、ちゃんと書いてあるわけですね。それ以外には書いてないわけ。素人が素直に読めば、書いてないものはいいんじゃないのと。すると今度は「当然の法理」ってのが突然頭をもたげてくる。

その「当然の法理」っておかしいのは、たとえばさっき言った看護三職の問題ですよ。「通知」で今後はいいとなっているけど、それは国家資格を持っている専門職だからという理屈らしいですね。じゃあ公立の病院長になれるかというと、それはダメって話になる。病院長っつったって、国立病院の病院長は国家公務員だけども、私立の病院長は国家公務員じゃないわけね。私立の病院に働いてるお医者さんも国立病院や公立病院に働いてるお医者さんも、みんな国家試験で医者の資格を持っている。

職務内容を考えた場合、国立病院の院長の職務と私立病院の院長の職務と、何か本質的な違いがあり得るかと考えたら、理屈が通らないんですね。そんな例は他にもある。

そう考えていくと、「公的な機関」と「私的な機関」が共存する分野については、国籍条項を持ち出す合理性がないと言うことです。たとえば、私立学校の先生も公立学校の先生も両方とも教員免許状を持ってる。それで職務内容が特別に公立学校の先生固有の職務が何かあって、その仕事は私立学校の先生にはないということはあり得ない。だから「当然の法理」については、公私共存の分野にはこれはまったく通用しない。少なくとも、こう議論したり実態を見ていった場合に、はっきり言えるんじゃないかなと、これがひとつ。

それからもうひとつは、ちょっと細かい話になるけれども、たとえば「九一年協議」の後に外国人は教員採用試験を受けてもいい、ただし受かった時には「常勤講師」にするようにという正式な通知を文部省が出して、全国で一斉に教員採用試験で外国人に門戸を開放したわけですよね。[6] そうするとその通知の前、たとえば八二年の揺り戻しのときの見解は何だったのか、すなわち国公立大学外国人教員任用法の時の「尚書き」で、外国人はダメとしていた。そうすると今度は受けてもいいってなったけど、その間に「当然の法理」ってのは「どう変身した」と考えたらいいのか。そのことが法治主義に反するのではないですかね。

「当然の法理」ってものすごく融通無碍《ゆうずうむげ》と言うのか変幻自在で、上（役所）から考えればそれでいいかもしんないけど、それによって弾かれる、排除される当事者から見れば、たまったもんじゃないですよね。なんで昨日まではダメだったけど、今日からよくなりましたよって、その間に「法律」でも変わったんならわかるんだけども。それで当事者に迫ってくると言うか、当事者を弾き出したり差別するわけだから、やっぱりこの課題は法治主義の原則に戻って考えるべきです。

　結局、当の外国人が差別される、しかもそれが公的な機関がやるわけです。私企業が就職差別をすることについて、「公」がどうこう文句言えないわけよ。私は、名古屋の教育委員会と当時、いろいろとやり取りしたんですけど、教育委員会の教職員課長とかは、その時は行政マンだけど、ちょっと前までは教育現場で教員やってるわけですよ。それで私は、「ほいじゃあね、あなたが教師（理科だった）で現場にいる時に、朝鮮人は雇わないっていう企業があったとしたら、あんた差別はおかしいっつってやっぱり企業に言っていくでしょう、子どものために」。まあそりゃそうって言うわけです。「そん時に会社のほうで、だって教育委員会だって外国人はダメっつってんのに、何で俺たちが平等に扱わないかんのだっつったら、答えようがないでしょう」と言ったら、それ言われると困りますね、とか言ってたの思い出します。やっぱり公的な機関の責任ってものを考えないかんですよ、それはやっぱり一番大きい問題だと思うよ。

——法の制定や公の動きは民間へのメッセージです。だからこそ差別を禁止する法が必要だし、公の差別を解消しないといけない。それが最も効果の大きい「人権啓発活動」のはずですが、実際は公が民の差別にお墨付きを与え、助長、後押ししている。

そうそう。今日の話とは関係ないかもしんないけど、公営住宅や住宅公団に、かつて外国人は入れなかったでしょ、今はオープンになってますけども。民間のアパートが外国人に貸さないっていうのと、公営住宅が貸さないっていうのがセットになってるんですよね。この点は大分状況が変わったけど、今の朝鮮学校差別はまさにそうだからね。在野の「在特会」などが、朝鮮人死ね、殺せ、帰れとワーワー言う。すると今度は政府のほうが、朝鮮学校だけ無償化から外す、自治体も朝鮮学校だけ補助金を止める。ところが「在特会」とかヘイトスピーチはケシカランっていう議論は結構あるけども、それと同じことを公の機関がやってるって認識はあんまりない、そこは分けちゃうわけよね。そういう意味で公的な機関とか公務員採用の問題は、一般の就職差別との関係ですごく重要な問題だと思いますね。

——「全朝教」の代表で高校教師だった藤原史朗さんも、在日学生を差別する企業に抗議したら「あんたらも差別してるじゃないか」と切り返されて二の句が継げなかったと述懐してましたね。新聞記者時代、私もこんな経験がありました。在日朝鮮人の公立学校教員の人物記事を書いた時、京都市教委がわざわざ連絡して来た。市教委とはよく揉めてましたし、今度は何の抗議かと思ったら、用件は私が在日教員の肩書を「講師」と記したことについてです。「すいませんが、次からは『常勤講師』と書いて欲しいんです」とのお願いでした。「教諭」にしない現実への後ろめたさがあるのだと思います。

それはすごく大事な視点ですよ。

――しかし「当然の法理」って本当に……

バカみたいな話だよ。これはどこで議論してもとにかく理屈はまったくないね。それは橋本大二郎さんが語っていたように、まったく理屈が通らないの。彼もああいう人だから局長とか次官ぐらいまで行って話したっつってたんだけど、「とにかく、オウム返しに覚えてること言ってるだけで、自分でまったくわかってない、俺はジャーナリストだから、こいつは本心じゃないってよくわかる」って言ってたな。

――「当然の法理」はレイシズムそのものです。事実と論理を拒むゆえ質が悪いわけですが、この「自明」を崩さなければいけない。

まあ変わってはきたけど、それでも従来の「当然の法理」はそのままで、何にも変わってないね。こないだ教員の常勤講師問題で院内集会があってね（二〇一七年八月四日）、そこで私は初めて知ったんだけど、教員がキャリアを積むと、副校長とか主幹教諭とか教務主任とか〇〇主任とか、やたら役職がついて手当を上積みする制度ができて、組合から外して管理職にしてくようです。一方で在日教師は「常勤講師」で勤め上げていくでしょ、すると生涯賃金で見るとその格差は結構、バカにならないんですよ。横浜市の試算によると、日本人教諭との生涯賃金の格差は一八〇〇万円ということです。

でも「国籍条項」とか「国籍による差別」は、裁判で勝つってことはないんですよ。どれほど具体的に明確な差別で、法の下の平等に反する判決が出せる事案でも、司法は絶対に救わないからね、それは徹底してる。だから国籍差別の問題については、裁判所は、せいぜい「付言」を付けて、それを手掛かりに政治が対応するのが、あったりなかったりなんだよね。

それから、たとえば司法研修所入所問題の金敬得さんの例でも、結局、彼を採用した理屈も明らかにしない。あの時の欠格条項「日本国籍を有しない者」の後につけた但し書き（最高裁判所が相当と認めた者は除く）についても、まったく説明なしです。二〇〇九年に、これまた、何の説明もなく国籍条項を完全に取っ払った。それも問答無用で、説明責任もへったくれもない。「まあよくなったら、それでいいじゃん？」みたいな感じでね。前との整合性とか、理屈とか何の説明もない。少なくとも法律を変えるってことは一切しない。その点はあんまり変わってないんじゃないかなあ。

注

1 大阪、東京の撤廃については、中島智子「公立学校における「任用の期限を附さない常勤講師という〈問題〉」」『在日本法律家教会会報　エトランデュテ』創刊号（在日本法律家協会、二〇一七年）に詳しい。

2 第6章参照。

3 鄭香均編著『正義なき国、「当然の法理」を問い続けて』（明石書店、二〇〇六年）二四三―二四八頁。

4 社内文書と称し、民族差別や歴史改竄を記した文書を閲覧させられたり、「新しい歴史教科書をつくる会」の流れを汲む育鵬社の教科書採択運動に動員されるなどして精神的苦痛を被ったとして、大手住宅メーカー「フジ住宅株式会社」（本社・大阪府岸和田市）に勤務する在日三世の女性が、会社と会長を相手取り、慰謝料など三三〇〇万円の損害賠償を求めた訴訟このと。二〇一九年五月現在、大阪地裁裁堺支部で係争している。

5 二〇〇二年七月八日、朝刊西日本広域県版『知事のリレーエッセイ』「〝隣人〟への思い」。

6 現在、教諭任用をしているのは東京都と川崎市（ただし校長や教頭などには昇進できない）。かつては大阪府市も教諭任用していたが、九一年協議で「国同士の取り決めができた」として講師採用に切り替え、職名を「教諭（指導選任）」とした。後退である。

第12章　外国人参政権という「起点」

敗戦後、日本政府が執《と》った初の旧植民地出身者政策は、一九四五年一二月の衆議院議員選挙法改定である。「日本史」的には「婦人参政権の実現」として、「民主化」の象徴のように語られることが多いが、一方でそこには「戸籍法の適用を受けざる者の選挙権及び被選挙権は当分の間、これを停止す」との一文が盛り込まれていた。内地戸籍の有無を「口実」にした朝鮮人・台湾人の参政権停止である。自らの責任で生みだした者たちから政治的発言権を剥奪し、日本国籍を喪失させて無権利状態としたうえで、「日本人の、日本人による、日本人のための国」を構築していく地ならしである。外国人参政権問題は、この社会の退廃のひとつの起点なのだ。

――外国人参政権問題との出合いは。

具体的な運動は民闘連の「在日旧植民地出身者に関する戦後補償および人権保障法（草案）」作成かな。今後、前向きな立法政策をするうえでの根拠として素人なりに作った草案で、戦後補償を除けば大体、自分たちが具体的なテーマとして運動してきたことです。参政権の問題は結構前から出始めてましたから、思い切って入れたんです。

――第三章第一〇条「特別永住権者は、地方自治体の参政権を有する」ですね。

最初に人権課題として意識させられたのはやはり崔昌華《チォエチャンフォア》さんですね。彼は毎年、九月一日（関東大震災の日）に集会やっててさ、一九七五年の集会の時、住んでた北九州の市長宛てに「公開質問状」を出してて、そのなかで「市会議員の選挙権・被選挙権は認められてしかるべきだと考えますか」と提起したんです。これが私の知ってる限りで一番早いんじゃないかな。翌年の七六年九月一九日付「朝日新聞」朝刊の論壇には柳沢由実子さん（翻訳家）の「外国人にも選挙権を　スウェーデンの英断に学べ」という記事が出てね。

その後、金達寿《キムダルス》さん（作家、一九二〇年～一九九七年）が、一九七九年一〇月二日の「朝日新聞」の夕刊に「在日外国人に投票権を」を寄せてます。「私は、投票というものをしたことがない。したくないから、しなかったのではない。在日朝鮮人の私たちには、そういう選挙権がないのである……（柳沢氏の論壇を見て）『ほう、これは！』と思ったので、切り抜いていまも持っている……開かれた近代国民としての「日本人が、外国人に対して行っている様々な差別を撤廃するため」に、ここらで一つ真剣に考えてみる必要がなかろうか」、って書いてます。

崔昌華さんはま、ああいう人で（笑）、国連にも出かけて在日の問題を訴えていたからね。ただ達寿さんは総連系で、運動家ではない作家でしょ。あのころ、彼は組織を離れてたけど、彼が言い出したとの驚きがあって印象に残ってんだ。その後は一九八六年六月一三日の「朝日新聞」の論壇に、黄甲植《ファンガプシク》さんという人が寄稿してさ、「途方もない空想だと言うかもしれないが、せめて地方レベルでもいい。自らの手で選んだ選民たちによって在日の人権や汗水たらして納めた税の行方ぐらい糾《ただ》す権利が保障されてしかるべきだと思う」って書いたの。

そしたら広渡清吾《ひろわたりせいご》さんってドイツ法の専門家で、後に日本学術会議の副会長をやった人が『法律時報』（一九八六年九月号）のコラムで取り上げて、「私は黄氏のこのような主張の当否が途方もない空想などとして退けられるのではなく、真剣にかつ積極的に議論すべきであると考える」って応答したの。こういう流れが結構あって、私たちの草案のなかに盛り込もうとなった感じですね。あの草案は一方では、「九一年協議」を念頭に置いてやってたからね。

一九九〇年には大阪の在日一一人が地方参政権を求めて大阪地裁に提訴するわけです。調べたらその前の年にはイギリス人のアラン・ヒッグスさんって人が参院選で投票できないのはケシカランと言って裁判していたけど、国政は裁判でも全然ダメだった（最高裁で棄却）。地方参政権で在日が起こした裁判は九〇年が初めて。その後、福井県でも丹羽雅雄さん（数々の戦後補償やマイノリティの人権問題を巡る裁判を手がけてきた。現在は朝鮮学校の高校無償化裁判大阪弁護団長などを務めている）が代理人になって訴訟が起きる。

――国政選挙のたびに、立候補を試みて拒否されるパフォーマンスを繰り返し、裁判も起こした「在日党」という団体（一九九二年結成）もありました。これらの動きがあって「納税あって権利なし」の理不尽が社会に認知されていく。当時はこの不正をそれと受け止める感性が社会的にもわかち持たれていた。世論調査で「朝日新聞」が賛成四七％、反対四一％（九四年二月調査）、「毎日新聞」が賛成四一％、反対一七％（九五年三月調査）と賛成が優位でした。当時、積極的だったのは「新党さきがけ」の島根です。一九九四年一月、島根支部設立準備会が主要政党で初めて在日外国人の入党を認める方針を発表します。

支部代表の錦織《にしこおり》淳《あつし》さん（衆院議員）は弁護士でね、その年の一一月には外国人の地方参政権開放を打ち出しました。スウェーデンなんかを参考に、「五年以上」住んでいる人に選挙権も被選挙権も認めるとの要綱を作るけど、法案まではいかなかった。そこに、九五年二月、さっき言った大阪の訴訟で最高裁判決が出る。請求は棄却するけど「（永住者等について）法律をもって地方公共団体の長、その議会の議員等に対する選挙権を付与する措置を講ずることは、憲法上禁止されているものではない」「措置を講ずるか否かは、専ら国の立法政策にかかわる事柄である」と判示したわけです。

――どう思われましたか。

やっぱり地方参政権についてちゃんと言ったのは最高裁、凄《すご》いなという感じはしましたね。実は、九四年暮れに「朝日新聞」から連絡があって、正月の「論壇」に主張したいことを提案して欲しいと言うから、外国人に地方参政権を開放すべきだと書いたんです。従来から言ってきたけど、参政権は十把《じっぱ》一絡《ひとから》げで考えがちだけれども、「国政参政権」と「地方参政権」とは峻別《しゅんべつ》すべきだと。私が勝手にそう言ってんじゃなくて、日本の公職選挙法がそうなってると。公職選挙法は在外投票を認めてます。海外にいても「国民」だから国政選挙の投票権はある、でも海外にいると日本の「住民」ではないから、自治体の選挙権はないということ。だから外国人は国民ではないけれども住民だから地方参政権を認めることは理論的に十分考えられるという理屈でした。それが一月上旬に載って、二月の最高裁判決でしょ。ズバリじゃないかなと私は思ったわけ。あの時、ひとつおもしろかったのは、一橋大に浦田一郎さんっていう憲法学者がいてさ、「論壇」出た後、学内でばったり会ったら、「地方参政権と国政参政権は別だって言われるけど、私たちは基本的には同じだと思ってるんですけどね」ってわざわざ言うんだよ。「私の書いたの、ちゃんと読んだのか」と思ったけどね。憲法学者の世界では、そうなのかなって思ったけどさ。

――その理屈だと、田中さんは国政参政権については否定的?

さっき言った、国民が国政、住民が地方というふうに分けて考えるなら論理的な帰結としてそうなる。それで一般論で言えば地方は居住国、国政は国籍国でと考えてます。でも日韓の場合は長い経緯や現実もあるから、どちらで投票できるかということを考えるのは大事です。今、中央大学にいらっしゃる国際私法の奥田安弘教授が、かつて『東洋経済日報』に書いてたことで、なるほどと思ったのは、日韓で協定を結ぶべきという提案です。日本で国政参政権を行使した人は韓国でできない。逆に韓国の国政参政権を行使した人は日本の国政選挙はできないという協定を結べば、合理的な解決ができると。私はこれは非常に合理性があると思ってる。一般外国人に比べて在日は経緯が違う。世代も交代してるし、本国には全然興味がないという人も少なくないでしょう。実際には、住んでる日本の政治の影響をもろに受けるわけだから、論理的にはそうすべきだと。

——二重国籍を認めて両国での投票も可能とすれば？　とりわけ旧植民地出身者は。

一般的に二重国籍ってたしかに難しい問題なんだけども、実態的にこれだけ人の移動が激しくなって、しかも国籍の血統主義についても従来は父系主義だったのが今は父母両系になってることを考えると、二重国籍が増えていくことは間違いないわけよね。日本政府は伝統的にどちらかに統一と考えてるようだけども、それは当事者から見ると「強制」される感じになるわけでしょ。それに国籍はそれぞれの国が決めるから、離脱も個人の力では如何ともし難い場合もあったりする。日本では二重国籍ってのは二重スパイと同義語みたいな感じで議論されがちなんだよね。でも逆の言い方すると、二重国籍者は紛争か何かの時に、緩衝材って言葉は適当ではないかもしらないけども、そういう役割を果たし得る。

それは地方参政権も同じなんですね。利害の対立が激しく燃えると国レベルは極端な場合戦争にもなるしね。そのなかで国籍が違うけれど同じ「住民」として空間を共有する伝統とか社会関係みたいなものができていれば、それが国レベルの意見対立や衝突を緩和する役割を果たす可能性は否定できない。結局グローバル化が進めば、どっかの国が一国でどうこうするっつうわけにいかない、非現実的なわけ。私は基本的に二重国籍を広く認める立場ですよ。

——さて、九五年に戻りますが、あの判決で政治の動きが加速します。九八年一〇月、民主党、公明・平和改革が初めて「永住外国人地方選挙権付与法案」を出します。

公明党でした。まあそうは言っても冬柴鐵三《ふゆしばてつぞう》さん（弁護士、元公明党幹事長、一九三六年～二〇一一年）が軸だけどね。当時、公明党の人と話してるとさ、「あ、あの冬柴さんがやってるやつね」なんて言ってたから。とにかく冬柴さんは一番一生懸命でした。弁護士だしね。「最高裁がお墨付きを与えてくれた」と言ってましたよ。

それで公明党が九九年一〇月、与党入りする。第一次自公政権（当時は自由党を加えて自自公政権）、小渕恵三政権だよね。あのときは「政策協定」に外国人地方参政権を開放するってのをちゃんと入れたんだから。

一方で韓国の動きもあったんです。九八年に金大中《キムデジュン》大統領が日本に来て、翌九九年に小渕首相が訪韓する。そこで日韓首脳会談をやった時、金大中さんが再度、地方参政権の開放を日本側に要請して、韓国サイドでも同じように永住外国人に地方参政権を認めるような措置を取りたいと言ったんです。

ちなみに法案は最高裁判決に沿って「選挙権」って言葉を使ってんですよ。そこで問題になるのは判決で言う「選挙権」は、被選挙権も含めるのか投票権だけなのかと。そこは判決ではわからない。最高裁判事に訊《き》くわけにはいかない。それで私は「選挙権つったって、それ被選挙権も含めた選挙権じゃないの」って言ったけど、冬柴さんは、与党でもあるし、いろんな意見や判断がある、できるだけ厳密に、狭く考えたほうがいいから投票権だけで法案を出すと言ってました。国会に出た法案は全部投票権だけなんですよ。まあ開放した韓国も投票権だけですけどね。欧州なんかでは両方認めてる国が結構多いけど。

――それでも自民党内はまとまらず、翌二〇〇〇年、公明、自由で法案を出しますが、突然、「朝鮮籍者」の排除が盛り込まれる。衆院解散・総選挙後の七月に再提出された法案では朝鮮籍者除外は消えてましたが、朝鮮総連の地方参政権反対運動も含め、ある意味で私は「迷走」の始まりだったと思っています。総選挙後は野党も民主党が公明、保守案と同じものを出し、共産党は被選挙権も含めた案を出しました。

私は二〇〇〇年一一月の国会での法案審議で参考人として呼ばれてさ。地方と国の参政権はちゃんと区別して考えなければいけないとか言ったんだ。そしたら委員の平沢勝栄議員（自民党、警察官僚出身）が、いや地方自治体も国と密接に関係があるから地方と言えども認めるわけにはいかない、あなたはどう思うか、とか聞くのよ。私は、戦前はたとえば県知事も内務省の任命だけど、今は地方自治だから中央政府と意見が違う首長が選挙で選ばれることも制度的にあり得る。もし国と地方は一体だとおっしゃるなら、先生は戦前に戻して知事を任命制か何かにしないとまずいんじゃないですかって言ったのを覚えてる（笑）。

――そのあたりから揺り戻しが起きて、保守・右派が巻き返してくる。参政権運動に対する総攻撃状況が生まれてきます。

公明党が与党入りして、政策協定にまで入ったから、「右の側」は慌てたわけよ。これはひょっとするとやられちゃうぞと。一番最初に火の手を上げたのは櫻井よしこさん（ジャーナリスト）

です。今でも覚えてる、「地方参政権は、亡国への第一歩」を、『週刊新潮』（一九九九年一一月一八日）に載せて、それから反対派が勢いづく。『産経新聞』は「国の主権を脅かす付与法案」（二〇〇〇年九月一六日）とかいう社説を書いてキャンペーン報道始めるし、そっからダメになっちゃった。

――あと在日の内部でも、大手の民族団体間で賛否の意見が分かれ、その分裂状況は反対派の議員たちに利用されました。

当時、永田町でいろんな政党回るとさ、「まあ田中さんはそう言うけどねえ、総連と民団と意見が割れてるものを、やっぱりやるわけにはいかないですよ」って、一番「模範解答」じゃない（笑）。今はほとんど影を潜めてるけど、ひと頃、総連はかなり激しく反対をやったでしょ。民団が地方議会に請願を出すとそれを潰す請願を出すとかね。同化だとかいろいろ理屈はあるみたいだけども、ちょっとみっともなかった。最近は総連もそういうことやんなくなったけどね。

――参政権運動が勢いを得たころは、朝鮮民主主義人民共和国と日本との国交正常化を通じて、在日朝鮮人を取り巻くさまざまな問題が解決されていくという見通しが、今では想像できないくらい在日内で前向きな説得力を持ち得た時代でもあります。その状況を無視して裁断するわけにはいかないですけど、あの反対運動は酷かった。状況を変える好機中の好機を自ら潰してしまった。

「もし」「たら」を言っても詮ないですけど、あの時に地方参政権が実現していれば、公的差別の元凶のひとつである「当然の法理」は葬れたし、在日の二級市民状態はかなりの部分でこじ開けられた。それは社会全体の「平等」に対する感度や、「差別はダメ」との規範意識を上げることにも繋がったはず。国による無償化排除と連動している朝鮮学校の自治体補助金問題は違った形になっていたかもしれません。

今や在日韓国人が韓国の大統領選挙と国会議員選挙の投票ができるようになったんだからさ、共和国も最高人民会議の選挙を認めて欲しいとか言ったほうがいいんじゃないのって、こないだ総連の人に言ったんだけどさ。それから歴史を調べて「あっ」と思ったけどね、敗戦後に日本が参政権を奪った時、左派の朝鮮人連盟[1]がケシカランと批判してるんですよ。一方で右派の民団は参政権を求める朝連は民族の風上にも置けないとか非難してんだよ。今とまったく逆ですね。

――さて、バックラッシュを経て仕切り直しが始まります。二〇〇四年には「定住外国人の地方参政権を実現させる日・韓・在日ネットワーク」を発足させます。保守系反対議員が「言い訳」に使う「相互主義」をも意識した取り組みでした。

玄界灘を挟んで東アジアにEUの卵を作ろうと言ってね、二〇〇四年一一月には、東京に次いでソウルでそれぞれシンポジウムやったんです。その時にソウルの華僑《かきょう》総会の人が出席してくれてね。韓国では外国人地方参政権の対象になるのは、一番数が多い中国人なんです。非常に印象に残ってるのは、「昔、韓国はひどかった。ラーメン屋の店舗面積ものすごく小さいのしか許可されなかったのが、最近は随分変わった。今は再入国許可もいらなくなりました」っつうんだよ。「え、そんなことができるのか！」ってみんなびっくりしてさ。それから何年か経って日本も「見なし再入国」ってやったでしょ。もう韓国ではやってたんですよ。

――ただそれも朝鮮籍者は対象外ですけどね。

せっかくだから手分けして韓国の国会議員を回ろうとなって、私は民主労働党っていう最左翼の政党のとこ行ったんだ。当時議員が五人くらいいたかな。それで「ぜひ韓国でも地方参政権を」って話したら、その若い議員がね、「この国は長い間、華僑を激しく差別、冷遇してきた歴史があるので、本当の意味で民主主義を確立するためには外国人の権利をきちっと保障する社会にならなきゃいけないと思っている。地方参政権の開放はひとつの象徴的な政策なので、ぜひ実現させたいと思ってます」ってこう言うわけよ。「えーっ」と思ってさ（笑）。

それから日本で言えば昔の自治省、今の総務省に当たるのかな、地方行政部とかいう中央官庁にも行って同じ話したの。そしたら課長が出て来て、その前に韓国では住民投票法を作って、それが永住外国人に住民投票の権利を認める法律になっていると。それで、「住民投票で一度、オープンにしてるから、外国人の地方参政権開放は近いうちに実現するとわれわれは見ています」って言うんだよ。驚いたな。「前向きに検討します」とか言うんだったらわかるけど、たとえば日本の中央官庁の課長がさ、得体の知れない外国から来た人に対して、「近いうちに実現できると見ています」とか言うかなって。

まあ半信半疑だったけど、そしたら翌年、小泉純一郎首相と盧武鉉《ノムヒョン》大統領が首脳会談をやるとなってね、それでわれわれも六月、両首脳に手紙を出そうとなった。そしたら小泉さんは音なしだけど、韓国では大統領府に民が請願する民願制度があって、そこから金敬得《キムギョンドク》弁護士の事務所を連絡先にしてたら返事が来てさ。ご依頼の件については、二〇〇五年六月に、法改正が成立したことをお伝えしますって返事が来た（笑）。凄いと思ったね。韓国では翌〇六年から施行です。あそこも四年ごとの統一地方選です。六年、一〇年、一四年ともう三回、今年（このインタビューは二〇一八年二月に行った）で四回目ですよ。

——在日の政治参加も金敬得さんが余命を傾注した活動でした。

敬得氏は、われわれは韓国でも投票できるようになるべきとずっと言ってた。それから運動やる時に、彼がすごく強調してたのは、日本の外国人政策の改善は、必ず韓国にもいい影響を与えることになる、韓国の民主化に資することになると。だから彼は日本で地方参政権を実現できれば、いずれ韓国でも実現する、韓国での外国人の処遇改善や地位向上に役立つと言ってたんだよ。当時は理想論だと思ってたけど、今から考えると「なるほどな」です。でもそれは逆に韓国で先に実現しちゃって、日本ではできないという結果になった。彼が亡くなったのは二〇〇五年一二月だから韓国で地方参政権が実現したことは知ってるんだ。敬得氏の死後だけど、在日は韓国の大統領選挙と国会議員選挙で投票できるようにもなったよね。

——参政権だけじゃなく、金大中政権発足の一九九八年から死刑が止まっている事実上の死刑廃止国です[2]し、政府から独立した「国家人権委員会」[3]もできている。植民地時代の名残りである戸籍制度だって「平等」を阻害する制度だと廃止しました。人権面で韓国は東アジアのトップランナーです。

これからのポイントのひとつは韓国の動きですよ。朝鮮学校の無償化排除だって、日本のメディアは報じないけど、日本で毎週金曜の文科省前行動と同時刻にソウルの日本大使館前で韓国市民が抗議してます。参政権でも、私はマスコミの人にいつも言うんだけど、韓国の地方選挙で投票したアメリカ人と中国人と日本人ぐらいをインタビューして、お茶の間に流してくれないかって、随分言ってきたけどダメだね。セウォル号が沈没したりしたら大騒ぎをするだけじゃなくてね。

――事件・事故対応で不手際があった時や、元大統領が逮捕される時はニュースにして消費する。染みついた蔑視の表れでしょう、「下」に見たい。貶《けな》したい。だから韓国の人権施策や、公人の不正に対する市民の感度の高さから日本のダメさを照らしたり、日本社会の今後を考えるような記事やニュースはまずない。

ＯＥＣＤ（経済協力開発機構）加盟三〇カ国（二〇一九年五月現在は三六カ国）＋ロシア（国立国会図書館調べ）で見れば、外国人の地方参政権をまったく認めないのは日本だけです。ＥＵは域内相互乗り入れですよ。日本の現状が世界的にどれほどいびつなのかを考えて欲しいよね。韓国で最初に投票があった時、「毎日新聞」の女性記者が短い記事を書いたけどね。高崎宗司さん（歴史学者）のお弟子さんでした。

政治もダメですよ。九八年に最初の法律が国会に出てから民主党政権誕生の〇九年まで、ずっと参政権法案は出てたのよ。それが民主党は政権とっても法案を出さない。公明党も出さない。冬柴さんが亡くなった後は引き継ぐ人もいないようだ。自公が政権に復活したときも参政権は政策協定に入らない。

しかも「オチ」はこないだの選挙（二〇一七年の第四八回衆議院議員選挙）、小池百合子都知事の「排除の論理」ですよ。「希望の党」の公認申請で、地方参政権否定の「踏み絵」を踏ませようとしたんだよね。あまりひどいからって途中で止めたらしいけど。[4] 小池都知事は、一方でダイバーシティ（多様性）だとか言ってるくせにさ、どういう神経かなと思うけどね。

――しかも「踏み絵」項目のひどさを報じたメディアも、この一文が孕《はら》む問題にはほぼふれなかった。政策協定に「差別」が入る危険性を認識していない。民間のトンデモ言説はもちろん、極め付けは二〇一二年に自民党が出してきた改憲草案です。公務員や自治体議員の選挙（一五条三項、九四条二項）について、その権利を有する者の条件を「主権の存する国民」とか「日本国籍を有する成年」にして、そこに外国籍者を含める解釈の余地をなくしている。[5] 鄭香均《チョンヒャンギュン》さんに代表される「当然の法理」との闘いの数々や、外国人参政権運動の根拠を最高法規から消し去ろうとしています。

だから私が注目してんのは、中曽根康弘元首相が主宰する世界平和研究所が、戦後六〇年、〇五年に発表した「改憲草案」です。[6] 憲法第三章の権利条項の「国民」が軒並み「何人も」とか「すべて人は」に書き換えられてんですよ。あの人も一〇〇歳でしょ、何故そうしたのか誰かちゃんと取材してくんねえかなと思うんだけどね。

外国人の権利で言えば、憲法にある「国民」という単語がひとつの元凶みたいに思われる。だって人権条項の享有主体は軒並み国民だからね。それを中曽根試案は全部書き換えてる。何で現行憲法の「国民」を全部消したのか、その狙いを知りたいですね。中曽根試案を一度憲法審査会で議論して欲しいと私は思ってんだけどね。改憲議論で「第九条」もあるけど、今まで考えてきたことから言えば、私の論点はやはり制定時、ＧＨＱ（連合軍総司令部）案の〝natural person〟「すべての自然人」の書き換えですよ。わざわざ〝natural person〟としたってことは、およそ国籍とは関係なしに「人たるもの」ということなんだよね。

マッカーサー憲法草案の「すべての自然人は、法の前に平等である」（一三条）とか「外国人は法の平等な保護を受ける」（一六条）とか。私のなかでは、それと中曽根試案とが繋がってくる。日本の官僚は、「自然人」を「国民」に書き換えて、外国人の権利に関する条項を削除しちゃったわけ。だから江藤淳さんが『閉ざされた言語空間』（文春文庫、一九九四年）で、日本人は占領下で骨抜きになったとか言うけどさ、でも憲法を作っていくプロセスでは、外国人の平等を葬るための官僚のしぶとさというのはすごいよね。江藤さんが言うのは非常に一面的だと私は思いますよ。そんなに日本はヤワじゃないって（笑）。

――それだったらもっとマシな社会になってますよね。左派・リベラルにも対米従属の文脈だけで日本の「戦後」を読む人がいますが、そんな単純な話ではない。日本は米国の戦略に付き従いつつも、敗戦前の「思想」を堅持し続け、後発帝国主義国としての自国の利益を徹底追求してきました。憲法成立時の「国民」を巡る問題はその典型です。

憲法の構造自体にも「『戦後』という欺瞞《ぎまん》」が現れています。鵜飼哲《うかいさとし》さん（フランス思想、文学）が「憲法第九条の前と後」という言い方をされてます。前文の後、第一条から第八条までは天皇制の規定で、その後に天皇制存続とひきかえに「呑んだ」第九条がある。続く第一〇条には明治憲法第一八条（臣民の要件）を思わせる「日本国民たる要件は、法律でこれを定める」が来て、その後には軒並み享有主体を「国民」にして人権条項が並ぶ。内地と外地での「戸籍」の違いを「理由」にした植民地期の差別が、新憲法後は「国籍」に切り換わった。日本国憲法それ自体がレイシズムの再編だったということ。自民党の改憲草案は、現行憲法が孕んでいるレイシズムをさらに強化するものです。「九条を守れ！」と叫ぶのも大事ですが、ここを問い抜き、戦前との連続性にメスを入れることが護憲運動再生の出発点でしょう。

今日の議論だって逆に言えば全部、憲法の「国民」に絡めていいわけ。この問題はそれほど根が深いわけよ。憲法第九条も大事だけど、これも論点だよね、私は、それしか考えてないからね（笑）。

注

1 正式名称は「在日本朝鮮人連盟」。一九四五年一〇月に発足した在日朝鮮人の全国組織で、「新朝鮮建設に献身的努力を期す」「世界平和の恒常的維持を期す」「在日同胞の生活安定を期す」「帰国同胞の便宜と秩序を期す」「日本国民との互譲友誼を期す」「目的達成のために大同団結を期す」を綱領に掲げて活動。一九四八年、朝鮮半島に二つの主権国家が誕生すると、朝鮮民主主義人民共和国の支持を採択。日本国内では日本共産党との関係を強め、ＧＨＱ（連合国軍総司令部）及び日本政府との対立が深まっていく。ＧＨＱは一九四九年九月、団体等規正令に基づき、朝連を強制解散させ、資産を没収した。解散時の構成員は三六万六〇〇〇人だったという。

2 死刑制度があっても一〇年以上執行がない場合、国際的には「事実上の死刑廃止国」とされる。

3 国連が各国に求めている国内人権機関として二〇〇一年に設立された。政府から独立した機関として、政策提言や法令、制度などに関する調査、準司法機関としての人権侵害事犯の救済（国家による人権侵害、私人間の差別事件）、教育活動などを担う。

4 民進党（旧民主党）離党組からの公認申請に対して「希望の党」が提示した条件のこと。「憲法改正を支持」など一〇項目の六番目に参政権反対が明記されている。公認申請者からの反発で実際の政策協定書からはなくなった。

5 「国民主権原理」や「国民固有の権利」の文言が外国籍者を排除するか否かは両論が存在する。改憲案はこれを日本国籍を有する者に限定する書き方をしている。

6 全文は以下。http://www.iips.org/research/data/kenpozenbun.pdf

第13章　朝鮮学校の大学受験資格問題

植民地支配で奪われた言葉や文化、アイデンティティを取り返す場として開設されたのが民族学校である。それは脱植民地、反レイシズムの実践であり、「歴史の証人」を再生産し続ける場だ。だからこそ日本政府は、強制閉鎖[1]（一九四八年〜四九年）に代表される弾圧を繰り返し、「各種学校」を理由にした陰湿な差別[2]で生徒たちの展望を奪おうとしてきた。そのひとつが、大学受験資格だった。ダブルスクールや通信制を強いられる物心の負担はもちろん、何より「学校」扱いされない差別が子どもたちの自尊心を踏みにじる。地道な闘いで私学や一部公立大は門戸を開放したが、文部省の牙城「国立大学」はかたくなな姿勢を崩さない。そんな状況は、一九九〇年代後半に動き始める。

——愛知県立大時代の一九七四年、受験資格問題と出くわしたと。

日立就職差別裁判で「朴君を囲む会」が愛知にもできてね。その例会で知り合った人に朝鮮学校の事務長がいたんですよ、ある日彼が「あんたとこも冷たいね」って言って来てさ。県立大が朝鮮学校の生徒の受験を拒否したんです。その前に、私は雑誌『世界』（岩波書店）で、日本の留学生受け入れ態勢の不備を批判し、外国人学校からの入学資格問題も書いていたばかりでね（「国連大学、その前に」一九七四年三月号）、自分の勤め先だし衝撃でした。

正門前の電柱には「県大の民族差別糾弾」なんてビラが貼られるしね。でも教授会で私はそんな話を聞いた覚えがないんだよ。私はこう見えても、教授会は必ず出席するんです。「あいつは教授会いつもサボってる」とか言われると癪《しゃく》だからさ。調べたら事務が、受験資格の問題なのに教授会に諮らずに門前払いしてた。それで入学資格についてさらに調べたら、私立や一部の公立は認めてるわけ。根拠は学校教育法の施行規則六九条（当時）にある「大学認定条項」でした。そこに「その他大学において、相当の年齢に達し、高等学校を卒業した者と同等以上の学力があると認めた者」（六号、当時）と書いてある。それでガリ切って資料作って教授会で説明したんです。県立大は、私のいた外国語学部と文学部と二つしかないけど、結構時間がかかった。二年ぐらいかな。

――それだけでなく、あえて学内の規程として明文化しました。

「外国人学校修了者の入学資格認定に関する規程」ってね。きちっと規程を作って、評議会を通して大学の規則集に入れないとダメだと。「ケシカランじゃないか」と事務に文句言って、「今後は良いことにする」なんて口約束しても、人事異動があるし不安が残る。規則を作るとなると、一言一句検討する必要が出る。うるさいことを言う人もいるから、きちっと議論して会議を通すことになるわけ。そうすると、もう誰も文句を言えなくなる。これは大事ですよ。

――具体的な代替案を出すのも田中さんの運動スタイルです。

一番最初に取り組んだ留学生の時（一九六〇年代以降の留学生らの在留資格などを巡るいくつかの闘い。第1章参照）もそうだったけど、結局、物事を動かそうと思えば、われわれと交渉した役人なり政治家をちゃんと説得できるか否かが鍵になる。だから彼らと私との立場の違いを明確にしたうえで、説得するだけの素材を提供できないといけない。今は「オルターナティブ」なんて言うけどさ、「そうじゃなくて、どうしなきゃいけないのか」というのをちゃんと持っていかないと。「反対、反対」と言っても埒《らち》が明かない。煎じ詰めれば、それが具体的な問題の解決になる。それが私のスタンスです。県立大の受験資格問題も、そんな特別なことじゃないんだ。「私立大学が認めてるからウチも」と言ってもダメ。でも同じ公立大学で受け入れている大学を見つければ、十分説得できると踏んだんです。そうやって具体的に首を突っ込んでいく。

――それから本丸の国立大に突っ込んでいきます。

一九九三年に偶然一橋大に移ったんでね。私は、この問題の「鍵」は国立大学だと以前から思ってた。でも国立大学の入学試験は、まず「センター試験（当時）」が入ってくるでしょ。センター試験が受けられるかという問題がある。これは文部省がやってるからわれわれは手出しできない。国立大は図体もデカいでしょ。一橋大は四学部しかないけど、それでも全学の意思決定するのは大変です。それで学部は当面あきらめるしかないと。

大学院にはセンター試験はないし、各研究科が独自に入試をやってるわけだ。期日も試験科目もバラバラでしょ。私のいた一橋大の社会学研究科の教授会が決めればできるはずです。最終的に評議会と学長は無視できないけどね。それで「まずは大学院を」ということで、小沢有作さん（教育学者、一九三二年〜二〇〇一年）と相談してね。西は京大の水野直樹さん（朝鮮近代史）に頼んで、東は私がやると。

そのころ、留学同（朝鮮大学校以外の大学や専門学校に通う在日朝鮮人学生たちの団体）の人が入学資格の問題で研究室に署名を集めに来たのよ。組織的に取り組んでいたんでしょうね。普通は「ご苦労様」と言って署名するんだろうけど、私は口が悪いから「ただ教員の数を増やすだけの署名じゃダメだ。国立大学で飯を食っている人間に絞って署名を集め、それぞれの勤務大学で行動を起こすやり方でないとクソの役にも立たない」なんてボロカスに文句言ってね。やっぱり国立大の教員が立たなきゃこの問題はダメだと思ってた。

余談だけど私は当時、外国人参政権のこともやってたでしょ。それで参政権に反対していた朝鮮総連は心配したらしく、小沢さんのところに来たようです。総連的に私は「危険人物」だった（笑）。それで小沢さんが「やはり国立大学なら田中にやらせるしかない、俺が責任を持つから」ってね。

大学院だと対象は朝鮮大学校の卒業生に絞られてくる。だから朝大と連携をとって、国立大の大学院希望者がいれば、そこに願書を出してもらい、私たちが提出先の教員に問題点の話をしに行くわけ。九大や一橋大、京大とかに出たな。

――人権救済申立を受け、一九九八年二月には日弁連が「重大な人権侵害」として、総理大臣と文相に是正を求める勧告を出します。六月には国連の「子どもの権利委員会」も続き、周囲も盛り上がっていく。その直後の同年九月、ついに京大理学研究科が門戸を開けます。受験した朝大生三人のうち一人が合格しました。理学研究科長と学部長を兼任していた尾池和夫さん（後の学長）の英断です。

あれは大きかった。今はどうかしらないけど、私のころの京大は東大と違って在野というか、そういう気質があった。それは大きいと思うね。研究科内でどんな議論があったかはしらないけど、学長抜きではできない。上を抑えとかないといけないけど、それをやったということでしょう。

もうひとつ言えばあの時、一橋大の学長は阿部謹也さん（欧州中世史）でした。私が一橋大の修士だった時に彼は博士でさ、昔から知ってるわけ。当時、彼は国立大学協会の会長でね、通常は東大なんだけどね。それで私がこの問題を説明したら「じゃ田中、やっぱり国大協でやるかい！」なんて、当初は言ってたんです。でも電話が掛かって来て、「悪いけど今、文部省と喧嘩するわけにはいかないんだよ」ってさ。「何でですか？」って訊《き》いたら、当時、大学院重点化政策が打ち出されてたね、従来は学部の上に院が乗っかってる構造を独立したものにすると、教員定数も学生数も増やせるでしょ。その対象は旧帝大中心で、単科大学の一橋大とか東工大が加われるか否かの状況だったんです。それで阿部さんは結局、途中で折れてしまってね。京大が開いてよかったですよ。

——逆に言えば陰湿な報復を警戒せざるを得ない、相手が文部省、文科省ということですね。京大の開放時、私は四国にいたのですけど、あの時の顛末については、尾池さんや関係者に取材しました。文部省から来ている事務職員が、本庁と連絡を取り合って妨害してくるのを警戒し、細心の注意を払って手続きを進め、合格が内定した段階で出入りの「朝日新聞」記者に耳打ちした。一面トップの特ダネです（九月四日付夕刊。東京本社版は第二社会面の四段記事）。文部省は相当怒ったそうですけど、「え、ダメなんですか？うちは優秀な学生に来て欲しいので公正な試験に通った人を合格させただけなんですけど」とかトボケたり、「でももう新聞にも一面トップで出てしまいました。いまさら取り消せば、社会的に凄い批判を浴びますよ」とか言って、官僚に「煮え湯」を飲ませた。官僚自身も自民党の右派、保守系議員からの圧力で板挟みになっていたとは思いますが、痛快でした。あの時は大学に面した大通りに、「支持」と大書きした立て看板が立ったそうです。設置したのは学生自治会で、そこには「学部も開放せよ」の一文も書いてあったと。

ただこちらとしては文部省が翌年度、京大にどんな爆弾落とすかわからない。それがとても心配でした。当時の文部大臣は東大の元総長だった有馬朗人《ありまあきと》さんでね。大沼保昭さん（一九四六年〜二〇一八年）が教えてくれたんだけど、有馬さんが東大総長の時、テンプル大学日本校出身者の大学院受験を認めた経緯があったんです。「朝日新聞」がそれを記事にしてね。私は、土井たか子さんのところに連絡して、有馬さんと会って話をしたいから繋いで欲しいってお願いしてね。それでホテルで会議をやっている時に、少し時間を作ってもらったんですよ。ほとんど立ち話ですけど、言うべきことは言いましたよ。東大総長の時、テンプル大を認められたわけですから、京大が認めたことを機に大学院については逆戻りせずに、ちゃんと開ける方向で行くべきだと。もちろんその場で大臣が何か明言するわけはないし、あれが奏功したかは知る由もないんだけども、翌年、文部省は省令改定して京大の判断を追認したわけです。

――そして二〇〇三年三月、学部入試についても文部省が新方針を発表します。欧米の三つの教育評価機関が認定する欧米系インターナショナル・スクール一六校にだけ門戸を開放するというものです。「そこまでやるか」と呆れ、怒ったのを覚えています。

調べたら背景は日米貿易摩擦でした。アメリカから外国人学校卒の受験資格を認めないのは「非関税障壁」だと批判されて、インターナショナル・スクールだけOKと打ち出したわけです。それで「ふざけるな」ってわれわれが運動やって、半年後くらいに一応OKになるんです。その過程で一番、重要な役割を果たしたのは、当時、文科大臣政務官だった公明党の池坊保子《いけのぼうやすこ》さんです。外国人参政権の問題に取り組んでいた関係で、私は昔から冬柴鐵三《ふゆしばてつぞう》さん（一九三六年～二〇一一年）を知ってたから、この際、全部に門戸を開けて欲しいと話をし、それで池坊さんと話をして、冬柴さんが自民党に話を付けて、それで全部開くわけですよ。

あの時におもしろかったのは、池坊さんが文科省の役人に、朝鮮学校がどんなところか見ないといけないから行きましょうよって言ったら、私たちは行くわけにはいかないんです、とか返事したらしい。そしたら彼女、じゃあ私、一人で行きますと言って行ったんですよ。このころは最初の自公政権でね、自民党も人権の分野とかでは、ある程度公明党の顔を立ててた。だって政策協定のなかに「地方参政権」が入ってたんだから。今と違って、公明党は人権とか平和とかについては、それなりの見識を持って政策のなかに反映させるという気概があった。

——いまや自民党にへばりつく補完物に堕してます。たとえていうならば下駄についた雪そのものですけどね。この問題が結局は外圧で開いた顛末《てんまつ》に対してはどのような感想を。

まあ外圧でいろいろと動くのはこの国ではしょっちゅうあること。そのままじゃなしに、こっちがうまく乗れて、ちゃんと変えれたっていうのはよかったなと思う。だから何が幸いするかわからない。偶然って結構大事なんだよ（笑）。

——繰り返しになりますが運動の結果、文部省は受験資格の弾力化を打ち出しました（二〇〇三年九月）。最初に考えていた「三つの評価機関の認可した欧米系インターナショナル・スクール」だけでなく、「本国において本国の高校と同等の課程と位置付けられていると公的に確認できる者」と、「それ以外で各大学が個別審査によって認定した者」の二つを加えた形で、朝鮮学校は三番目に入りました。一方で、他の外国人学校は学校単位での認定ですが、朝鮮学校だけは個別審査になりました。朝鮮学校だけを「別扱い」する手法のスタートとも言えます。この立て分けは、高校無償化の対象となる外国人学校の三分類「（イ）大使館を通じて日本の高等学校の課程に相当する課程であることが確認できるもの」「（ロ）国際的に実績のある学校評価団体の認証を受けていることが確認できるもの」「（ハ）イ、ロのほか、文部科学大臣が定めるところにより、高等学校の課程に類する課程を置くものと認められるものとして、文部科学大臣が指定したもの」にも使われました。

それをもって、今でも入学資格で朝鮮学校だけが差別されてると言う人もいるけど、私はちょっと違うと思う。以前は大学が認定することはまかりならんと言っていたのを、大学に委ねたのは、明らかに文科省内で重要な政策転換が行われたわけです。中華学校でも韓国学校でもブラジル学校でも、基本的に本国の高校に該当する学校はいいですよとなっている。以前文部省の役人と大喧嘩した時に言いましたよ。「ソウルの高校を卒業してきた留学生は『大検』不要なのに、なんで親の勤務で東京に来て、東京の韓国学園に行った人は『大検』が必要なんだよ！　ソウルの高校と東京韓国学園の教育内容は基本、同じでしょ！」って。そしたら下向いて、「ダメなもんはダメなんです」って言うんだ。それがＯＫになったんです。

一方で朝鮮学校の場合は、本国との関係について他とは違っているわけです。ご承知の通り、日本の朝鮮学校は朝鮮民主主義人民共和国ができる前にできた学校です。だから日本にならって六・三・三制の一二年制なんです。共和国はその後にできた国で、大学に入るまでの教育課程は計一一年です。だから本国と同じという理屈は使えないから、「その他」のカテゴリーでやるしかない。

ただ、二〇一二年九月、共和国は一二年制を導入したんだよね。ここは議論があるところだけどね、朝鮮学校は、共和国の高校に相当するものだと位置づけることが可能になったわけです。

そうなると無償化対象で言えば（イ）です。ソウルの学校と東京韓国学園とか、中華学校の場合は台湾系と大陸系に分かれるけど、それぞれ本国の学校に該当します。朝鮮学校はどうなるのか。いろんな意見があるだろうから難しいとは思うけどね。高校無償化だって、（ハ）規定が削られたんだから、次どうやって申請するかに繋がってきますよ。

恒例行事としての共和国での「迎春公演」とか、共和国への「修学旅行」などは、子どものアイデンティティ形成に結び付いており、そこのところは整理すべきだと思います。

ちなみに中華学校で高校無償化の対象になってるのは台湾系だけ。つまり外交関係の有無は関係ないんです。文科省は教育内容は一切見ない。本国の学校と同じとの認識ですから、外形的に確認できればいい。台湾の場合は大使館に代わる代表機関があるから、そことの間で文書が往復している。共和国との関係でどうするか。調べてみたら外交関係がない時には、どこかの国に委託してやる方法があるようです。たとえばドイツなんかに、共和国が利益代表者をお願いして、ドイツと日本がやり取りするとかね。ドイツ大使館は、日本のドイツ学校が無償化の対象になっているので、日本の制度にも通じています。日本がそれを拒めばそれ自体を問題にすればいい。それともうひとつはユネスコです。日本も共和国も国連加盟国です。ユネスコは教育科学文化機構なんだから、そこで文書のやり取りをして確認する方法はとれないかと。

——その「結び付き」は右派の大きな攻撃材料になっています。

私は、「君が代」、「日の丸」じゃないけどねぇ、教育っていうのは、どうしても民族とか国家みたいなものに頼らざるを得ない宿命みたいなもんがあるんじゃないかって思うんだよ。特に「在日」の場合、日本で生まれ育ち、自分は「何人」かって、アイデンティティに揺らぎがあるというか、確立に非常に不利な状況にあるわけでしょ。そうすると何かにね、「頼る」っていう言葉が適切かどうかわからないけど。ドキュメンタリー映画『蒼のシンフォニー』(二〇一六年、朴英二《パクヨンイ》監督)が見事に描いてるように、修学旅行で共和国の土地を踏んだ経験、それがどれほど子どもたちの自尊心というかアイデンティティを確立するうえで決定的な意味を持つかということですね。あの映画でもね、最初に右足から降りるか、左足から降りるかで盛り上がるとかさ、修学旅行に行って帰って来ると、フラフラしていた男の子がシャキッとするというかね、それはあるような気がするな。だから私はね、一条校での「日の丸」、「君が代」にこだわるのであれば、逆に外国人学校の存在を尊重しなきゃいけないと思う。もちろん「日の丸」、「君が代」には歴史的な問題があるわけだけど、理論的にはそうですよ。

朝鮮学校潰しに熱心な人たちはね、共和国とのかかわりをことさらに取り上げて「思想教育」とか「反日教育」とかいろいろ言うわけです。その認識自体が無茶苦茶なのはさておき、そもそも論として、彼らは教育における国や民族、アイデンティティ形成に関しての国とか民族とかの持つ重要な役割というのが見えてないんじゃないかと思うんですよ。特に日本ではマイノリティとして疎外されてるわけじゃない。それを跳ね返すバネとしてそういうのが役立つっていう側面を、どう考えるのかっていうことじゃないかと思うんだよね。「朝鮮人って悪いことなん?」っていう子どもの問いにどう応えるかっていうこと。そこは重要なとこでね、「共和国との関係」や「首領様云々」で騒ぎ立てる人たちはそこのところがわかってないなあと。朝鮮学校を攻撃する人たちの出してる機関誌などを読んでも、なかには朝鮮学校を出た人たちが経験を元に朝鮮学校を批判する文章を書いたりするわけだが、おもしろいと思うのは、ケシカランと言いながらも、一方で朝鮮学校時代は自分にとって非常に貴重だったって書いてるんですよね。それもさっき言ったことと無関係ではないと思いますよ。

——受験資格問題では、アジア系などの外国人学校が互いに連帯して声を上げました。二〇〇五年に発足する「外国人学校・民族学校の制度的保障を実現するネットワーク」に繋がります。国庫補助や学卒資格など連携して制度保障を求める画期的な取り組みでした。

二〇〇三年三月、文科省のアジア系排除の方針が出た後はね、ブラジル学校の校長先生とか、もちろん中華学校とかの関係者が一堂に会して、国会内で院内集会をやった。「欧米系だけ」はねえんじゃないのって訴えました。ネットワークはその流れです。二〇〇五年は阪神淡路大震災から一〇年で、「神戸からの発信」として外国人学校に関する集会に支援が得られることになってね。兵庫はいろいろな外国人学校があり、震災からの復興過程で「外国人学校協議会」が生まれたわけです。震災が起きた後の繋がりに学ぼうとしたわけですね。神戸の翌年は名古屋で開いて、その次は東京で集会を開いたんです。公明党の山下栄一さん（一九四七年～二〇一七年）や民主党の水岡俊一さんが東京で初めて参加してくれた。

当時はリーマンショックでブラジル学校が大変な状況になっていて、岐阜県の可児市《かに》が見かねて財政支援をしようとしたけど、学校の法的位置づけがないわけ。憲法八九条の「公の支配」に服していないとこには公金を出せないから、憲法違反になってしまうとか言ってね。

それが直接のきっかけになって超党派の議員連盟を作ろうとなった。当時は民主党政権で、小沢一郎さんが幹事長だった。ところが困ったことに民主党は議連を認めないわけ。議連は結局、超党派でしょ。野党とくっつくのはまかりならんとかいうお達しが出ていてね。

水岡さんも一生懸命学校回ってわれわれの集会にも来てくれてたんだけど、議連の参加はダメでしょ。それで野党の自公で議連を作ったわけです。会長が山口県出身の河村建夫さん。事務局長が山下栄一さんで、幹事長が馳浩さん。

それで外国人学校をかさ上げするための法律を作ろうってね。「義務教育段階の外国人学校支援法」っていうのを作るんです。できれば議員立法で、自公共同で出せないかと思って追求したんだけど、結局、自民党を説得しきれなくて、二〇一〇年六月、公明党が単独で出すんです。それ一回だけですが、国会に初めて外国人学校支援法案（義務教育段階の外国人学校の支援に関する法律案）が出る。[3] でもすぐに解散で、瞬間風速的に消えてしまいました。公明党は定年があって山下さんもその次の選挙で引退です。あれで途絶えましたね。地方参政権は冬柴さんが亡くなって、外国人学校支援法は山下さんが引退して、いずれも後が続かない。重要な人権政策が死んじゃってるんだよ。

その後、二〇一二年一二月、自公が政権に戻った。私は『在日外国人 第三版』（岩波新書、二〇一三年）に、地方参政権についてかつてあれほど熱心だった公明党は今後どうするのか、外国人学校支援法についても今後を期待しているって書いたんだけど、誰もそれには手を付けないね。

ほぼ同時進行の形で枝川裁判[4]があり、その後は京都朝鮮学校襲撃事件が起きた。一方で朝鮮学校への高校無償化の凍結／排除があり、補助金の停止が各地に広がり始めた。結果的には、二〇〇〇年代後半からは朝鮮学校問題にシフトしていかざるを得なくなってね、外国人学校全体のネットワークで動くことはできなくなっていったわけ。しかも相手もさるものというか、明け透けに朝鮮学校だけを狙い撃ちにして、処遇に差を付けてくる。高校無償化はまさにそれだからね。状況が大きく変わって今日に至るということですからね。

――事務局長だった馳氏はその後、安倍政権で文科相に就任。二〇一六年春には自治体に補助金再検討を求めるいわゆる「三・二九通知」を出しました。あれは事実上の「見直し」要請です。

私は『朝鮮学校物語』（花伝社、二〇一五年）の「まえがき」で、「五〇年の時差[5]」っていう切り口で書いたんだけどね、一九六五年四月二三日、日韓条約交渉の最終局面で、韓国側は朝鮮学校を潰せって言ってきたわけ。対して日本側は、「これは日本側が責任をもって解決する内政問題だ」とした上で、仮にやれば韓国は在外国民保護の観点から抗議をしないかと確認してね。韓国側が「ないだろう」と答えたのを受けて出したのが一九六五年一二月二八日の文部次官通達「朝鮮人のみを収容する教育施設の取り扱いについて」ですよ。朝鮮学校をあらゆる意味で学校として認めないというね。ただ政府も曲がりなりにもプライドがあってね、政策として朝鮮学校だけを狙い撃ちすることは長らくやってこなかった。狙いは朝鮮学校だけど一応、外国人学校という看板でやってきた。外国人学校法案もそう。その延長線で入学資格まではきたものの、無償化で朝鮮学校狙い撃ちの政策が初めて出てくるわけ。結果的に見れば五〇年前に韓国側が言ってきたことを、今や日本政府が実行しているわけです。

入学資格問題の時、ある中華学校の校長さんがね、こんなこと言ってましたよ。「いやあ田中先生、文部省って酷いですね。『先生のとこ（中華学校）なんかは入学資格認めてもいいんですけど、それをやると朝鮮学校も認めないといけなくなるんで、ほんとに申し訳ない』なんて言うんですよ」って。それが当時の文部省の本音なんですよ。抜き出して差別するわけにはいかないから、一緒にやらざるを得ないと。だから従来は朝鮮学校を外すために中華学校とかの外国人学校がみんな割りを食らっていたわけですけど、今ではそのタガが外れちゃったわけですよ。

注

1　日本による支配から解放された在日朝鮮人たちは、皇民化政策で奪われた言葉や文化を取り戻すために各地に「国語講習所」を設立した。その数は一九四八年四月段階で小学校相当五六六校（四万八九三〇人）、中学校相当七校（同二四一六人）にまで達したが、日本政府は一九四八年一月二四日、朝鮮人学校での教育を否定する通達「朝鮮人設立学校の取り扱いについて」を出し、GHQ指揮下での強制閉鎖に乗り出す。

朝鮮人たちは政治的立場を超えて激しく抵抗、兵庫県では知事との直談判で閉鎖令を撤回させ、慌てたGHQが占領下唯一の「非常事態宣言」を出すなどした。抗議運動には延べ一〇〇万人が参加したといわれ、約二九〇〇人が逮捕。軍事法廷で有罪にされた者たちの刑期は合計一一六年にも達したという。この年の強制閉鎖は凌いだが、翌年、朝連が団体等規正令（破壊活動防止法の前身）で強制解散させられ、その後に出された二度目の閉鎖令で、ほとんどの学校が閉鎖に追い込まれた。

2 朝鮮学校が一条校（学校教育法一条が定める「学校」）を選ばないのは、中華学校などと同様、外国人学校の自主性を護るためだが、「各種学校」を「理由」に、朝鮮学校、生徒、保護者はさまざまな困難を強いられてきた。学校給食法や学校保健法など、子どもの日常を支える法制度からの適用除外（第15章参照）。私学並みの補助を受けられない（国庫補助は一切ない）ことに起因する教員の処遇や設備の低位さや、保護者の経済的負担の重さ。朝鮮学校を卒業しても日本社会では「学卒」と認められないことによる進学、資格試験上の不利益等々——。一九九〇年代以降、当事者たちの運動で、各種スポーツ・文化大会への参加や、JRの学割定期、さらには国立大の受験資格が実現してきたが、私学助成並みの国庫補助や「学卒認定」は果たされていない。これらは従来、他の外国人学校（各種学校）にも共通する問題であり、かつては共通課題の解決に向けた協働が可能だった。しかし二〇一〇年、朝鮮学校だけを抜き出しての公的差別が始まった。高校無償化排除と自治体の補助金停止・廃止である。

3 目的には「外国人の児童の教育の機会の確保及び教育環境の整備を図り、もって外国人の児童の健全な成長に資するとともに、日本人と外国人とが互いの文化に対する理解を深め、安心して暮らすことのできる地域社会の実現に寄与することを目的とする」とある。

4 第14章参照。

5 第七回日韓会談、法的地位委員会第二六次会議録より。交渉者は石川二郎・文部省大臣官房参事官と李坰鎬韓日会談代表。

第14章　「はじまり」としての枝川朝鮮学校裁判

東京都江東区・枝川。[1]この全国有数の在日朝鮮人集住地域で、住民の拠《よ》り所となってきたのが一九四五年に設立された民族学校（現・東京朝鮮第二初級学校）である。奪われた民族性を取り戻す場に、東京都が裁判で「立ち退き」を迫ったのは二〇〇三年一二月、石原慎太郎都知事の「三国人発言」から三年後、拉致《らち》事件発覚、「日朝平壌宣言[2]」の翌年のことだった。

――訴訟の契機は、都との賃貸契約が切れた場所で朝鮮学校が運営されていることを「不法占拠」と主張する「区民」たちによる住民監査請求でした。

彼ら（右派運動）はよく動くんだよ。監査請求や議会請願、署名集めと市民運動顔負け。しかも結構、横の連携をとるんだよね。一部自治体による無年金の在日コリアンに対する福祉給付金[3]の件だってそう。ひとつの問題について最初はどの区を攻めて、次はどうするかとかね。あの戦術にどう対抗するかは課題です。

枝川の場合、美濃部（亮吉）都政時代に結んだ二〇年の無償貸与契約の期限が切れている。だからそれ以降は不法占拠だという理屈です。形式的に見ればたしかにそう。彼らは小さな引っかかりがあれば、そこを攻めてくる。監査請求で不当と判断されれば、都は放置できない。だから都は学校を相手に裁判を起こした、という流れだと思うね。

――行政と当事者間での「約束」を右派が形式論で攻め、行政が不利益措置や訴訟に踏み切る。枝川は、拉致事件発覚、「日朝平壌宣言」以降の朝鮮学校弾圧のモデルでもあります。実際にこの問題について知ったのは?

裁判が起きるという『東京新聞』の予告記事です（二〇〇三年一二月九日付朝刊）。いよいよ提訴という記事でした。

枝川は大阪の生野《いくの》とまではいかないけど、長い歴史を持つ東京有数の集住地域でね、「江東・在日朝鮮人の歴史を記録する会」という市民団体が本（『東京のコリアン・タウン―枝川物語』樹花舎、二〇〇四年）を出版したりして一生懸命やってたわけ。あの会の中心メンバーに村田文雄さんという人がいて、私や佐藤信行さん（在日韓国人問題研究所）と指紋押捺《おうなつ》拒否運動の時代から繋がってた。それで佐藤さんと私で「そりゃ大変だ！」となっていったと思う。

――攻められて始まった緊急性ゆえ、地元主導で支援態勢がとられていったと。

そう、村田、佐藤、田中の三人でしょ。とにかく学校が大変だからと急いで、結果的に市民運動の人脈で陣形作っちゃったわけ。

一方で地元の学校関係者は、朝鮮学校出身弁護士の草分けである金舜植《キムスンシク》さんに相談していて、彼が師匠である新美隆《にいみたかし》さんに弁護団長を頼んでいたそうです。そこから弁護団の形もできていった。師岡康子さんとか、張学錬《チャンハンニョン》さんとか。指紋押捺拒否で日本人支援者の人たちとは関係が深かったとはいえ、新美さんにとっても朝鮮学校の裁判は初めてだったわけですよね。民団本流と言っていい張さんが入っているのも驚きました。

校長の宋賢進《ソンヒョンジン》さん（当時）がどこまで上の人たちに相談したのかわからないけど。学校の行く末がかかる裁判を、朝鮮総連は、結局、それまで縁のなかった人たちに委ねたわけ。私も正直、びっくりしたね。

──田中さんご自身が枝川に入られたのは？

実は入ったのは問題が起きてから。地域の形成史とかもほとんど知らなかった。東京五輪にまつわる強制移住があって、昔はドブロク密造を警察が急襲したとかは耳に挟んでいたけど、裁判にかかわるようになって初めてあの場所に行って、何十年も住んでる年配の方にも話を聞いて、もう少しイメージが湧くようになったというのが正直なとこですね。

──私も何度か枝川の人たちの聴き取りをしました。一世たちが口を揃えるのは、ゴミと蠅《はえ》の記憶です。

裁判での金敬蘭《キムギョンラン》さんの証言はまさにそれだったね。文字通り「ゴミ捨て場」で、どこにいても生ゴミの臭いがする。家のなかにも蠅が飛んでいて、ご飯に蠅がたかって黒くなってしまうと。金さんの話はやはり地域の歴史が凝縮されていたよね。もうひとつ重要なのは、言わずもがなだけど、学校が地域社会の核だということ。私なんかの時代は、日本の学校だって地域社会の核だったけど、今はそういう側面がまったく薄れているのではないかな。

——むしろ安心・安全を理由にして、地域からも隔てられています。

朝鮮学校は、今なお地域に支えられているというか、学校と地域社会の何とも言えない関係性がある。それは枝川の学校でも感じましたね。

——私もそれまでに複数の朝鮮学校に行ってましたけど、枝川の旧校舎には驚きました。老朽化して二階なんて床がたわんで、すり鉢みたいになっている。震度四くらいでも危ないなと思いました。

そりゃ私もびっくりしましたよ。雨が降ればバケツを置くと言う。ガラスは割れたままだし。昔、われわれの子どものころは珍しくなかった風景だけどね。でも〝思い〟が詰まった学校でしたよ。

——本格的に朝鮮学校に入ったのは初めて？

初めて入ったのは愛知県立大にいた一九七四年だけど、付き合いはずっと表面的だったかな。そんなになかに入り込むわけじゃないからね。枝川の校長・宋賢進さんとの出会いが大きかったな。教育への思いというのを、つぶさに感じましたね。やっぱり朝鮮学校の先生は、学校とか教育に対して非常に熱い思いがある。それを直接、具体的に感じたのは宋さんを通じてですね。学校を守らなきゃいけない、枝川にとって学校は本当にコミュニティの核だということ。たしか彼自身も卒業生でしょう。割合狭い地域の中心に学校があって、その地域の学校が危機に瀕《ひん》している、との思いが伝わってきてね。

――裁判の行方についてはどのような認識を持たれていましたか?

通常はこっちから裁判を起こすけど、今回は被告席でしょ。相手が石原都知事だから大変だなとは思ったけど、相手に不足はないわけですよ。当初の時点で、あんまり細かい経緯はわかってなかった。細かいヒアリングをして状況がわかってくる。元々埋立地だから、行政は造成した土地を貸したり売ったりして先行投資のお金を回収するわけ。ところが枝川の場合は歴史的経緯がある。だから美濃部都知事の時に学校とは二〇年の無償契約が交わされたわけですよ。

あそこには住宅と学校があるでしょ。周囲の住宅も市価の七%で払い下げて全部綺麗にしようと、作業が進んでいた。それが終わったから、次は学校をどうするかというそのタイミングで、右の攻撃(監査請求)があってね。石原都知事が決済したかどうかわからんけど、それで裁判になった。いろいろ訊《き》いてみて感じたけど、担当部署も迷惑してたんじゃないかな。だって契約期限が切れて、その後のことを、交渉やってたわけよ。賃貸にするかとか、買い取りは可能かとか、それぞれどれくらいの金額になるかとかね。そこにまったく別の切り口で、監査請求がドーンときた。右の側は、なかなかいやらしいんだよ。

――具体的に裁判で印象に残っていることは?

やっぱり金敬蘭さんの証言でしたね。裁判長もこれを聞けば、事件が持っている本当の側面がもうちょっと伝わるのではないかと。私も話は聞いてたけど、そこできちっと整理して話し、裁判官に直接届けたわけです。一番印象に残っているのは、これは私たちの地域社会の財産なんだ、この学校をどうしても守っていく。彼女も子どもも孫も通ってる。これは自分たちの地域社会の核で、これがなくなったら私たちの地域社会は死んでしまうんだって、そういう言い方をしたんだよね。流れを決めた大きな要素だと思う。

――和解内容は一億七〇〇〇万円を学園側が都区に支払い、一〇年間は教育以外に使わないというもの。市価の約一割での購入という事実上の勝訴でした。その方向性が見えた時は？

それは新美さんですね。彼は運動との関係も重視するけど、やっぱり彼は職人としての弁護士なんです。依頼者の最大の利益を考えた場合の「落とし所」をどうするかを考え抜くということ。和解の提案や協議には、弁護士でない私は入れないとこでやってるから、細部はわからないけど。新美さんは裁判官や都側の代理人たちとコミュニケーションを取りながら、うまく裁判を和解に引き込めるか考えていたはず。それで、戦時の東京五輪から始まった地域形成の歴史とか、美濃部さんが無償貸与した経過などを訴えたうえで、金敬蘭さんの証言に、あるいは、私が出した「意見書」も絡めて、何とかそこまでこぎつけたわけです。

新美さんの場合、戦後補償も指紋も一緒にやってきた仲だったこともあるから。私に言わせると新美さんは徹底した職人の側面があるんですよ。職人としてこの事件をどう持っていくのか、具体的な落とし所にたどり着いた新美さんってやっぱり凄《すご》いなと思います。「花岡事件」にしたって、まったく前代未聞の解決をしたわけですよ。

――田中さんの意見書「原状回復としての民族教育の保障」[4]は、植民地支配で言葉や文化を奪った日本は回復の場、すなわち朝鮮学校を護《まも》る義務があるとの主張でした。
キーワードは「原状回復主義」です。旧植民地出身者の日本国籍を失わしめる時の日本政府の理屈は、「もし日韓併合なかりせば、朝鮮人であった人を朝鮮人として扱う」だったわけで、それなら言葉を奪われた状態を元に戻すのも「原状回復義務」。そこから枝川の朝鮮学校の保護、さらに「民族教育の保障」という理屈が出てくる。これがこの意見書の一番大事なところ。それまで明確に書いたことなかったんだけど、この事件に遭遇していろいろ考えてね、個々の事件のなかで、ものを考えるというのが私のスタイルなのかな。

——法廷内での闘いはそれとして、法廷外ではどのような仕掛けを?

相手が、いきなり裁判仕掛けてきたから、議員への働きかけとかはしてません。私が一番印象に残っているのは、韓国からの支援ですよ。盧武鉉《ノムヒョン》政権だったこともあるけど、そもそも金父子の肖像画の飾ってあるところに韓国の人は近づけないというのが建前になってたわけでしょ。メディアや議員、それからKIN（Korean International Network）[5]とか韓国の市民運動がどんどん枝川に来るわけですよ。韓国のテレビで放送されたりで、世論も盛り上がったようです。国家保安法上の義務（当局に「総連系人士」と接触することへの承認を求める文書の提出）もほとんど無視していたのかもしれません。しかも「敵さん」は「三国人発言」[6]の石原慎太郎さんでしょ。「相手に不足なし」とばかりに元気が出るわけ（笑）。

——二〇〇〇年の「三国人発言」は、この日本社会が溜《た》め込んだレイシズムが溢《あふ》れだす契機だったと思います。二年後の拉致事件発覚を経たレイシズムの濁流《だくりゅう》のなかで闘い抜かれ、結果を出した稀有《けう》な闘いが、この枝川裁判だったことを改めて感じます。

韓国から来た人たちから見ると、南北分断もあって、それまでは朝鮮学校に近づかない、見てみぬふりをする。知らなかったというのがあるわけだよね。ところが行ってみると、雨が降るとバケツで受けなきゃいけないようなボロッちい学校があって、四世、五世の小さな子どもが、言葉を流暢《りゅうちょう》に喋り、民族楽器を奏でたり踊ったりしてる。しかも枝川にひとつだけじゃなくて、聞いてみたら、日本のあっちこっちにある。われわれ何にも知らなかったんじゃないのって。韓国の人が朝鮮学校に入るきっかけは、間違いなく枝川ですよ。

――韓国の朝鮮学校支援団体「モンダンヨンピル[7]（「ちびた鉛筆」の意味）」の事務局長で、当時、北海道の朝鮮学校で撮影中だった金明俊《キムミョンジュン》監督も当時の枝川を訪問し、真新しい北海道との落差に驚いたと。

そうこうしているうちに彼のドキュメンタリー映画『ウリハッキョ』[8]（二〇〇六年）が韓国で公開された。最後にこの学校を助けようとかいうテロップが入って、その影響で次々に議員は来るわ、お金も集まるわという。朝鮮総連の側も、当初はすごく戸惑ったと思うな。

――とりわけ韓国の人たちを前のめりにさせたのは？

私は、やっぱり金監督が朝鮮学校支援集会に寄せたメッセージ（二〇一一年六月）に象徴されてると思う。「子どもたちに朝鮮学校は自分が誰であるかを教え、この地で朝鮮人として生きていく方法を教える唯一の学校です。これは、日本の学校には絶対にできないことです」って。「なるほど」って。私みたいに一般的に朝鮮学校を見ている人間とは感じ方の強さが違うんだなと。韓国からぱっと来て、日本の社会全体や日本の学校に行ってる子どものことをいろいろと聞いた時に、朝鮮学校の意義を一番感じてて、日本の学校にできないことをやってるっていう、彼のメッセージでも一番シンボリックな部分じゃなかったかな。

それからもうひとつ、韓国の支援団体で「ウリハッキョと子どもたちを守る市民の会」のソン・ミヒさんが言ったのは、「南北分断で苦しんでいるのは私たちだけではなくて、むしろ在日の人がどれほど辛《つら》い立場にあったか。それにもかかわらず、この学校を営営と守り育ててきたことを知って、遅くなったけど、これからちゃんと私たちがサポートします」って。あれは非常に印象に残ってますね。「今ごろになってと思われるかもしれないけど」って言うところは、ジンときましたね。

――たとえ遅きに失しても、そこから始めることはできる。それでも向き合って、それまでとは違う自分になることは可能ですから。

今からでもやりますと自省が込められていた。韓国で映画も撮るし、活字では『朝鮮学校物語』（朝鮮学校の歴史や現状などをQ＆Aなどでわかかりやすく書いた入門書。二〇一五年には花伝社から日本語版が刊行された）も出版しちゃうし。すべて枝川以降ですよ。監査請求をした人たちが、どんなパースペクティブでやったかわからないけど、逆に思いがけないところに行っちゃったってことに気付いてるかどうか。今や学校の周辺は再開発で、普通の収入じゃ住めないくらいマンシヨンも高騰してるらしい。こっちは地価より低い金額で和解できたし、その延長線上で新校舎の建設までいった。新校舎建設までには、韓国からも日本円で七〇〇〇万円くらいが入ったようです。石原都政が裁判を起こしたのはひどい話だけど、ある意味で〝怪我の功名〟とも言えますよ。

――そして枝川裁判は新美隆さんの最後の仕事でもありました。

指紋押捺拒否で出会って、そうこうしているうちに鹿島の問題（「花岡訴訟」[9]）が新美さんのところに持ち込まれてね。一緒にやるようになった。

新美さんでは、今も忘れられないけどね、いわゆる「宮崎勤事件[10]」があったでしょ。あの時に、彼は「花岡をやってなかったら、俺はあの事件をやりたい」と言ってたんだ。日本の場合、メディアも一方向に流れるじゃない。「人間じゃない」みたいにね。そういう人を弁護士としてどうかかわれるか、あえて「火中の栗」を拾うところがあるんですよ。花岡で和解して、枝川をやって、「西松」（広島県に強制連行された中国人の元労働者たちが西松建設を相手取った裁判闘争のこと）では、高裁レベルで初めて勝訴してね。新美さんが二〇〇六年一二月二〇日に亡くなって二日後に、最高裁から弁論を開くって電話がきたわけ。弁論開くということは原判決変更、逆転敗訴ですよ。だけども、二〇〇七年四月の敗訴判決には「被害の救済に向けた努力をすることが期待される」との〝付言〟が付き、それを手掛かりに二〇〇九年一〇月、東京簡裁で「即決和解」が成立（西松建設が歴史的責任を認めて謝罪したうえで、解決金二億五〇〇〇万円を（社）自由人権協会に委託、補償や慰霊碑建立に充てる内容）したわけ。その時、新美さんはもういなかったけど、大枠は彼がやったこと。すなわち、花岡和解の先例が大きな意味を持ったわけです。

——病床で意識がなくなった後も、うわごとで裁判の指示を繰り返していたと聞きました。

そうなんだよ。枝川の和解成立は二〇〇七年三月でしょ。その時すでに新美さんはいないんだよ。彼、実質的な解決の方向は見届けたけど、正式にサインしたことは知らない。また、韓国からＫＩＮとか議員が来て支援の輪が広がっているのは知ってたけど、映画『ウリハッキョ』も観てないしね。枝川が震源地となってその後どう広がって行ったかということも、彼はほとんど知らない。もちろん枝川に新しい校舎ができたことも知らない。

——見て欲しかった？

う〜ん、そうね……。裁判の結果を受けて、新しい学校までできたのを目にすれば、彼も自分がかかわったことが、どれだけの結果を生んだかを実感できただろうけどね。西松もそうだった。新美さんは、広島高裁で勝ったところまでしか知らないんだよね。

——戦後補償、人権問題、さらには死刑事件の数々も。改めて偉大な人でした。

そうですよ、弁護士とは、依頼人の利益に徹する職人なんだと感じさせたのは新美さんだったね。もちろん彼も運動は一生懸命やってたけどね。「東アジア反日武装戦線[11]」とか、永山則夫[12]さんの弁護もかかわってたはず。でも何より職人なんだよね。花岡事件の訴状も、分担して持ち寄っても、最後は結局、彼が頭から尻尾まで全部書き下ろした。そうしないと気が済まないんだよ。時々、分担執筆で寄木細工みたいにやるじゃない。最初はそのつもりだったけど、彼は結局、最後は自分一人でやってたな。

――改めて実質勝訴の価値は。

やっぱり具体的に問題を解決するとはどういうことか。それを個々の事件に即して示せたっていうこと。今後のモデルですよ。だから高校無償化裁判も東京は主戦論だった。新美さんと枝川で一緒だった在日の弁護士が無償化の代理人になっており、枝川と無償化は繋がっています。それから、やはり大きな価値だと思うのは、韓国との連携だよね。金明俊さんとか、それに続いた朴思柔《パクサユ》さんと朴敦史《パクトンサ》さんの『60万回のトライ』（全国大会の常連校で、四強進出の経験もある大阪朝鮮高級学校ラグビー部に密着したドキュメンタリー映画、二〇一四年）とか、韓国人が朝鮮学校にカメラを向けた作品は他にもあるよね。さらには、韓国で『朝鮮学校物語』が出版されるとか。

それが今は高校無償化問題に引き継がれている。東京での金曜行動（朝鮮大学校生や現役高級学校生、教員、保護者、支援者らが週一度、金曜日に文科省前で行っている無償化適用を求めるアクション。二〇一三年五月三一日に始まり、現在も続いている）に合わせて、韓国の支援者がソウルの日本大使館前で抗議していますね。私はこれ、記事や番組にしても罰は当たんねえと思うんだけど。日本の新聞、テレビは何故か取り上げない。

――田中さんは裁判闘争を通して設立された支援団体「枝川朝鮮学校支援都民基金」の共同代表として、今も枝川にかかわり続けておられます。

やはり枝川は震源地だから単なるひとつの問題という感じはしないです。現実に韓国との繋がりは無償化にも引き継がれて拡大しているしね。そうそう、支援基金で初めて「一橋大学名誉教授」の肩書を使ったんですよ。当時は龍谷大教授だったんだけど、一橋大出身の石原さんが相手でしょ、「こっちは、名誉教授をぶつけよう」と佐藤さんが言ってね。「名誉教授」と書いたのはあれが初めて、もう慣れたけどね。

注

1　一九四〇年の東京五輪（日中戦争で中止）会場整備を「名目」に、都は現在の江東区に集住していた朝鮮人たちを立ち退かせ、埋め立て地の枝川に簡易住宅を建てて強制移住させた。枝川史の始まりである。当時、枝川にはゴミ焼却場と消毒場しかなく、下水・排水も未整備で環境は劣悪の極みだった。戦後になると、当局は枝川を左派朝鮮人の一大拠点と見なし、密造酒摘発などを名目にした捜索（弾圧）が繰り返された。

2　二〇〇二年九月、小泉純一郎首相が朝鮮民主主義人民共和国を電撃訪問。金正日総書記と会談した際の宣言。「日朝国交正常化交渉の再開」「過去の植民地支配に対する痛切な反省と心からのお詫びの表明」「日本国民の生命と安全にかかわる懸案問題（＝日本人拉致）についての適切な措置」などで合意。これを受け金正日氏は拉致を認め謝罪、生存者五名の一時帰国を認めたが、日本の世論が激しく反発。交渉再開のめどはたっていない。全文は以下。https://www.mofa.go.jp/mofaj/kaidan/s_koi/n_korea_02/sengen.html

3　一九五九年成立の国民年金法は、国籍条項で外国人を排除していた。内外人平等を定めた難民条約加盟（一九八一年）にともない条項は排除されたが、未加入期間への経過措置が取られず、一定年齢以上の在日高齢者と「障害者」は、今も無年金状態のまま放置されている。当事者らの運動で、自治体によってはこれら制度的無年金者に独自の特別給付金を公布しているが、その金額は老齢福祉年金や障害基礎年金の半額程度である。

4　「在日外国人の民族教育に関する一考察」として『龍谷大学経済学論集45』（二〇〇六年三月一五日）に掲載。

5　「地球村同胞連帯」。在外同胞の平和と人権伸長、平和的統一などをテーマに活動している韓国のNGO。在日の問題では、ウトロや朝鮮学校などに取り組んでいる。

6　二〇〇〇年四月、陸上自衛隊練馬駐屯地の記念式典に出席した石原慎太郎知事（当時）は、「不法入国した多くの三国人、外国人が、非常に凶悪な犯罪を繰り返している」などと発言、騒乱時の治安出動に言及した。「三国人」は敗戦直後の日本で、「敗戦国民でも戦勝国民でもない」者として朝鮮人、台湾人を呼んだ蔑称。抗議や批判に対して石原氏は「不本意で極めて遺憾」と述べたが謝罪も撤回も拒否した。この後、東京都は警視庁や入管と連携し、「不法滞在状態」にある外国人の摘発を強化。この「外国人狩り」は全国規模に拡大していく。

7　韓国における朝鮮学校支援団体の草分け的存在。東日本大震災で被災した東北の朝鮮学校を支援しようと、映画監督の金明俊氏（『ウリハッキョ』『グラウンドの異邦人』など）が、TVドラマ『冬のソナタ』のキム次長役で知られ、ホン・サンス監督作品の常連でもある実力派俳優、権海孝《クォンヘヒョ》氏に声を掛けて発足した。支援コンサートや、韓国市民が朝鮮学校を訪れ、関係者と交流する「ソプン（遠足）」などの活動をしている。韓国社会の無関心と日本社会の差別にさらされながらも生き抜いてきた在日同胞と、逆風のなかにあっても大切に守られ、次代に引き継がれてきた民族教育を、捨てられずに大事に使われてきた「ちびた鉛筆」に模した。代表は権海孝が務める。二〇一九年五月段階での会員数は約一七〇〇人。HPは以下 http://www.mongdang.org/jp/bbs/content.php?co_id=page04&fbclid=IwAR0T74k8Zys26y1d6PccUlILk57IKdVMYMmemva0voEc_w8pZa-VaT0ZOoE

8 金監督が北海道初中高級学校にカメラを向け、その日常を三年に渡って記録した長編映画。朝鮮学校をテーマにした映像作品を企図しつつも二〇〇三年四月、不慮の事故で早世した韓国の映像作家、趙恩聆監督の遺志を、夫で趙監督のカメラ担当でもあった金監督が引き継いだ。韓国におけるドキュメンタリー映画の動員記録（当時）を塗り替えたほか、二〇〇六年の釜山国際映画祭で雲波賞（観客賞）に輝くなど、映画作品としても高い評価を受けた。なお趙監督の遺した映像は金監督の手で「ハナのために」のタイトルでまとめられている。https://www.youtube.com/watch?v=BfWU5miMCrs

9 第10章参照。

10 一九八八年から翌年にかけ、首都圏で四歳から七歳の幼女四人があいついで殺害された事件。マスコミへの犯行声明や自宅に遺骨が送り付けられる特異性からメディアを賑わせた。逮捕された宮崎勤氏は二〇〇八年、死刑執行された。

11 一九七〇年代、侵略や植民地支配の責任を問い、「連続企業爆破事件」を起こした左翼グループ。七四年八月の三菱重工業ビルの爆破では、八名が死亡、三八五人が重軽傷を負った（ビルに爆破予告をしたが、いたずらだと思ったビル側は退避措置を取らず被害が拡大した）。七五年に一斉検挙。大道寺将司（二〇一七年五月、東京拘置所で病死）ら二人が死刑確定、逮捕、起訴された他のメンバーも重刑を受けた（二名が国際手配中）。公判や出版物を通じ、各人が闘争手法の「誤り」を表明し、被害者に謝罪した。

12　一九六八年から翌年にかけ、全国各地で四人を射殺した。獄中で作家となり、数々の作品を発表した。一九九七年四月、死刑執行。

第15章　二一世紀の4・24、高校無償化排除との闘い

民主党の看板政策「公立高等学校の授業料無償制・高等学校等就学支援金制度」（高校無償化）は、学校教育法上の正規学校（一条校）に止まらず、専修学校、そして各種学校である外国人学校にも適用されるはずだったが、民主党政権は朝鮮学校だけ決定を先送り。二〇一二年末に第二次安倍政権が誕生すると、二日後に下村博文文科相は朝鮮学校排除を表明、翌年二月二〇日、排除が断行された。この動きに対して愛知と大阪（二〇一三年一月二四日）を皮切りに、全国五カ所で民事訴訟が提起された。訴訟は生徒らが原告の国家賠償請求訴訟（愛知、東京、福岡）と、学校運営者が原告となり、不指定処分の取り消しと指定義務付けを求めた行政訴訟（大阪）、両方の併用（広島）に分かれる。

――無償化排除を知ったのは？

中井洽拉《らち》致問題担当相が高木義明文科大臣に除外を要請したと報道されたのが最初じゃないかな。（二〇一〇年二月）当時、国連・自由権規約委員会があったからすぐジュネーブに連絡してさ、

委員会の最終見解に「一部政治家の動きに懸念を表明する」と、ほんとにタッチの差で入った。あれは鳩山由紀夫首相も中井大臣を支持するみたいなこと言ったんだ。

――国会内で記者に訊《き》かれた時ですね。「そのような方向性になりそうだというふうには聞いている」「指導内容というか、どういうことを教えているのかということが、必ずしも見えないなかで、私は、中井大臣の考え方はひとつあると考えている」と。

教育内容は判断材料にしないとか言ったのにわけわからない。

――結局は腰砕けになった、沖縄の新基地を巡る「県外移設」発言といい、鳩山氏はとにかく自分の言葉に責任の持てない人です。

それから菅直人首相、野田佳彦首相と続くけど、高校無償化という画期的な政策で、朝鮮学校をちゃんと認めれば、民主党政権が何年で潰れようが後世の歴史に残るはずですよ。そういう読みというか、自負心というのは彼らにはなかったのかなって。たしかにあんな党だからうるさく言うのはいるよ。だけどそれを抑える見識のある人がどうしていねえのかって……。

自民党に戻ると、待ってましたと除外を断行したわけです。それで他に方法ないから裁判やってるけどね。私は政治的にも何かできないかと考えて、国会をうろうろして、いろいろ訊いて回っても、高校無償化から朝鮮学校を外すことの核心は何か、「ここに癌《がん》がある」というのがつかめないんですよ。

――これだけ動いて調べてもわからないのですか？

何となく北に絡め、「拉致」と言えば、永田町にしても霞が関にしても、オールマイティーで「思考停止」が起こっているのは何となくわかるんだけど。しかし、子どもの教育にかかわる問題、育っていく次世代の問題でしょ。どうして一部の反発を何とか克服できないのかって。何で？　って。これを実現すれば、後世に残るわけじゃない。しかも教育だから先々のこともある。私は民主党政権だから、多少ゴタゴタあってもできるだろうと甘く考えてた。子どもの学ぶ権利という当たり前の道理ですよ。何でこれができないのかと。何がネックなのか、私にはまったく理解できなかった。

私は、その次にやるべきことを考えていたわけよ。たとえば学校給食とか学校保健、各学校に必ず保健室を設けるとか養護教諭を置くとか。各種学校である外国人学校は、蚊帳の外とされている制度を適用する道に繋げるというね。スポーツ大会とか通学定期とかは解決したけど、まだいろいろ問題が残ってる。高校無償化で同等に扱って公金を投入することが実現したら、他の面でも外国人学校を同じく扱うことの理屈が通る。

それから「就学義務」の問題です。建前として、外国人学校に子どもをやると、小中学校については就学義務を満たしてないというのが文科省の公式見解です。だから、日本人がアメリカン・スクールやインターナショナル・スクールに子どもを行かせると、親を就学義務違反で処罰できるんです。この壁を崩して、外国人学校に行っても日本学校に行っても、共に就学義務を満たしていることにすべきです。もちろん、学校保健法とか学校給食法とかも適用し、私学助成の対象にすべきです。これはアメラジアン・スクール[1]なんかも直面している問題です。そして、日本学校と外国人学校とどちらがいいか競争すればいい。たとえば東京・江東区にインド学校があるけど、数学のレベルがすごく高いので、入学希望の日本人が少なくないとか。それから中華学校も、英語と中国語と日本語がマスターできるなんて理由で、日本人の入学希望者が多いとか、ある意味で競争すればいいんだよ。朝鮮学校に行けば、学校と先生の教育への思い入れとか、それから地域社会が学校を支えるリアリティがあるじゃない。よく言われるように、子どもの目が輝いている。ある種の「教育の原点」みたいなものが実感できると思う。

あともうひとつは、各種学校認可が取れないブラジル学校がたくさんあるわけですよ。高校無償化は各種学校を大前提にしているから、朝鮮学校はそれはクリアできるけど、ブラジル学校は各種学校の認可が取れないから無償化から除外されるわけです。たとえば、本国の認定を受けている学校は無償化の適用対象にするとかね、そんな思いを持っていたんだけどさ、入口のところで朝鮮学校除外でバーンとやられて、その先にいけないね。

――問題に取り組み続けるなかで、改めて思うことは?

やっぱりね、民主党が非常に問題だったことがかえってわかったね。日本は教育に公のお金を使わないことで有名で、ＯＥＣＤ（経済協力開発機構）のなかでも最下位です。高校無償化は、たぶん自民党はやれなかった政策ですよ。中等教育の無償化は、社会権規約一三条二項（ｂ）に明記されています。日本は高校が有償だから「留保」していた。この国際人権との格差をなくす政策だったわけです。

日本の場合、一条校と専修学校、各種学校と三種類あるでしょ。今まで日本の学校教育政策は一条校中心なんですよ。大学入学資格でも専修学校と外国人学校は当初「大検」が必要と。それで専修学校は私立学校だから学校経営者の団体から自民党に、「とにかく専修学校に行っても、大検なしで大学に行けるようにしないと、生徒を集められないから困る」と圧力がかかる。それで専修学校制度が設けられて一〇年目の一九八五年に、専修学校は大検を受けなくても受験可にして、その後、外国人学校に関してもいくつかのステップを経て最終的にはＯＫにした。

高校無償化は入学資格と違って国家財政が絡むわけ。そのうえで一条校も専修学校も外国人学校も平等に扱うと。これは画期的、おおげさに言えば革命的なんです。

その時に朝鮮学校をどう遇するかの問題が出てきた。民主党政権だから私はいずれはやるだろうと思ってたけど、結局、菅直人首相の時、異常さが鮮明になってくる。外国人学校については施行規則で、「（イ）大使館を通じて日本の高等学校に相当する課程であることが確認できるもの」「（ロ）国際的に実績のある学校評価団体の認証を受けていることが確認できるもの」「（ハ）文部科学大臣が定めるところにより、高等学校の課程に類する課程を置くものと認められるもの」の三つに分けて、朝鮮学校が入る（ハ）については、審査会を作って手続きをして認めるとなった。その体制ができた時に、ちょうど延坪島《ヨンピョンド》砲撃[2]が起きて、菅首相は、翌日、間髪入れずに朝鮮学校審査を凍結した。何でそうなるのか。時の官房長官は仙谷由人さんですよ。日立就職差別裁判を担当した弁護士で、当時からよく知ってますよ。まあ、ああいう世界に入ると、人間が変わるのかなと思うけど。

それで私は文科省に連絡して「話をしたい」と要請したんだけど、「来られても困ります、総理官邸からストップがかかってます。行くなら官邸に行ってください。われわれはどうすることもできないんだ」って。それでほぼ一年止まるんですよね。今も同じだと思うけど、官邸には政治家が五人、総理補佐官で入る仕組みがあるんです。菅首相の時に、辻元清美さんが入ったんです。私は彼女を若干知ってるから、ある機会に「そろそろ菅政権も終わりが近い。そうなれば、あなたも官邸から出るわけだから、『審査を止めた人間として、辞める前に落とし前をつけろ』って言って下さいよ」って言ったんです。そしたら彼女、「膝詰めで話してみる」って。それで（二〇一一年）九月二八日です、解除して、翌日に野田佳彦さんが首班に指名されるわけだけど、彼はダメだという話もあった。

――野田さんは外国人参政権も葬り去った人物ですからね。およそ人権感覚が欠落している。

その野田政権の時、兵庫の水岡俊一参院議員が官邸に入ったんですよ。私は前から水岡さんを知ってたから、「差し違える覚悟で、何か言ってくださいよ」って言ったんだけどね……。彼は兵庫県教組ですよ。その時に文科大臣政務官をやった神本美恵子さんは福岡県教組ですよ。その次の政務官の那谷屋《なたにや》正義《まさよし》さんも神奈川県高教組出身者ですよ。みんな日教組です。そもそも民主党の幹事長は輿石東《こしいしあずま》さんで、やはり日教組です。全員、小中高の学校教師だった人たちですよ！

それなのに朝鮮学校への適用ができないってどういうことなんだって。

強いて言えば、政権交代で民主的、革新的な政権ができたが何の意味もなく、何もできずに潰れて行く政権の末路もひどかったけど、ほんとに待ってましたとばかりに、間髪を入れず、自民党に朝鮮学校排除をやらせたわけですよ。それでもう、四年以上経ってるわけだけど、野党の民主党は国会で朝鮮学校排除を一度も質問したことがない（このインタビューは二〇一七年一月に実施。その後、二〇一九年四月に参院文教科学委で野党議員から質問が出た。第16章参照）。そりゃ私が自民党なら、訊かれれば言いますよ、「あなた、政権にいた時にやればいいのに、今ごろ何言ってるんですか」ってね。共産党も含めて、これだけ大きな問題が国会で議論されないんですよ。

朝鮮学校に適用しておけば、いくら自民党でも、一度できたものをひっくり返すというのは、なかなかできない。民主党政権が早晩ダメになるってわかってるんだから、何でやれないのか……。私は、田中真紀子さんが、「野田首相が何と言おうが、私はやる」と言わないかなと淡い期待を掛けた。ところが彼女は大学設置認可の問題で炎上しているうちに解散になっちゃった。会いたいって手紙も書いたけど、会えず仕舞いですよ。同じ暴れるなら逆に朝鮮学校やって、それから大学設置認可の問題をやればよかったのにと思うんだけど、これも後の祭りでしたね。

与党も野党もダメで、政治的にはどうしようもない。かろうじて弁護士が司法府で尽力してくれています。裁判自体は、私は非常にいいところまで来ていると思いますけどね。このご時世で、どれくらい素直な裁判官がいるかという不安はあるけどね。

──そもそも高校無償化の前段として田中さんは、民主党が二〇〇六年に出した「日本国教育基本法」について言及されています。廃案になりましたが、第二条（学ぶ権利）では、教育を受ける権利の享有主体を「国民」でなく「何人も」とした革新的内容でした。

そうなんですよ、「日本国教育基本法」ってね、何で「日本国」なんだって聞いたら、「日本国憲法に匹敵する重要な法だから」って言うわけ。それで第二条は「何人も」でしょ。「共に生き、新しい文明を創造するためにも、日本で生活する外国籍の子どもたちにも、同じように学習権を保障します」ってのが理由です。私はね、高校無償化はその流れを汲《く》んでると思ったんだよ。

──高校無償化法（正式名称は「公立高等学校に係る授業料の不徴収及び高等学校等就学支援金の支給に関する法律」）の目的「教育の機会均等」はまさにその流れですから。気に食わない学校は外していいなんて書いてません。あれで社会権規約一三条の「留保」を外す一方、新たな差別を生み出した。まさに自分たちの言葉を裏切ったわけですね。その後、自民党政権ができて、排除を決定しました。右派団体の主張や、野党時代の下村博文さんや義家弘介《よしいえひろゆき》さんらが表明していた、「規定八」を削除して朝鮮学校を排除するとの発言。そして拉致問題のこう着や朝鮮総連との関係を理由に、「不指定の方向で手続きを進めたい旨」を安倍晋三首相に提案し、賛同、了承を得たという、閣僚会議や文科相就任会見における下村大臣の発言などを積み重ね、それが無償化法の目的に反する政治的、外交的理由による判断に他ならないことを証明したのが大阪地裁に提出した先生の「意見書」でした。当時の文科省担当者を尋問した東京訴訟は、鑑定書の内容を裏付けました。[3] 国側は適用除外とした理由について、規程一三条（法令に基づく適正な学校運営）に適合すると認めるに至らなかったと主張していますが、訴訟対策の後付けです。実際はその上位規定である（ハ）を削除して、朝鮮学校が申請をやり直す道を閉ざしてしまった。「北叩き」の一環、在日朝鮮人への明け透けな攻撃でした。

「北」なら何やってもいいみたいな雰囲気があって、法手続きを無視した無茶苦茶なやり方で事を運んだからね。たとえば規程一五条に、大臣は審査会の報告を受けて判断すると書いてるけど、報告も受けていないわけ。審査会は二〇一二年九月の第七回以降、開かれなかったわけだけど、もし最終的に外す前にもう一回審査会開いて、「朝鮮学校はダメだ、外すべき」とかの報告を受ける形にしていれば、今回の裁判はなかなか勝つのは難しいかなと思う。でもそれすらしていない。だから尋問でも「審査会がダメと言ったのですか」と訊かれれば、文科省は黙るしかないわけ。

それくらい政治家が勝ち誇って、行け行けドンドンでやったから、役人も付いて行けなかったのかもしれない。ある意味では役人も気の毒だったとは思うけど、それが法廷で洗い出されたのは大きい。それから尋問でも出たけど、朝鮮学校はその段階ですでに申請してるわけ、それがぶら下がってる時に根っ子になる「規定ハ」を削除するなんていうのは、通常やっちゃいけないわけです。下村大臣就任前から省内では審査の限界が言われていたとか、下村大臣の記者会見での発言は不指定の理由じゃないとか……向こうなりに後付けを組み立てたんだろうけど、あまり格好良くない「理屈」だったわけで、まあいろいろ、ボロがでるわけです。

――改めて裁判のポイントはどこにあると?

ひとつは、いわゆる「北朝鮮バッシング」で子どもの教育を欲しいままにするのはダメですよ、というメッセージをしっかり出せるか。もちろん京都（朝鮮学校襲撃事件）と違って、相手は国、公だから、担当裁判官は勇気がいると思いますよ。でも国側のやり方があまりにひどくて、北なら何やってもいいと言って無茶苦茶なことやってるわけ。尋問でもその一端が出たけど、裁判所としては具体的な事実関係のなかで、常軌を逸した事の運びにきちっとお灸《きゅう》を据える、それが結果的に「北朝鮮バッシング」で教育に悪さしちゃダメですよというメッセージになるかどうかでしょうね。行政法的には向こうは弱いですよ。役人とちゃんと詰めてやればいいんだけど、明らかになったように相当無理なことやってるから。ほんとに無茶苦茶です。正式な処分通知は「認めるに至らなかった」と書いてあるわけ、「至らなかった」と「認めない」「NO」と言うのは違うわけで、結局、根拠になってる（ハ）を削っちゃって、両方合わせてダメにしようと。それで「合わせて一本」ということで何とか役人が屁理屈付けたんだろうけどね。最後の彼らの悪知恵というのはそこなんだけど、そこが怪しくなってるということ。

それから政治の教育内容への介入をどこで叩くかという問題ですね。神奈川県が朝鮮学校で拉致の副読本を使えとか言い出して、今では朝鮮学校の教育内容に介入するのが当たり前になってるんだけど、教育関係の専門家は何故か何も言わないよね。私学の独立の問題は、学校制度の鍵ですよ。以前、何かの会議で同志社を卒業した女性と話したことがあって、彼女は神戸のミッシヨンスクールの先生が決まっていた、そこに行った理由が、「私は『君が代、日の丸』が嫌いなので、それが一切ない学校を選んだ」って。つまりその学校は外からわかるくらい立場が明確なわけ。まさにそれが私学の教育内容における独立性の問題ですよ。

証人尋問では文科省の役人も引っ張り出して、こちらの主張を立証できたし、私は勝つと固く信じてますよ。ただこういうご時世で、裁判官も安倍首相のほうを向こうとするだろうから、あるいは北にかかわるものには何をやってもいいみたいな雰囲気があって、それに裁判官も呑み込まれることは残念ながらあるかもしれない。そこは蓋を開けてみないとわからないけど、内容的には完全に勝ってますよ。

――朝鮮学校を巡る差別事件で言えば、「在特会」メンバーらによる旧京都朝鮮第一初級学校や徳島県教組への襲撃事件[4]では勝訴判決が出ました。民間からの差別被害では勝訴の流れができています。次は官製差別への「否」が繋がるかということです。

浜松の宝石店入店拒否[5]とか小樽の入浴差別[6]とかから始まって、人種差別撤廃条約や国際人権法を少しずつ噛《か》ませながら民間同士については一応、形ができたと思う。その一番大きなのが京都で、通常の損害賠償では考えられない金額が出た。損害賠償って通常は「スズメの涙」みたいな金額で「勝った」という証みたいなもんだから。あれはすごいよ。

あの金額を出させたひとつはさ、学校側が受けた被害のリストだと思うな。あれほんとよくできてるなあと思ってね。何時間会議をやって何人の先生が出ているとかかね。弁護団だろうけど誰のアイデアだろ。私もいろいろ裁判にかかわってきたけど、あんなの初めて見たよ。あともうひとつは、被告側の証人尋問の時かな、われわれの運動は広く支持されていて、ぽっと一〇〇〇万円とか出してくれる人がいるとか自慢そうに言ったじゃない。だから、裁判官は、この連中は半端な金では灸が効かないから、思い切って賠償金を取ったほうがいいと思ったんだろうな。形としては損害賠償しかないから、あの裁判は見事だったな。

――その京都朝鮮学校襲撃事件では、戦後補償を巡る数々の棄却判決や、繰り返される弾圧体験に根差した司法制度への不信感が提訴へのハードルでした。常に当事者の覚悟と決断でマイノリティを取り巻く状況は変わってきましたが、ましてや今回は国が相手です。改めて裁判闘争に踏み切った原告の皆さんの覚悟と決断を思います。

いや、そうだけどね。他に方法がなかったわけですよ。だって与党はもちろん野党が頼りにならない。政治的には解決のしようがないわけです。最大野党である民主党にしても、自分たちが最初に排除したようなもんだからね。結局こちらから攻めに出るしかないわけ。もちろん提訴については議論はいろいろしたけどね。ひとつは原告を誰にするかですよ。ご承知の通り東京では子どもが原告の国賠訴訟です。実際、子どもたちが政策によって痛めつけられているわけだし、就学支援金の受給権者は子どもで、学校には一銭もいかないわけだから。

とは言っても、誰が原告になるかは課題だったし未知数でしたよ。そもそも高校生でしょ。未成年だから裁判起こせないんですよ。だから親権を持った人が提訴する形にしないと裁判を起こせない。それでね、弁護団が学校に出掛けて行って生徒たちと懇談をしたんですよ。裁判の内容や原告になって起こり得ることとかね。せいぜい四、五人か多くて一〇人くらいが出て、「右代表」みたいな形になればと思ってたんですよ、東京ではね。構成を単純にするため、原告は不指定処分が出た時の在校生に限ってます。そもそもの分母だって少ない。ご承知の通り、裁判の原告になれば調書を作ったり、いろいろと手間ですよ。いずれにせよ最高裁にまで行くのは間違いないでしょうから、何年も縛られるし、証人尋問に出ることになればさらされるし、反対尋問だって受けることになる。でも希望者を聞いたら、「ぼくも」「私も」と原告希望者が次々に出て来てね。

結局、東京は六二人も手を挙げたんですよ。リスクや負担を踏まえたうえで、それでも六二人、この意味と思いを考えないといけない。それくらい許せなかったし、子どもたちが自分たちの世代で解決したいと思ったんですよ。裁判官もこの意味を見据えて欲しい。六二人ですよ、しかもそれは保護者を含めてOKとならないといけないわけです。委任状みんな出しますから。あれは、ほんとにびっくりしたな。思うけど、あれは、東京都が枝川の第二初級に立ち退きを求めた裁判を、闘い切った経験も影響しているだろうね、あの裁判があったから、東京は最初から主戦論だった。都の弾圧からかえって闘う姿勢が生まれたと言えます。だから私は歴史っていうのは皮肉なもんだな、といつも思うんですよ。

注

1 「アメラジアンスクール・イン・オキナワ（AmerAsian School in Okinawa）」を指す。AmerAsianとはアメリカ人（American）とアジア人（Asian）との間に生まれた人びとを指す。米軍基地が密集する沖縄には軍人、軍属と沖縄人女性との間に生まれたアメラジアンが少なくない。学校は保護者たちが一九九七年、沖縄県宜野湾市に「ダブルのアイデンティティ」を掲げて開設。小中学年時の子どもが学ぶ。法的には「フリースクール」で、ここでの出席を義務教育課程への出席と見なし、義務教育を修了したと認めるか否かがしばしば問題となった。

2 二〇一〇年一一月二三日、大延坪島近海で起きた朝鮮人民軍と大韓民国国軍の砲撃戦と、それにともなう両国間の緊張を指す。軍事衝突では韓国軍兵士と韓国側民間人計四人が死亡した。

3 担当者二人が出廷したが、下村が会見などで述べた「拉致問題の進展が見られない」等々と、それに言及していない不指定通知との矛盾については一切説明できなかった。

4 同教組が四国朝鮮初中級学校に行った支援活動に抗議するなどとして二〇一〇年四月、京都朝鮮学校襲撃事件の実行犯ら十数人が教組事務局に押しかけ、居合わせた書記長に罵声を浴びせ、暴行を加えた。刑事事件となり、実行犯八人が有罪。民事訴訟でも高松高裁は二〇一六年四月、人種差別と女性差別を認定、襲撃犯らに四三六万円の支払いを命じ、同年一一月に最高裁で確定した。

5 一九九八年、宝石店への入店を拒否された浜松市在住のブラジル人女性が店側を訴えた。静岡地裁浜松支部は翌年、人種差別撤廃条約を援用し、宝石店側に一五〇万円の支払いを命じた。同条約が日本の判決に用いられたリーディングケースである。

6

一九九九年から翌年にかけ、小樽市内の温泉施設の利用を拒まれた外国出身者三人が、施設に加え、差別解消の義務を怠っているとして小樽市を訴えた。札幌地裁は二〇〇二年、施設に対し計三〇〇万円の支払いを命じる一方で、小樽市への請求は棄却した。

第16章　無償化裁判の新段階――縦軸で観るということ

高校無償化問題を巡るインタビュー（第15章、二〇一七年一月）の後、二〇一六年七月の広島地裁を皮切りに、大阪、東京、愛知、福岡の各地裁、そして大阪、東京両高裁で判決が言い渡された。結果は、大阪地裁以外は軒並み敗訴。大阪地裁の「歴史的勝訴」も大阪高裁で覆された。二〇一九年四月段階で「勝ち残り」はない。

――大阪地裁を除く各裁判所は、いずれも国側の主張する「規程一三条（適正な学校運営）適合論」に寄り掛かり、不指定処分を文科相の裁量範囲と認定しました。端的に言えば「北朝鮮、総連と関係のある朝鮮学校に公金を出せば、流用の可能性がある」というものです。そもそも「規程一三条」は処分通知の段階で持ち出してきた「訴訟対策」の屁理屈です。

法務省の訟務検事は完全に軸足を規定一三条に移してますね。「産経新聞」や公安調査庁の記事や報告書を使ってイメージダウンを図り、裁判官の関心をそちらに引き付けて落とす作戦です。結果論だけど、大阪と名古屋が処分より前に提訴するでしょ（共に二〇一三年一月二四日、「規定一三条」が出てくる不指定処分通知の文面が起案されたのは同年二月四日)。それで法務省の訟務局辺りが「一三条不適合」を加えないと危ないと入れ知恵した気がするんですよ。文科省の役人は裁判のことわかんないからね。逆に言えば「ハ」削除への判断を回避して、「一三条不適合」に落とし込まないと国は勝てない。だから国側勝訴は全部それなんです。

実は「ハ」を削除した理由については今も明確じゃないんです。国側は、(朝鮮学校が)一三条不適合になり、今後は新しい学校が出てくることもないから——何で予言できるのかわからないけど——、そこで念のため削ったって変な説明です。だから大阪地裁は「ハ」の削除が本質と素直に読んで、教育の機会均等という法の目的とは無関係な「外交的、政治的意見」にもとづく判断で、委任の趣旨を逸脱すると判断して原告勝訴になった。一方で「規程一三条」については大阪府知事から行政処分を受けたこともないし、特段問題にすることもないからいいと。

——一審での「ハ」削除の判断がまるでなかったかのように、大阪高裁で取り消されました。

逆転させるにしても、地裁での「ハ」についての判断がどう間違っているのかを説明すると思ったけど皆無でした。私はあの高裁判決はさっぱりわからないんだよ。

——それにしても大阪地裁での敗訴後、国の「悩乱《のうらん》ぶり」はひどかった。元より「産経新聞」や公安調査庁・公安警察、右派団体、民団の見解を引用した「ヘイト立証」でしたが、その下劣に拍車がかかりました。「日本の国民教育の憲法」である「教育基本法」を持ち出して朝鮮学校の教育内容に難癖を付けたり、教科書における金日成、金正日氏への敬称にまで文句を付ける。その学校に「通う」「通わない」は本人と保護者が決めることで、国が内容を云々するのは不当介入です。国はその「根拠」に教基法や学校教育法などを持ち出す一方で、「私学の自主性」を謳《うた》った私立学校法だけは出してこない。

首相が首相だからね。官僚にももう少しプライドがあるはずなんだけど。決裁文書やデータを改ざんしたり、息子の入学に便宜を図らせるとか、ひどいね。こちらで言えば立証内容もひどいけど、仕事がとにかくずさんです。傍聴した時だったけど、大阪で出した書面を書き換えず東京に出して裁判長に注意されたりね。原告側と同じ証拠を提出して裁判長から指摘され、消除の手続きを法廷でやったんです。こちらの提出物に目を通してないんだ。まあ国側は負けないって高を括《くく》ってるのかもしんないけど。当時、「忘れられた皇軍」の裁判で知り合った定塚誠《じょうづかまこと》さん（裁判官）が法務省の訟務局長（二〇一五年から一七年、現在は裁判官に復帰）だったんで、ちょっとひどすぎるって手紙を書きましたよ。もちろん返事は来ないけどさ（笑）。

——これは私学の自由、私学の自主性を無視した暴挙なのに、教育法関係者からほとんど声が上がらないのも理解できません。憲法学者もそうです。今も毎年数百人の高級学校生が、日本政府から「同じ人間ではない」と言われたままで卒業していく現実に何も感じないのかと。これは憲法上の権利を否定する暴挙ではないのかと。在日朝鮮人なら、朝鮮学校生ならどんな目にあってもいいのかと。

大阪と東京では高裁でも敗訴、あとは最高裁の決定を待つ段階となってます。他地域と違い、憲法や国際人権法を武器に国の差別や朝鮮学校の正当性を正面から訴える路線はとらず、あくまで無償化法違反に論点を絞り込み、国側敗訴を書きやすくした東京ですら敗訴したことに、安倍政権の根幹であるこの問題で勝つ難しさを感じざるを得ませんでした。一方で田中さんは、東京高裁の弁論で出た新たな論点が今後の裁判におけるポイントだと。

「「ハ」の削除と一三条不適合論」。この二つの処分理由が両立するのかという問題です。実は裁判やる早い段階で神奈川大学の安達和志さん（行政法）にヒヤリングしたんだけど、開口一番に彼が言ったのが、「二つの理由」の論理的整合性でした。

「ハ」の削除は二月二〇日官報告示で、不指定処分の通知が学校に届いたのは翌日以降。処分は相手に伝わった段階で効力が発生するんで、届いた段階で「ハ」はすでにない。つまり、「ハ」の下位規程の一三条は存在しないことになる。法廷で東京高裁の阿部潤裁判長がそこについて国に求釈明（質問）を連発したら、国側も「二つの理由は論理的には両立しない」と答弁したわけ。ところが、阿部裁判長は「処分の成立と効力の発生は別問題」とか言ってさ、官報告示より前（決済した一五日から告示前）に処分が成立してるとして原告敗訴の判決を維持したけど、あれは法律論として大問題ですよ。喜田村洋一さん（東京弁護団長）はこの理屈は最高裁判例に反しているから差し戻されるって言ってます[2]。いずれにせよ、これが最終的な争点になってくると思う。新展開ですよ。

――一三条が成立しないことが明確になれば、論理的に理由は「ハ」の削除でしかあり得ない。朝鮮学校の再申請を不可能にするための暴挙、法の委任の範囲を逸脱した裁量権の濫用となる。

「ハ」の削除はまさに政治的なんだよ。この点も裁判でしっかりやるべきと、私は思うんだけど、加えて朝鮮学校は申請中だったわけです。以後の申請は「ハ」がなくなったら無理でしょう。でも審査中にその根拠を削るってことが許されるのかって。だから「規程一三条」を持ち出したと思う。

——阿部裁判長自らが国側の矛盾を追及したのに、彼は真逆の判決を書いた。

これは穿《うが》ち過ぎかもしれないけど、東京高裁判決の最終頁には三人のうち一人が署名してません。あんなの見たことない。異動で代筆とかはあるけど、その裁判官はまだ同じ部にいるんだ。あまりに訴訟指揮と違うひどい判決になったんで抵抗したんじゃないかなとか思ったりする。最高裁は少数意見を言えるけど、地裁と高裁は全部従わなきゃいけないわけだから。ちなみに最高裁にいった大阪と東京の上告審は、いずれも最高裁第三小法廷に係属です。（二〇一九年）三月二〇日には東京大学の宇賀克也さん（行政法）が最高裁判事に任命されて、第三小法廷に配属されました。行政法の専門家です。例の二つの処分理由を巡る問題をどう扱うのか私は注目していますよ。

——提訴から約六年、狭義の裁判闘争は厳しい結果が続いています。

それでも今はやっぱり裁判所に託すしかないのかなと思う。東京地裁でも文科省の担当者を証人採用した裁判長が突然、異動になったり、その裁判所自身が怪しいもんだけどね。

安倍首相は「金正恩《キムジョンウン》委員長に私が会う」とか言っておいて、この問題を放置していいの？って。その意味でも司法の判断が大事ですよ。裁判がこちらの完全敗訴なら、政治が出張る余地がなくなるんです。変なこと言うけど、本当に安倍さんの味方をするなら、裁判所は公正な判断をして司法の矜持《きょうじ》を示さないと。政治のほうにもいつ、どうやって仕掛けるかはありますけど、今の永田町だから慎重に見極めていますよ。それにしても、なんで民主党時代にできなかったのかとつくづく思うね。

——その意味で三月一九日に動きがありました。参院文教科学委員会で立憲民主党の神本美恵子参議院議員（日教組出身）が、朝鮮学校の高校無償化排除を「差別」と断じる立場から、柴山昌彦文科大臣（自民党）の見解を問いました。彼女は民主党出身で、朝鮮学校への適用が店晒《たなざら》しにされていた時期には文科大臣の政務官も務めてます。ぜひ民主党時代のリベンジをして欲しいと思います。これも学校関係者や支援者があきらめずに運動を続けた「結果」でしょう。

第二次安倍政権発足後、初めてですよ。大きな動きだと思いますね。大臣答弁は、「図星」と言ってもいいでしょう。神本議員の「法令にもとづく適正な学校運営が行われているという確証が得られれば指定されるということか」との質問に対して、柴山大臣は、「（審査の）根拠規定そのものが廃止されていることから、法令にもとづく適正な学校運営に関する確証の有無にかかわらず、（朝鮮高校が）指定されることはありません」と言ったんです。[3]

——要するに文科大臣が、「規程一三条に適合すると認めるに至らなかった」として不指定処分を出しても、「ハ」がある限り朝鮮学校は対象です。翌年には再申請が可能だし、行政側が指摘する「不備／不足」の数々がクリアされたら——行政にはそれを被処分者に説明する法的な義務がありますから——結局は朝鮮学校にも適用せざるを得なくなる。だから根拠規定である「八」を削除して朝鮮学校を対象そのものから外して未来永劫《えいごう》、申請できないようにしたと。あまりに明け透けです。

まあ、裁判で勝っているから、ついに「本音」が出てしまったのでしょうね。

――大阪地裁を除く各地裁、大阪、東京高裁はいずれも、国側の立証を全面的に認めました。「官製ヘイト」にお墨付きを与えたわけです。行政や立法に何らかの解決をうながす「付言」を付けた裁判体もありません。これまでふれた在日の地方参政権運動や、「弔慰金法」だって、付言を元にした運動あってのこと。「司法としては救済できないけど、これを梃子《てこ》に」との「思い」が朝鮮学校に対してはない。むしろ裁判官の多くがレイシズムに汚染され、「『北朝鮮』関係には何をしてもいい」との風潮に染まっている現実が浮き彫りになっています。この政治と裁判を支える「世論」を変えなければいけない。メディアの役割も大きいですが。

メディアも問題です。無償化の問題でも、子どもの教育じゃなくて、「北、朝鮮問題」って枠組みができちゃってるって感じだね。多少現象面は動いていても基本は変わらない。

――今の現場記者は基本的に拉致《らち》問題発覚（二〇〇二年九月一七日）以降にキャリアをスタートさせ、「北朝鮮フォビア」を吸い込んで育ってきています。反差別や植民地責任といった原理原則から書き、語れないマスメディアのあり様は、「「朝鮮」（をはじめとする旧植民地）の消去の上にある」（権赫泰《クォンヒョクテ》）この国、社会の病理を反映しているとも思います。ここをいかに押し返すかも運動の課題です。その世論を変えるひとつの取り組みとして、各地では署名や街頭宣伝活動が取り組まれています。田中さんも文科省前の「金曜行動」[4]にほぼ毎回、参加されてます。

時間があれば行ってます。朝鮮大学校生とか朝鮮高校の現役学生が来て喋るんだ。自分の生い立ちだとかね、保護者が喋ったりもね。印象的だったのは、その保護者は勤め人なんだけど、子どもの学校がこうなんだって会社で話したら、日本の人が「それは本当におかしいです」って言ってくれたのがうれしかった、そういうコミュニケーションが今までなかったと。もちろん唾かけられるケースもあるけど、朝鮮学校の関係者はコミュニティが確立してて、そこで生きられる部分があるじゃない。それが少しずつ変化してるのかな。長丁場だしね。

——民族学校を中心とした同胞コミュニティが弱って、差別だけが迫り出して激化している部分もありますね。

枝川裁判でさ、地元に入って一緒にご飯食べると、「どうして日本の方がここに?」って真顔で聞かれたわけ。あそこは朝鮮学校を核に共同体ができあがってるでしょ。そこにいろんな日本人がかかわるようになって、前に比して日本人との関係ってかなり変わってきてるんじゃないかな。それにどう応えるかが、日本人にこそ問われているんだと思う。

それから学生でね、今、朝鮮学校が危機に瀕《ひん》してるんで、自分は朝鮮大学校を出て教師になって、自分の母校を守りたい、潰さないため私は教師になることを決意したって喋ってる子もいてね。自分たちが置かれた位置、現状をこれまでになく認識してるんだなって。あえて言えば、鍛えられてるなと思いますよ。だから何とかこちらも議員たちに楔《くさび》を打ち込まなきゃと思う。ひとつのポイントは、例の外国人学校支援法[5]です。あの目的の精神[6]と今を繋げるかどうか。
――「無償化世代」の法曹希望者も次々出ていますからね。差別と闘うという明確な目的意識を持った人たちです。改めて朝鮮学校を守り、発展させる闘いに並走する思いについて。

日本は排外的とか自己中心的と言うけど、それ以前に私はこう思うんです。植民地が欲しかったけど、異民族を抱え込むと自分たちの単一性、民族性が崩れる。だから喉から手が出るほど欲しかったけど植民地支配をやらなかったというならわかる。ところが手を染めて異民族を支配した以上、それをどういう形で歴史のなかで消化していくかという課題です。文字通り「不可逆変化」だと思うんです。

矢内原忠雄《やないはらただお》（元東大総長、一八九三年～一九六一年）は戦後、「もう植民地はなくなった」と言って「植民政策論」を「国際経済論」という講座名に替えたけど、植民地がなくなっても問題は残るんです。だからそういう負の歴史をどういう形でプラスに転嫁するかを考えた時、かつて異民族支配したことをきちんと踏まえ、新しい社会をつくることを考えた時、朝鮮学校の存在は最も重要な存在で、日本の社会にとって貴重なものなんです。

私に言わせると、朝鮮学校は在日にとって宝であると同時に、日本の社会にとっても宝であると素直に思ってる。

だから今度の高校無償化で一条校と外国人学校が同等に扱われて公的資金が投入されるようになって、その一歩が踏み出せたかと思ってた。それをさらに進めて両者を対等にしてね、公立と私学を選択するみたいに一条校と外国人学校も選択できるようにすればいい。

全国高校サッカー選手権の決勝を朝鮮高校とブラジル高校が争う時代が来てもおかしくないわけです。そう考えると私は、韓国って凄《すご》いなと思うんです、参政権の時に目にした文章ですけど、「日本の植民地支配に抵抗する過程で形成されてしまった単一民族論と純血主義は克服されるべきである」と、それは間違いで、新しい韓国は多様性を尊重する社会になるんだと。[7] それが韓国の外国人政策の思想的バックグラウンドだと思う。

――田中さんは一貫して、歴史を縦軸で観る必要性を強調されています。

そうすれば今度みたいに「新しい在留資格」で新しい外国人が入ってくる時代[8]に対応できるわけです。今回の新設では、技能実習生にはあった「国際貢献」という建前がようやく外れた。日系人を特別に受け入れた法改定が一九八九年（施行は一九九〇年）ですから、三〇年遅れで正味の外国人受け入れに踏み切ったということです。本当なら日系人の時、労働力が足りなくなり、外国人の力を借りなければ社会が回らなくなった。われわれは覚悟を決めて移民国家に移行すると宣言すべきで、それにともなう統合政策を展開すべきだったけどね。そこで一番遅れてるのが外国人学校、教育の問題だと思うし、その根っ子に朝鮮学校の問題がある。

日本にも「移民政策学会」があってさ、一〇周年の記念論集が出たんで読んだけどそこへの言及がないんだ。参政権と差別禁止法の問題も含めて必須だと思うんだけど、分析ばかりで政策提言がない。「六五年通達[9]」とか外国人学校法案、山下栄一さんの「支援法」や高校無償化の排除とかさ、政策は積み重なるもんなんだから縦軸で観て積み重ねないとダメだよ。

――新しい問題が起きて、未精算の過去が噴出してくる。

だから入管法改定（「新たな在留資格」問題）と元徴用工問題[10]がかぶってくる、歴史って皮肉だよね。かつての問題を引きずってる時に新しい問題が出てくる。それで元徴用工じゃなく旧朝鮮半島出身労働者って言って、外国人労働者でなく外国人材とか言う。気持ち悪いほど似てる。日本の社会でどうやって一緒に暮らすかじゃなく、付け足しみたいに扱うわけです。元徴用工だって一緒に仕事させてたのに、あれは別だと言って。往生際が悪いよね。

元徴用工の問題で言えばさ、私は四つあると思うんです。あれは二〇一二年に大法院（最高裁）が原告敗訴の高裁判決を差し戻したわけ。それで高裁が請求権を認めて賠償支払いを命じる原告勝訴を言い渡した。会社は不服だから上告したけど、出る判決は決まってたわけよ。問題はその段階で朴槿恵《パククネ》大統領が、外交的に具合悪いと大法院判決を握り潰してきた。それで政権交代があって、その異常な状態を通常の状態に戻しただけです。李明博《イミョンバク》政権下の大法院判決（二〇一二年）が示した規定路線を引き継いだだけなのに、なぜ大騒ぎすんの？　って。文在寅《ムンジェイン》政権が気に食わないからといって、それはないでしょう。

それから「請求権」が「ある」「ない」の問題です。日本における被爆者やシベリア抑留者の訴訟において、日本政府は、アメリカとソ連に対して請求権を放棄したけど、それは外交保護権の放棄に過ぎないので個人の請求権には手を付けてませんと言ってきた。慰安婦問題が出てきた時もその延長線上で、当然のこととして、柳井俊二条約局長も「日韓両国が国家として持っております外交保護権を相互に放棄したということで、…個人の請求権そのものを国内法的な意味で消滅させたということではございません」（一九九一年八月二七日参院予算委）、と答えてる。それを前提に韓国の裁判所が判決を書いたのに、安倍首相は「一九六五年の日韓請求権協定によって、完全かつ最終的に解決している。今般の判決は国際法に照らしてあり得ない判断」なんて言うんだから（笑）。韓国がゴールを動かすって言うけど、実は日本が動かしたんです。

それから韓国に払った無償三億ドルですけど、国会でその性質を質問されて、時の椎名悦三郎外務大臣は「独立祝い金」（一九六九年一一月一九日参院本会議）と答弁してますよ。それが三億ドルで全部終わってるって、これもゴール動かしてるんじゃないのって。

それから国際司法裁判所に提訴するとか威勢のいい議員がいるけど、請求権協定三条に、もめたら両国と第三国の三人で仲裁委員会を作り、そこで解決するってあるんですよ。いきなり国際司法裁判所に出したら笑われますよ、その前にやることがあるでしょうと。実は請求権協定三条（紛争解決）に最初に注目したのは、「慰安婦」問題に関する韓国憲法裁判所の決定（二〇一一年八月）です。この時は、日本側は仲裁委の設置に応じなかった。その後、元徴用工問題では、日本側が仲裁委の設置をもとめているが韓国側が応じていないようです。こうした経緯を踏まえた認識が必要だと思いますよ。

――戦中を生きた者として、底が抜けた今に思うことは。

去年（二〇一八年）の暮れにちょっと変わった院内集会に行ったんだよ。国連の人種差別撤廃委員会から日本に変な勧告が出たっていきり立って開いた右派の集会です。正面に「日の丸」が掲げられてね、「君が代」も歌われました。そして登壇者が持ち出したのが、パリ講和会議[11]（一九一九年）での牧野伸顕（全権副代表）の人種差別撤廃提案で、「日本は世界に先駆けて人種差別撤廃を提起したパイオニアであるのに、いわれなき人種差別問題で勧告を受けている……」と言うんです。しかし、牧野が、具体的に何を要求したかには一切ふれない。実は、牧野は、海外で差別冷遇に苦しむ日本人移民を念頭に、国際連盟規約にこう書くべきと主張したわけです。「すべての国家の人民に対し、その人種及び国籍の如何により、法律上または事実上、何らの区別を設けることなく、一切の点において均等公平の待遇をあたうべきことを約す」と。右派は、一〇〇年記念集会は口にするけど、日本に現存するさまざまな人種差別の撤廃には関心がないようですね。

——同じ年に日本は三・一独立運動[12]を徹底弾圧しました。一説では七〇〇〇人以上の朝鮮人が殺されています。白人からの有色人種への差別のみを「差別」と見なすから、アジア侵略と植民地支配と、「反人種差別」の主張が両立する。人間のおぞましさを感じます。

私も右派がこれを自慢するのは知ってんだけど、大事なのはここで牧野が何を主張したかですよ。そんなこと無理だよって内容です。かつて日本が貧しくて多くの移民を送り出していた時に、送り出し国政府として、出先で差別冷遇に苦しむのを何とかしたいと思って発した発言なんです。

今日本は外国人に対して一体どんな受け入れ方をし、どう遇しているのかを考えるうえで、非常に重要な過去なんですね。でも右派は「世界で最初に人種差別を訴えたのは日本だ」ばっかり。その日本が今何やってんのか考えろよって。そういう切り口で、今年の二月一三日に、どっかの新聞が社説でも書かないかなと思ったけどね（記事すらなかった）。社説でなくても学芸欄とか評論とかさ。それで一〇〇年を考えた場合に何が浮かび上がるかを考えたらどうだろうと。そのうえで外国人を排斥するために知恵を使うんじゃなくて、この社会で一緒に暮らしていくために、他の国はできないけどわれわれはこれをやるっていう、そういう何かプライドのある提案をできないかなと思うんだけどね。

朝鮮学校の関係で言えば第二次朝鮮学校閉鎖令（一九四九年）から七〇年です。「団体等規正令」で「在日朝鮮人連盟（朝連）」が解散させられてからも七〇年です。そんな切り口で縦に物事を考えられないかと。

もう少し言うとね、以前（一九九〇年）、ペルーでフジモリ大統領が誕生した時ね、「ニュース23」を観てたらペルーと彼の故郷の熊本とＴＢＳ（東京放送）で三元中継やってるわけよ。それで筑紫哲也さんが「日本の視聴者のために日本語でメッセージをお願いします」って言ってさ。そしたら彼は、「いや、熊本弁混じりの日本語ができるということを知ってくださってるのはありがたいですけど、私は一国の大統領ですから日本語でお話することはできません」とスペイン語で返したんです。私も血の気の多いほうだからすぐＴＢＳに電話してね。「あれは局で台本書いてやったのか、それともアドリブなのか？」って訊《き》いたら、要領を得ない。「いいけどＣＭの間にメモ入れて、視聴者からこんな指摘があったってちゃんと伝えてよ」って言って終わりまで見てたけど、何の反応もなかった。

ペルーは人口二七〇〇万人くらいの国でね、外務省の推計だと日系人は七万人程度です。日系人が逆立ちをしてもフジモリさんを当選させることはできない。要するに普通の移民二世です。それでどこの出身であろうと、どういう名前を使ってる人であろうと、適任と見なされれば大統領に選ばれるペルーと日本を比べた場合、何が見えてくるか。たとえば日本で総理大臣が朴さんになることが想像できるかっていうことです。彼は一国の国家元首になったけど、親の名前を引き継いでます。でも日本では、まだ国籍は日本ではない在日朝鮮人の多くが日本の名前（通名）を使っている。この違いなんだろうかと。そういう感覚ってすごく大事だと思ってんですよ。

たとえば「９・11」（二〇〇一年）の時、アメリカの運輸長官は日系人のノーマン・ミネタさんですよ。彼は一〇歳の時、ハートマウンテンの日系人収容所に放り込まれた経験がある。二万ドルの補償金を貰《もら》ったんです。その少年が運輸長官になって、陣頭指揮をとって全土を飛ぶ飛行機を一週間くらい止めた。そういう人は日本で名前が響き渡る。そう考えるといろんなものが見える。先のフジモリ大統領はその後失脚して日本に逃れて来て、亀井静香さんの国民新党から参議選に出馬した。落選するんだけど誰も二重国籍を云々しない。彼は日本ルーツだからいいけど、蓮舫さんは台湾ルーツだからバッシングされる。両方二重国籍ですよ。もうちょっとどうかならないかなって、私はいつも感じる。だから北方領土を云々するなら、あそこの住民についてわが日本はちゃんとやりますと、あっと驚くような提案したらどうだって思うんだけどね。意見の違いはいいけど、野党もメディアも、北方領土に住むロシア住民の処遇が話題にならないのが気に食わない。特別なこと言ってないと思うんだけどね。これもアジア文化会館の一〇年が影響してるのかな。

――それにしても「フェア」に対するこだわりはどこから。

う〜ん、何となく一〇年で身に着いたのかな。でも私はあんまりフェアであろうという意識というか切り口はないですね。ただあえて言えばプライドみたいなものを持たなきゃいかんとは常に思ってます。さっき言ったように、いったん植民地支配に踏み込んだ以上、そのケジメはちゃんと付けて次に進むと、そういう国でありたいという感じはありますね。なんでかな? スタートが右翼のところだったからかな。

注

1 第9、10章参照。

2 http://www.courts.go.jp/app/hanrei_jp/detail2?id=52250

3 http://kokkai.ndl.go.jp/SENTAKU/sangiin/198/0061/19803190061003a.html

4 第14章参照。

5 第13章参照。

6 第15章参照。

7 第12章参照。

8 「特定技能」のこと。建設、造船、農業、漁業など一四業種での単純労働を認める一号と、うち五業種で家族滞在や在留期間更新が可能な二号からなる。これまで日本政府は「外国人の単純労働者は認めない」との立場を堅持する一方、労働力不足を補うため、日系人に特化した「定住者」や、留学生から分離した「研修」の資格創設や、労働者ではない「労働者」である「技能実習制度」を設け、海外から安価で無権利の労働力を輸入するための「抜け道」を作ってきた。今回は正面から労働力受け入れを掲げた初の制度になるが、安倍首相らは、あくまで移民受け入れではないと強弁している。

9 第13章参照。

10 日本統治下の朝鮮や中国から駆り出され、強制労働を強いられた朝鮮人、中国人の元労働者とその遺族らが、当該の企業に謝罪や補償を求めている問題を指す。政権交代後の韓国では二〇一八年秋以降、日本企業の賠償責任を認める判決があいつぎ、日韓請求権協定で解決済みと主張する日本政府が猛反発。外交問題になっている。

11 第一次大戦後の賠償問題や、その後の世界秩序について話し合われた会議。

12 植民地朝鮮で起きた最大の独立運動。一九一九年三月一日、ソウル（当時・京城）のパゴダ公園に集まった人びとが独立宣言を読み上げ、「朝鮮独立万歳」を叫んだ。軍警による徹底弾圧で、おびただしい犠牲者が出たものの動きは朝鮮全土に拡大、数カ月にわたって続き、朝鮮総督府は武断統治を文化統治に転換させざるを得なくなった。同じ年には上海に亡命政府「大韓民国臨時政府」が結成され、独立運動が続けられた。

補論 日本人の戦争観・アジア観についての私的断想

田中 宏

補論　日本人の戦争観・アジア観についての私的断想

田中　宏　一橋大学名誉教授

1　敵の大将死す、勝利は近い……

私は、一九三七年、東京に生まれ育ったが、戦争末期の「縁故疎開」政策で、「国民学校」一年生の一九四四年三月から、父の故郷である岡山の祖父母のもとで暮らすようになった（国民学校の教師だった父は、東京に残る）。米国ルーズベルト大統領が死んだのは一九四五年四月のこと。その時、校門脇の掲示板に「敵の大将が死んだ。神風が吹いた。日本の勝利も近い……」というようなことが、校長の言葉として書かれていたのを思い出す。当時の標語は、「暴《ぼう》支《し》膺懲《ようちょう》（暴れる中国を懲《こ》らしめよ）」、「鬼畜米英（米英は犬畜生）・東亜の解放」だった。

しかし、国民学校三年生の夏、日本は敗戦を迎えた。一九四五年九月、夏休みが終わって、学校に行くと、教科書の一部を修正するよう教師から命じられた。日本は、歴史を六六〇年ごまかしていたので、たとえば、「皇紀二六〇〇年」は「一九四〇年」に書き改められたのである。また、副読本・文部省編『新しい憲法のはなし』（一九四七年）では、新憲法第九条の戦争放棄の説明として、戦車や軍艦を溶鉱炉に入れると自動車や電車が出てくる挿絵が配されており、胸のすく新鮮さを感じた。

米国占領軍の放出物資であるチューインガムやチョコレートを手にして感激した。見たこともないし、口にしたこともないお菓子で、包んでいる「銀紙」はまぶしいほどに輝き、ガムを口にしたときのスーとする感覚を、民主主義が身体に入ってくるように感じた。敵性語として排除されていた「英語」が突然復活し、「カム、カム、エブリボディ……」で始まるNHKラジオの英会話教室が一世を風靡《ふうび》した。初めて学んだローマ字を使って、早速カバンやノートに、無心に自分の名前を書き込んだのを思い出す。

米国は、文明が高度に発達した国で、各家庭には映画館があり、洗濯も機械がやってくれる。そんな国を相手に日本はバカな戦争を仕掛け、原子爆弾を落とされて無条件降伏したのだ。今後は、すべからく米国をお手本に、りっぱな米国のような国に生まれ変わらねばならない、と思った。

それは、「真珠湾攻撃―ミッドウェー海戦の敗北―広島・長崎への原爆投下―玉音放送《ぎょくおん》―米軍占領」という史実の整理を意味した。一方では、「真珠湾攻撃」には「マレー半島上陸」が対置され、「玉音放送」には台湾・朝鮮・東南アジアにおける「光復・解放」が対置されたのであるが、当時の私の意識のなかにそうした視点はまったくなかった。

2　千円札に登場した「伊藤博文」

私が学窓を離れて就いた職は、アジアからの留学生を受け入れる民間団体での仕事だった。入職は一九六二年二月で、当時、日本は、中国はおろか韓国とも国交がなく、受け入れていた留学生は台湾、香港、東南アジアからの青年が中心だった。

一九六三年一一月のこと、日本の千円札の肖像が「聖徳太子」から「伊藤博文」に変わった。東南アジアからの華人留学生にこう切り出された。「田中さん、日本人は、歴史をどう学んでいるの。戦前の日本ならいざ知らず、戦後生まれ変わった日本で、なぜわざわざ伊藤博文をお札に持ち出すの。伊藤は、朝鮮民族の恨みを買ってハルピンで殺された人でしょう。日本で一番多い外国人である朝鮮人も、同じ千円札で、毎日買い物をするわけでしょう、随分残酷なことですよね。しかも、日ごろから政府を批判する文化人・知識人がどれだけいても、誰一人として伊藤の登場を批判しない。一億人が何を考えているのか、薄気味が悪い」と言われたのである。

「真珠湾で始まり原爆で終わる」歴史のなかにいた私にとって、この言葉がどれほど大きな衝撃であったかをご想像頂きたい。

留学生の仕事のなかで手にした本に黄尊三著『清国人日本留学日記』（実藤恵秀他訳、東方書店、一九八六年）がある。伊藤がハルピンで撃たれた当時、黄は明治大学の学生で、その日記には次のようにある。「（一九〇九年一〇月二九日）夜、新聞の号外を読む。それには、伊藤博文公爵が今日午前九時、韓国人の安重根《アンジュングン》によって、ハルピンで撃たれ、重傷、まもなく死んだ、とある。この一撃は、侵略者の肝を震えさせ、亡国の民の意気を奮い起こすことが出来るのであって、大いに我々の心を痛快がらせた」と。

さらに、翌日の日記には、「八時、登校。教師が演説して、『伊藤公の死は日本帝国の一大不幸である。しかしながら、諸君は公が死んだからといって、気を落としてはいけない。諸君はそれぞれに発奮して、伊藤公のように自ら務め、また伊藤公の志をおのれの志とするならば、伊藤公は死んでも、日本の国力の発展は、公の生存した時よりもはるかに勝るであろう』と言った。僕はこれを聞いて、ひどく腹が立った。日本人の侵略主義は、深く人々の心に沁《し》み込んでいることがわかる。……伊藤の死は、韓国にとっては気を吐いてよいことで、日本にとっては損失と言えようが、中国にとっては、ホッと一息というところである。それにしても、安重根は永遠に光を放つであろう」と綴《つづ》っている。

二〇一四年一月の韓国・朴槿恵《パククネ》大統領の中国訪問を受け、中国政府は、ハルピン駅構内に「安重根記念館」を新たに開館した。その際、日本の菅義偉《すがよしひで》官房長官は「安重根はテロリストと認識している」と、不快感を露《あら》わにしたことは記憶に新しい。一〇五年前の中国人留学生の日記の記述が、かえって新鮮に浮かび上がってくる。千円札の伊藤博文と言えば、次のことも紹介しておきたい。

「伊藤博文」の登場について、当時どこかにそれを批判する文章が出ていないか、あれこれ調べたが見つからなかった。講演などでも情報提供を求めたが反応はなかった。ただ一度だけ、在日朝鮮人の聴衆の一人が、「商売をしていた母が、そう言えば、一日の売り上げを計算している時に、千円札が出てくると『チェッ』と舌打ちしていたのを思い出す」と話してくれたことがある。しかし、その声が、すぐ隣に暮らしているはずの日本人のもとに伝わることはなかったのではなかろうか。

3 「赤旗」に載ったフランス語講座の「広告」

同じアジア文化会館で経験したことに、こんなこともある。当時、ベトナムは南北に分断されており、日本に留学生が来ていたのは「南」からだけだった。「田中さん、東大生は超一流のエリートかもしれないが、われわれベトナム人留学生をつかまえると、フランス語で話しかけてくる。われわれが日本語できなければ何も言わないが、なに不自由なく話せるのに、である。ベトナム人がフランス語できるのは、植民地支配で強制されたからです。東大生は、植民地支配について、何も学んでいないのだろうか。ベトナム人にとっての〝フランス語〟の意味を知らないのだろうか。なに食わぬ顔して使うって、どういう神経してるのかと思うよ。田中さん、日本の将来が心配ですよ」と言うのである。

さらに、一枚の新聞の切り抜きを私に示した。それは、日本ベトナム友好協会主催のフランス語講座の「広告」だった。そこには、「インドシナ三国で普及しているフランス語を学んで、インドシナ人民と友好を」とあった。その「広告」は、日本共産党機関紙「赤旗」に載ったもので、一九七三年一〇月三一日付だった。当時は、ベトナム戦争の最中で、日本の紙面にもたびたびその戦況が伝えられていた。その留学生は、「田中さん、日本の左翼も、落ちるところまで落ちましたね」と言い放った。

一週間後にまた同じ「広告」が「赤旗」に載ったところを見ると、共産党の幹部も「赤旗」の読者も、その「広告」に何らの違和感も覚えなかったのだろう。たとえば、左派批判に熱心な『週刊新潮』あたりに、「日本共産党、地に堕《お》ちる」とでも皮肉る記事が載るとおもしろいが、そうしたこともなかった。

「千円札」の話にしても、「赤旗」の「広告」にしても、日本人の間ではまったく話題にもならなかったのである。日本でも、右派と左派で意見が分かれることはよくあるが、これらのことについては、左右で意見が分かれることはなかった、と言うほかない。そこには、歴史認識にかかわる根深い問題が潜んでいるように思う。「真珠湾に突っ込んで、原爆で負けた戦争」、戦後は米国に学んで新しい民主主義の国に生まれ変わる日本という自画像から、アジアとの関係はすっぽり抜け落ちていた。私は、身近な留学生のA君やB君との会話のなかで、そのことを身に沁みて感じ、脳裏に焼き付けられたのである。

4 朝鮮人留学生と福沢諭吉の「脱亜論」

留学生関係の仕事に就いたこともあり、明治以来のアジア人留学生の歴史に関心を抱くことになる。調べてみると、明治以来、最初に日本にやって来た留学生は朝鮮からであった。しかも、主に福沢諭吉（一八三五―一九〇一）が創った慶応義塾がその受け入れ先となっていた。

私は、戦後教育のなかで、米国のリンカーン大統領の演説「人民の、人民による、人民のための政治」を知り感心した際、日本にも福沢諭吉という立派な人がいて、「天は、人の上に人を作らず、人の下に人を作らず」と説いた、と教えられた記憶がある。一方で、福沢は「脱亜論」を書いた人としても知られている。

「本月初旬、……朝鮮人二名本塾へ入社いたし、二名まず拙宅に差し置き、優しく誘導いたし遣り居り候」。これは、一八八一年六月、ロンドン滞在中の弟子二人に送った福沢の手紙の一節である。これが明治以降来日したアジア人留学生に関する最初の記録のようだ。

日本は、一八七六年二月、日朝修好条規を締結、欧米に先駆けて朝鮮「開国」に成功する。しかし、それは欧米が日本に強いた不平等条約そのものであり、逆に今度はそれを朝鮮に強いたのである。開国以降、朝鮮から視察団が来日し、やがて朝鮮人留学生も来日するようになるが、彼らは朝鮮開化派の重鎮・金玉均《キムオッキュン》（一八五一―一八九四）の影響下にあったようだ。開化派は、日本にならって近代化を図ろうとし、一八八四年一二月、ソウル郵便局の落成式を機に、守旧派排除のクーデターを起こすが、失敗に終わった（甲申政変）。『慶応義塾百年史』も、「（慶応に入学した）これらの留学生の大部分は、（明治）一七年の変乱（甲申政変）のとき帰国して、朝鮮独立党の中心人物たる金玉均、朴泳孝《パクヨンヒョ》らのために活動したので、あるいは戦死し、あるいは刑に処せられ、あるいは行方をくらました。その後、久しい間、日本には留学生を絶っていた」と書いている。

福沢は、朝鮮人留学生の世話を門下生の飯田三治に託し、あれこれ尽力していたようだ。残された福沢の書簡のなかにも、留学生の一時帰国の船便手配の依頼状や、留学生に電信の実地見学に便宜を図ってもらった礼状などが含まれている。一方、福沢は、一八八二年三月、日刊紙「時事新報」を創刊し、死に至るまで、同紙に社説を始めさまざまな論稿を書いている。

先に述べた「甲申政変」の前、一八八二年七月、朝鮮で起きた「壬午《じんご》の軍乱」は日本の介入への下層軍人の反発が背景にあった。そして、「時事新報」での朝鮮に関する福沢の社説が特に目立ったのは、「壬午の軍乱」と「甲申政変」の時である。たとえば、「事（壬午の軍乱のこと）既に平ぎたる後は、花房公使をし以て朝鮮国務監督官に兼任し、同国万機の政務を監督することと為し、飽くまでも開国主義の人を輔翼保護し、之に同国の政府を委す可し」（一八八二年八月一日付、社説）と説く。それが、やがて八四年一二月の「甲申政変」となり、その失敗を受けて、「脱亜論」（一八八五年三月一六日付、同紙社説）に結実したと考えられる。

いわく「其の支那、朝鮮に接するの法も、隣国なるが故にとて特別の会釈に及ばず、正に西洋人が之に接するの法に従って処分す可きのみ。悪友に親しむ者は共に悪名を免かる可からず。我れは心に於いて亜細亜東方の悪友を謝絶するものなり」と。

親身になって朝鮮人留学生を世話し、その期待が功を奏さなかったゆえに、アジアを排する「脱亜論」が生まれたのではなかろうか。そう考えると、アジア人留学生関係の仕事に就いていた私は、複雑な気持ちに襲われた。しかも、福沢は、リンカーンに並ぶ民主主義者であると教えられた往時と重ねると、なおさらのことである。しかし、それは、私個人の問題ではなく、日本の近現代が抱えるアジア観、戦争観に深くかかわっているように思える。

5 中島健蔵の「宣言」と竹内好の「決意」

ある時、留学生が一冊の古本・神保光太郎『昭南日本学園』（愛の事業社、一九四三年八月）を持ってきた。そこには、著名な知識人・中島健蔵（一九〇三―一九七九）がかつて起草した「日本語普及運動宣言」が収録されていた。一九四二年二月、日本軍はシンガポールを占領すると、「昭南島」と改称し、陸軍報道班員として多くの文化人を送り込んだ。中島健蔵もその一人で、一九四一年一二月、「徴用令状」を受け、シンガポール陥落直後にシンガポール入りした。中島は、天長節（四月二九日・天皇誕生日）に当たり、「日本語普及運動宣言」を書いている。

いわく、「天長の佳節に方（あた）り、馬来（マレー）及びスマトラ島の住民の行くべき道は明らかになった。……新しき国民が、例え、片言（かたこと）交じりにもせよ悉（ことごと）く日本語を語る日こそ、大東亜共栄圏確立の実があがった日である。……国旗のひらめく所、言葉も亦日本語に満ち溢れなければならぬ。かくして、馬来もスマトラ島も真底から日本の一角となるのである」と。この上擦《うわず》った筆使いに、多くを付け加える必要はなかろう。

中島は、フランス文学者（東京大学文学部講師）であり、戦後は進歩的知識人として反戦平和運動に参加するとともに、一九五六年から日中文化交流協会に参加、後に理事長も務める。中島には回想録『昭和時代』（岩波新書、一九五七年）があり、また連載「わたしの中国」（中日新聞、一九七三年一月一六日～二月八日夕刊。後に『後衛の思想―フランス文学者と中国』朝日新聞社、一九七四年）もある。中島は、戦後、シンガポールでのことを書いても、そこでの「日本語普及運動宣言」起草のこと、そして帰国後の「東亜の共通語としての日本語」との国策に沿ってあれこれ活躍したことなど、一連の文化侵略については一切ふれていない。

「『あんたはフランス文学者と思っていたが、なぜ中国関係に深入りしたのか』という質問を受けることがある。そのきっかけは、はっきりしている。シンガポールでの経験である。……（日本軍による華僑虐殺事件）華僑から見れば、（自分は）やはり侵略者の片われに違いなかったはずである」とは、前述の連載「わたしの中国」の一節である。かつての行動の消極的加害性を語りつつ、それをいつしか日中文化交流への積極的意義付けに転嫁させている。同連載では、「日本軍の軍事行動が帝国主義侵略戦争であることは、少しでも批判力のある人間ならば、判らないはずはない」と書き、さらに「アルジェリアにおけるフランス政府の露骨な植民地主義的弾圧の報道に心をくもらしはじめた。……当然、指導的なフランス文化界に人々の強硬な批判が起こるであろうと思っていたのに、案外、鳴りをしずめていることを知って、わたしは、ひそかに、幻滅を感じていた」とさえ書いている。

日本の読者は、中島は戦時下の「日本語普及運動」等にかかわらず、フランスの文化人よりはましな対応をし、戦後も日中文化交流に献身した著名な文化人と思ってしまうだろう。ここにも、日本人の歴史観なり戦争観に「歪み」をもたらす事例があるように思う。

中島が西欧型知識人とすれば、竹内好《たけうちよしみ》（一九一〇—一九七七）は東洋型知識人と言えよう。竹内好は、中国の作家魯迅《ろじん》を日本に紹介した中国文学研究者であり、〝竹内魯迅〟という言い方さえある。竹内は、一九四一年一二月の大東亜戦争勃発に際し、雑誌『中国文学』八〇号（一九四二年一月）に巻頭言「大東亜戦争と吾等の決意」を書いている。

いわく「歴史は作られた。世界は一夜にして変貌した。我らは目のあたりにそれを見た。感動に打震えながら、虹のように流れる一筋の光芒の行衛を見守った。……一二月八日、宣戦の大詔が下った日、日本国民の決意は一つに燃えた。……この世界史の変革の壮挙の前には、思えば支那事変は一個の犠牲として堪え得られる底のものであった。支那事変に道義的な呵責（かしゃく）を感じて女々しい感傷に耽り、前途の大計を見失ったわれらの如きは、まことに哀れむべき思想の貧困者だったのである。……大東亜戦争は見事に支那事変を完遂し、これを世界史上に復活せしめた。今や大東亜戦争を完遂するものこそ、われらである。……耳をすませば、夜空を掩って遠雷のような響きの谺（こだま）するのを聴かないか。間もなく夜は開けるであろう。やがて、われらの世界はわれらの手をもって眼前に築かれるのだ」と。もうひとつの上擦った調子の筆使いと言えよう。

中国文学研究者・竹内をして、「支那事変に道義的な呵責を感じて女々しい感傷に耽り、前途の大計を見失ったわれらの如きは、まことに哀れむべき思想の貧困者だった」と言わしめたものは、いったい何だったのか。フランス文学者・中島をして「国旗がひらめく所、言葉も亦日本語に満ち溢れなければならぬ。かくして馬来もスマトラ島も真底から日本の一角となるのである」と言わしめたものは何か。それらが、戦後十分解明されてきたとは到底思えない。

6　矢内原忠雄『戦後日本小史』と韓健洙「歴史的背景から見た韓国の多文化社会」

私がもうひとつ「発見」したのは、日本における外国人の地位処遇に関する諸問題である。あるベトナム人留学生から、こう切り出されたことがある。「田中さん、日本人はシャイだから、字で書く時は『外国人』とするけれども、内心では『日本国に害になる人＝害国人』と思っているのではないですか」と。私は一瞬たじろいだ。しかし、言われてみると、彼らが常時携帯を義務付けられた「外国人登録証明書」には、顔写真のすぐ下に黒々と「指紋」が押してあった。通常、指紋は犯罪と結び付けられるので、外国人は「犯罪者予備軍」と見なされていることになる。「害国人」とは、実に〝言い得て妙〟ということになる。

先に「伊籐博文」の時にふれたように、当時、在日外国人で最も多いのは在日朝鮮人で、ほぼ九割を占めていた。朝鮮は一九一〇年から一九四五年まで日本の植民地とされ、朝鮮人は「帝国臣民」とされたが、戦後、朝鮮半島は日本から分離され、在日朝鮮人は「外国人」とされた。日本における旧植民地出身者の処遇問題は、「日本国」が「大日本帝国」から引き継いだ大きな「宿題」である。それに関しては、いくつもの問題が生起している。

たとえば、在日朝鮮人は、法務府民事局長通達によって、一九五二年四月二八日（対日平和条約の発効日）に「日本国籍」を喪失し「外国人」になる、とされた。日本国憲法第一〇条は「日本国民たる要件は、法律でこれを定める」とあるのに、国籍の得喪《とくそう》を「法律」ではなく「通達」によったのである。また、対日平和条約発効を国籍変更の「基準日」としたが、そもそも大韓民国も朝鮮民主主義人民共和国も、サンフランシスコ講和会議には招かれてもいない。したがって、対日平和条約の当事国ではないのに、その条約の発効日に旧植民地出身者の国籍変更が断行されたのである。

日本のかつての同盟国ドイツも隣国オーストリアを併合し、ドイツの敗戦にともなってオーストリアは分離独立した。西ドイツ（当時）は、一九五六年五月、特別立法として国籍問題規制法を制定して国籍処理を行った。すなわち、かつて付与したドイツ国籍はすべて消失すると定める一方で、西ドイツ在住のオーストリア人（在日朝鮮人に相当）は、自己の意思表示によりドイツ国籍を回復する権利を有すると定め、国籍選択権を保障したのである。

日本は、在日朝鮮人を一方的に外国人と宣告し、以降、在日朝鮮人が日本国籍を取得するには一般外国人と同じく「帰化」許可を得るほかない、との扱いとした。「帰化」の決定権がもっぱら日本政府の手中にあるのに対し、ドイツでの国籍選択の決定権はオーストリア人の手中にあり、彼我の違いは〝天と地の開き〟と言えよう。

こうした法実行について、日本のアカデミズムはどう見ているだろうか。日本の植民地研究の第一人者に矢内原忠雄《やないはらただお》（一八九三―一九六一）がいる。その著『帝国主義下の台湾』（一九二九年）は名著とされ、東京帝国大学では「植民政策論」を担当。しかし日本による満州事変を批判したなどのため、一九三七年一二月、教授職を辞さざるを得なかったという。

しかし、戦後、東京大学に復帰、一九五一年から二期六年、東京大学総長を務めた。東大復帰の時、矢内原は「植民政策論の名称も、私はもう植民地はなくなったし、植民政策でもあるまいと言って、植民政策論の講座を国際経済論という講座に変えた」と言う。植民地はなくなっても、旧植民地にともなう諸問題が消えるわけではないのに、である。

矢内原忠雄編『戦後日本小史　上・下』（東京大学出版会、一九五八年・一九六〇年）がある。同書は、東大の著名教授が分担執筆しているが、植民地政策が戦後日本に残した旧植民地出身者＝在日朝鮮人の諸問題には一切ふれておらず、あたかも植民地がなくなれば、すべてはそれで終わり、と言わんばかりである。

前に見た在日朝鮮人の国籍問題は、「領土変更と住民の国籍」という帝国主義・植民地統治にともなう普遍的な問題であり、その日本における「法実行」が検証されねばならない。しかし同書は、前述の「通達」による国籍変更にもまったくふれなければ、その国籍喪失措置の結果として、たとえば、主権回復直後の戦争犠牲者援護立法から在日朝鮮人がことごとく排除されたことにも、なぜか関心を示さない（同書「法律」編は、著名な我妻栄担当）。また、戦前の同化的植民地政策によって奪われた言語、文化、歴史を取り戻すべく、戦後、在日朝鮮人が自力で産み育てた朝鮮学校に対し、それを尊重するどころか閉鎖命令が出され、その過程で「阪神教育事件」が起き、一部に変則的な公立朝鮮学校が生まれたことも、同書「教育」編にはまったく出てこない（著名な海後宗臣担当）。

『戦後日本小史』の「あとがき」で、編者の矢内原は、「上・下両巻を一つとして、戦後日本民主化の諸問題の所在を明らかにし、今後の進むべき方向を示唆することが出来れば幸いである」と銘打ちながら、「日本民主化の諸問題」には、在日朝鮮人という旧植民地出身者を巡る諸問題がまったく含まれないのはなぜだろうか。矢内原研究は今も続いており、たとえば、岡崎滋樹「矢内原研究の系譜―戦後日本における言説」（『社会システム研究』二四号、二〇一二年）なり、没後五〇年に編まれた鴨下重彦など編『矢内原忠雄』（東京大学出版会、二〇一一年）を見たが、なぜか旧植民地出身者の問題への視点を見つけることはできなかった。

矢内原について調べようと思ったきっかけは、実は、たまたま目にした次の文章である。「日本の植民地支配に抵抗する過程で形成されてしまった単一民族論と純血主義は克服されるべきである。（中略）朝鮮社会の文化的優越主義や文化的同質性をもって民族のアイデンティティを形成することは間違いであるにとどまらず、現実にも合わないことをまず認めるべきである。新しく再編される韓国社会または韓国人が、民族と文化の多様性を通して新しい歴史を創っていくべきであるからだ」（韓健洙《ハンゴンス》・江原大学校文化人類学科教授「歴史的背景から見た韓国の多文化社会―民族の優越性を乗り越えて多様性の時代へ」『Koreana（日本語版）』一五巻二号、韓国国際交流財団、二〇〇八年、所収）。植民地支配の一方の当事者である日本はどうだろうと考えた時、植民地研究の第一人者矢内原忠雄が浮かんだのである。

私は、多民族共生社会を目指して、日韓双方で外国人への地方参政権の開放を実現させようと取り組んできた。日本では、一九九八年一〇月、野党により初めて国会に法案が提出され、一〇年余は国会に継続的に提出されていたが、二〇〇九年九月に姿を消し、今日では話題にもならなくなった。一方、韓国で法案が国会に提出されたのは二〇〇一年一一月で日本より遅かったが、二〇〇五年六月、公職選挙法が改正され、永住外国人に地方選挙における選挙権（被選挙権は除く）付与が実現した。その結果、ＯＥＣＤ加盟国（韓国も加盟）で、地方参政権をまったく認めていないのは日本だけとなった。しかし、残念ながら、日本政府なり日本社会に、そうした認識は見受けられない。

植民地がなくなれば、それで終わりと言わんばかりに、矢内原は、旧植民地出身者である在日朝鮮人を巡る諸問題にまったく関心を示さなかったようだ。一方、韓国の韓教授は、民族の優越性を乗り越えて多様性の時代へ、と説き、それが外国人への地方参政権開放に結び付いたのではないかと思われる。したがって、在韓日本人永住者は、韓国で地方選挙に（すでに三回）投票しているが、在日韓国人は依然として日本の地方選挙に一票を投ずることはできない。この日韓の「非対称」の中にも、日本人の歴史認識に潜む大きな問題があるように思える。

注

本稿は、二〇一六年九月二四日、中国・吉林大学（吉林省長春市）で開かれた「第五回新聞史論青年論壇・北京大学新聞学研究会年会」における報告稿に、若干の追補を行ったものである。

書簡

この度の朝鮮高校無償化問題に寄せて

権順華

書簡

この度の朝鮮高校無償化問題に寄せて

権順華

田中先生へ

この度の東京地裁判決を知り、私の中の何かがプチッと切れ、それと同時に次の歌が無表情に流れました。

「捨てられてしまったの　愛する人に　捨てられてしまったの　紙くずみたいに　あなたならどうする　泣くの　歩くの　死んじゃうの　あなたなら　あなたなら」

私は日本で生まれ育まれてきました。差別され、つらい思いも味わってきましたが、それでも日本社会によって自分が形づくられてきたのは事実であり、日本への愛情もあります。しかし、東京地裁のあまりの判決に、その愛情が踏みにじられたような気持ちになりました。

日本の公立学校に通った私がどんな扱いを受け、どんな気持ちで生きてきたかをここで吐露《とろ》しなければ、文才がなくても何か意思表示をしなければとペンを取りました。

私が初めて朝鮮人差別を受けたのは、保育園に通っている時でした。最初は、他愛のないいじめから始まる。「つぎだらけの朝鮮（チョーセン）」つぎ物を身につけているのは、私だけではないのに……。先生は注意もせず、私はオモニ（母）に訴える。泣きながら……。ある日オモニが遅くまで預けていた私を迎えに来た時、先生とつぎの一件を話していた。結局アップリケのように可愛らしくしてみてはとの先生からの提案、その後オモニが、私に着せる物につぎをあてる時に苦心してくれた甲斐あってか、そのことでいじめに遭うことはなくなったが……「チョーセン帰れ！」に取って代わった。そして「やけどのあとのじゅんか」と繰り返しはやしたててくる。これは一番不快な言葉だった。なぜなら、私の右手首から肘にかけてある火傷のあとをはやしたて、傷つける言葉だったからだ。それに私の名前は「じゅんか」ではなく「順華《すーな》」（순화）なのだから。先生は何も言わない。それどころか先生は私を叱る。なぜ？　？マークがこうして増えていく。ある時から、私も泣かなくなっていた。いつの頃からかゴンちゃんは「コワイ人」に変わった。「ゴンダをいじめると姉《ねえ》ちゃんがこわいからなぁー」ヒソヒソ話が聞こえて来た。

オンニ（姉）は、確かにコワかった。私が小学校低学年の頃、同じ町の同学年他クラスの男の子にイジメられて泣いている私を、あの広い運動場の中で見つけ、かけつけたオンニは、その子の手を側溝の網の目の上に置き、踏みつけんばかりにして「あやまれ！」低い声で「あやまらないと踏むぞ」。その子は泣きじゃくりながら謝ったが、私、必死でオンニの行為を止めていた。「ヤメテ！　ヤメテ！」。それ以来、私はとけ込めない子になっていた。

小学校一年生の時の担任は、おじいちゃん先生だった。いつも細くて長い棒を持って教室を歩き回る。そしてその棒を私たちの頭上で振り回す。ある時、その棒が私の頭上で振り回された。私はビックリして身がすくみ固まってしまった。

同じクラスに朝鮮人の男の子がいたが見て見ぬふりをしていて、嘘《うそ》をついているようで辛かった。

数少ない同胞の幼なじみも多くが北に帰って行った。学校から帰っても遊び相手もなく、にぎやかだった長屋の広場は見る影もなく淋しげだった。宿題を終えると、遊び相手を求め隣町まで行くようになっていた。

近くの農業用ため池で、ボートを貸し出したり、鯉の養殖をしていた。小学校三、四年生の頃、時々遊びに行くと、おじさんが三〇分くらいただでボートを貸してくれ、いつでも来いと言ってくれたので、その言葉に甘え、（春の花見、冬のスケートシーズン以外は）ボート三昧の日々だった。今でも水しぶきをあげずにボート漕《こ》ぎができます。

小学校高学年のある時、毎日担任に提出していた日記帳に書いた「ウェハルモニ」の意味を担任から聞かれた。私はしばらく考えて「お母さんのお母さん」と言った。先生が「おばあさんのことか?!」と言うので、「はい」と答えた。私の中では「ウェハルモニ」以外に代わる言葉はなかった。「おばあさん」では「日本人」なのだ。

小学校六年生のある日、学級新聞をグループで作っていた時のこと。保育園からのあのいじめっ子が私に向かって唐突に「ヤバンジン」という言葉をなげつけて逃げて行った。保育園からの幼なじみのこの子には私の小さな心臓がグッサグサにされ、しばしば悲鳴をあげさせられた。どうしてそんなことばかり言うのか、何故?! そばにいた子に「ヤバンジンって言われちゃった」と告げた。次の日その子が「お姉ちゃんが、『コタンの口笛』って本を読んでみたらって言ってた」と言った。私は図書室から借りて読みかけたが、怖くて読むことを止めてしまった。小心者の私は、さらに自身が否定されてしまうのではないかと思えて怖かったのです。

最近ラジオで、アイヌ文化振興が北海道で実を結び始めていると聞いたが、その道のりの酷なこと。「『アイヌなんだからアイヌだと言っていいのよ』と和人《わじん》（日本人）に言われ逃げ出したくなった。アイヌというだけでその文化の一つもないのにどうやってアイヌと言えるの」と。私はこの話を聞きながら泣いた。私は何かと差別にぶつかる時、逃げ出したくなるから……。

両親はいやがおうでも朝鮮人だ。どんな名前を使おうが、何を着ようが、歌おうが、朝鮮人を隠さないし隠せない。その二人の子どもであることで、いやがおうでも朝鮮人たれと育ったが、いやがおうでも日本文化の賜物《たまもの》である私。どちらからも弾かれたらどこへ行くのだろう、どこへ行けばいいのだろう……。

地区の公立中学校に入学した。自分の母国語が公立中学校では学べない。英語の前に母国語でしょうという思いが私を変えた。家族で週一回、母国語・母国の文化を学んだ。オモニは六歳で日本に来たが、母国語を話したり聞いたりすることはできた。しかし読んだり書いたりはできなかった。アボジ（父）は書くことができなかった。歴史に翻弄された世代だった。

中学校では、担任の八つ当たり引き受け係にさせられた。私は何もしていなくとも、別のクラスメートがしたことを全部私にしょわせて「反省文5枚、明日までに書いて持って来い」とか、タイルの床に四時間正座をさせられたりした。担任を刺激するだけ無意味だと感じ、何も反論しなかったけど。

ＰＴＡに参加したオモニが帰って来た。オモニが担任の体罰を話したが、裏目に出たようだった。自分の子どもが人質に取られたかのように、卒業するまでは何も言えないらしい。オモニ曰く「何のためのＰＴＡなの?!　二度と行きたくないわ」。四〇年ぶりに訪ねた同級生のおかあさんが「体罰を受けていたというのは本当だったのね。ごめんなさい」と言った。私は黙っていた。おばさんも四〇年も胸にしまっていたのかと思った。

外国人登録証を手にした時、大人になったようで、同級生が子どもに見えた。指紋を押した時、役人が悪人に見えた。十数年後に押捺拒否するなんて思ってもいなかった。役人と私の間に流れる空気が嫌だった。互いに求めていない関係がそこで生まれる、希《のぞ》まないのに。そして押捺《おうなつ》拒否に……。

高校入学後、自己紹介をどうすべきか悩んだ。なぜなら、同胞の先輩が、高校の卒業を目前にして日本式名で付き合って来た友だちに在日韓国人であることを打ち明けると、「だましたな」と言って皆去ってしまったという話を聞いたからです。

私の日本式名は、権田順華《ごんだじゅんか》でした。「名前、ありふれてなくていいね」などと言われていたので、それを切り口にして自己紹介をすることに……。

私が黒板の前に立った日、いつになく教室はざわめいていた。意を決して「わたしは朝鮮人です」。クラスメートの視線が一斉に私に向けられた。教室はシーンと静まりかえった。私は、黒板に、権 順華と書き、その下に読みを、ひらがなとアルファベットで記した。「くぉん すんふぁ」「Kwon Soonhwa」。そして「これが私の本名です。권 순화です。よろしくお願いします。」と告げ、席に戻った。戻る時、担任の横を通った。「がんばれよ」という声が聞こえた。（何をどうがんばるの?!）数日後、私を呼ぶ声は、保育園通園時からの「ゴンちゃん」でした。

高校の日本史の教科書には、近現代史の中の朝鮮（韓国）との関わりについての記述がわずか三行だった。世界史を担当している教師のグループは、副教材を作っており、その中にハングルの記述があった。官憲がよく使った命令形の言葉だったので、私はオンニやオモニに確認し、次の授業の前に教科担任に説明した。おぼつかない文字ではあったが、副教材を作ってくださった先生方にお礼をしたい思いだった。先生は「権田が調べてくれたのでプリントの方を直してくれ」と言ってくれた。

現代国語の授業で、採点された答案用紙が戻されて、みんなで答え合わせをした。答案の中に、合っているのに点数に入っていないものを見つけ、先生に話に行こうと立ちかけた時、スゴイ目でにらまれ言うに言えなくなってしまった。担任に事情を話して点数を直してもらうことにし、次の現代国語の授業の時に答案が戻されたが、反省文を原稿用紙４枚書くよう指示された。何を反省するの？　先生が反省すべきでしょ?!

私が高校二年生の時、店（焼肉屋）を始めた。夜の街だった。夜中に起こされ手伝った。再び横になるのは明け方だった。

この年の夏、韓国の外国在住同胞学生生徒〝夏季学校（ハギ ハッキョ）〟に参加する予定だったが、韓国からアボジ（父）のコモ（父方のおば）を呼ぶことになり、翌年に先送りとなった。この年は大阪万博の年で、それに合わせてアボジのコモを呼べることになったとか。この年は、私も妹と秋に万博に行ったが、松本からの日帰りはきついものがあった。残暑厳しい大阪だった。太陽の塔は迫力があった。列々々でどこもいっぱい、人々々だらけ、月の石も見られなかった。熱中症にならず帰れただけで幸せということでした。

店は忙しい日が続き、嬉《うれ》しい悲鳴を上げていたが、私は朝起きられなくなっていた。そんなある日、土曜日の一一時、「あれ～ぇ」ばたばたと身支度して、学校へ急がなければ……。と、アボジが上って来る。一瞬私は隠れようとしたが隠れようがない。アボジが「ハッキョ ヌン？」（学校は？）と言ったので、背筋を伸ばし「今から行くところ」と答え階下へ急いだ。学校に着くと第四時限、担任の授業。少しためらったが中途入室し、「遅れた理由は後でお話しします」と担任に告げ席に着いた。授業が終わって清掃を済ませ、担任の所へ。私は下を向いたまま「店を手伝って横になったのが朝方で寝坊しました」と言い終わるや、担任が手で胸をなでおろしながら「あー良かった！」と言った。私は「はぁー?!」と言ってしまった。担任は私が学校を辞めると言うのではないかと心配してくださっていたのです。「親が許しませんよ！」と言って、私はホッとして笑い声を上げた。

その担任は、家庭の事情により他地域へ赴任し、高校三年生は新担任に。

高校三年生の時、店に夕刻やって来た政治経済の教科担任に呼ばれ、階下に降り店に出ると、差し向かいに座らされ、酌《しゃく》をしろと言う。私が断ると、グダグダとわけのわからないことをしばらく言っていたかと思ったら、「私は差別しない。臭い物には蓋をしとけばいいんだ」と言って、口をとがらせ私の方に迫ってくる。このような輩《やから》に同和教育ができるのか。私の通った公立高校は同和教育指定校だった。私は張り倒したかったが、それ以上にこんなやつに触れるだけで私の方がけがれると思った。「お勘定いりませんからお帰りください」と言って追い返して、オモニに塩をまいて二度と入れるなと言って自室にこもった。情けなくてあきれて涙が溢《あふ》れた。オモニは何も聞かなかったし言わなかった。私はこのことを話せるようになるまでに何年もかかってしまった。

その夏、夏季学校（ハギ ハッキョ）に参加して同世代の在日が八〇〇人もいることに驚き、帰日するや（日本に戻るや）一も二もなく、高卒後は母国（韓国《ハングック》）留学することを宣言。特に反対の声はなかったが、お正月にアボジが低血圧で倒れた。翌日アボジに呼ばれ話を聞くと、韓国行きを諦めないかということだった。私は「行かなかったら子育てできないよぉー」と言って、自室にこもって天井とにらめっこしていたが、涙が止めどなく流れ、こんな形で諦められないと強く思っていた。当時は民族へのあこがれが強く、韓国に行かなければ自分の民族性が得られないし、自分自身のアイデンティティーをきちんと持たなければ、子どもに伝えられるものが何もないと思っていた。

店を営んで行くのに人手がないことが問題で、オモニも頭を抱えていた。後日、オンニが春から休学してその間に人を探すことに話は決まり、私は予定どおり韓国《ハングック》に行けることになった。

高校卒業を間近に控えたある日、担任が「卒業証書の名前はどうする?」と聞いてきた。「本名でお願いします」と私は言ったのに、手元に届いた卒業証書には日本式名が書かれていた。

一九七二年春、韓国へ。大阪空港から一人で行く韓国。金浦空港にはオンニの友人が出迎えてくれることになってはいた。ドキドキしながら出口を出て行くと、前年夏に会ったオッナオンニ(オッナは名前・オンニの友人)が来てくれていた。ホッと息を吐いた。オンニが世話になった先生のお宅へ。私もそこでお世話になることになっていた。前年夏(夏季学校に行った時)に顔合わせは済んでいたが、ドッキドキでした。

一年間の語学研修を経て、短大(ソウル教育大)に入学(別枠入学)し、日本語で学んだことを우리말(母国語)で学び直す科目もあったりして嬉しかった。一方で軍事地図の見方など非常時に児童を引率して避難することなどを学びながら、三八度線の意味を改めて考えさせられたこともあった。歴史については、日本では全く触れられていないに等しい日韓併合(一九一〇年以降)

の視点……学び直さなければならないことがたくさんあった。未だに学び切れない、答えの出せない問題が在日の上にのしかかっているように思います。

入管の関係上、年に一度は日本に帰らなければならなかったが、韓国での数年間の生活は、旅行や山登りなど母国の息吹を全身に吸い込んで、頭のてっぺん髪の一本一本から足の先まで染み込ませたい思いでいっぱいだった。北に行くことは叶《かな》わないことですし、おくびにも出せない時代でしたが。

卒業後どうするか、韓国に残るか日本に戻るかを考え将来を決めなければならない時が来た。韓国で教師になるための勉強を重ね、教師としてどうあるべきかを考える中で、日本の公教育で自分が出会ってきた差別的な教師に育てられる子どもは気の毒だという思いが募っていた。同胞にとってだけでなく、日本人にとっても、日本社会にとってもそれでいいはずがない、そんな日本の教育を変えたいという使命感が生まれていた。私がしたいことは日本でないとできないのではないかと考え、日本に帰ることにした。

韓国にいる時から家業が大変になっていることを聞いており、オモニのことが心配だった。結局日本に戻ってからは、家業の焼肉屋を手伝いながら昼間は画材店で働いた。この画材店に勤めるにあたり、面接に行く時、不採用になった場合を考えながら行った。国籍を理由にしてきたら訴える覚悟だった。名前が固いと言われムムッとしたが、ちゃん付けで呼んで下さいと切り抜け採用された。

充電した韓国の息吹は、事ある毎に吹き飛ばされていく。日本の日常の中で、事ある毎に私の中の民族性はさらさらと消えていく。自分自身を維持するのに必死で、大事なものを見失ってしまい、モヤモヤした気持ちが爆発しそうになる。何かの形で充電し続けたいのに、充電できるものが、持ち帰った書籍や音楽カセットテープ、歌集しかなく、底をついてしまう。

丸一年で体をこわし退職、家業に専念しつつ、仲間を求める日々が続いた。川崎のオンニに話したところ、〝RAIK〟から〝市民の会〟を紹介され、手紙を出したところ、返事が来て、定期的に会を開いていることがわかり訪ねた。日本人が一〇人くらい、同胞が二~三人いて、出会いがあった。田中先生ともこの会でお会いしましたね。

私にとって、在日について考えている日本人がいるということは、それだけでありがたかった。同胞との出会いはおまけのようにさえ思えたが、とても大事な出会いだったと今改めて思う。仮称〝同胞の会〟が発足し、先生に〝外登法〟のことについて、〝入管法〟について、私たちがどう日本社会であつかわれているか教えていただきました。こうしてみると先生とのお付き合いも四〇年になるのでしょうか。

ウリマル(母国語)を日本人に教えるという発想がなかった私に〝市民の会〟で出会った〝YWCA〟の方から、YWCAの韓国語講座で講師をしてみないかとの話をいただき、恐る恐るお受けした。受講生と韓国旅行もした。

先生からのお話で愛知県立大学外国語学部朝鮮語講座非常勤講師を四~五年勤めさせていただ

きました。今思うと本当に怖い物知らずな行動だったように思いますが、学生たちが皆さん真面目で、朝鮮について何も知らないから、何でもいいから知りたいんだという熱意に支えられて何とか勤めさせていただいたみたいなものです。アボジ、オモニの協力もありました。我が家へ学生を招いたり、私の部屋の本棚から韓国の書籍を見つけ借りて行った学生や、食事に感激した学生、チマチョゴリ（韓国の衣装）に見入ったり手を通したり、私の普段の姿を見てもらうことしかできませんでしたが、家族の理解あっての招待が出来て、アボジ、オモニにとっても若き日本人との出会いの場となったことは、大きなことだったようでした。

かつて、私には民族を背負って生きるような気負いがあった。朝鮮人であるオモニ、アボジの子どもとしての自分と、公立学校に通って教師や周りの言うことに「違う」と思いながらもそれを追及できずあきらめてしまう自分との間でイジイジしていた。朝鮮人である自分を肯定できる民族性や他者（同級生や教師や周りの大人たち）との関わりがあれば、こんなに引き裂かれた気持ちを持たずに、のびやかに成長できたように思う。

だから、日本に戻って同胞との出会いを求めて止まなかった。自分のモヤモヤをわかってもらいたかったし、同胞ならわかってくれるだろうという気持ちがあった。やがて、同胞との出会いを通して、「民族」というくくりだけでなく、人としてどうあるべきかを考えられるようになってはきたが。

公立学校で多民族教育があってしかるべきだと思い続けている私です。なのに、朝鮮高校生たちがまた不平等な仕打ちを受けている。日本が民族教育を否定しないで、むしろ手を差しのべてくれれば、北からの援助を受けないで済んだし、私たちも少なくとも母国語を奪われることはなかった。

二〇一七年一〇月二二日

権 順 華

追記（二〇一八年九月二七日）

大阪高裁判決に寄せて

司法が三権分立を放棄してしまった判決内容に愕然《がくぜん》として涙も出ない。
私たちはこれからどうしたらいいのでしょうか?!
司法よ　目を覚ましてくれ!!

参考文献

穂積五一先生追悼記念出版委編『アジア文化会館と穂積五一』影書房、二〇〇七年
劉さんを守る友人の会編『日本人のあなたと中国人のわたし――劉彩品支援運動の記録』ライン出版、一九七一年
孫振斗さんに「治療と在留を！」全国市民の会編集委員会編『朝鮮人被爆者孫振斗の告発』たいまつ社（たいまつ新書）、一九七八年
土井たか子編『「国籍」を考える』時事通信社、一九八四年
崔昌華『かちとる人権とは――人間の尊厳を問う』新幹社、一九九六年
崔昌華『金嬉老事件と少数民族』酒井書店、一九六八年
朴君を囲む会編『民族差別――日立就職差別糾弾』亜紀書房、一九七四年
「ひとさし指の自由」編集委員会編『ひとさし指の自由――外国人登録法・指紋押捺拒否を闘う』社会評論社、一九八四年
アメリカ合衆国戦時民間人再定住・抑留に関する委員会編、読売新聞外報部訳編『拒否された個人の正義――日系米人強制収容の記録』三省堂、一九八三年
内海愛子、梶村秀樹、鈴木啓介『朝鮮人差別とことば』明石書店、一九八六年

田中宏・金敬得共編『日・韓「共生社会」の展望――韓国で実現した外国人地方参政権』新幹社、二〇〇六年
金敬得『在日コリアンのアイデンティティと法的地位』明石書店、一九九五年
江東・在日朝鮮人の歴史を記録する会編『東京のコリアン・タウン枝川物語　増補新版』樹花舎、二〇〇四年
枝川裁判勝利10周年事業実行委員会編『マウメコヒャン　마음의 고향（心のふるさと）――「枝川裁判」終結10周年をむかえて』同実行委員会刊、二〇一七年
月刊「イオ」編集部編『日本の中の外国人学校』明石書店、二〇〇六年
月刊「イオ」編集部編『高校無償化裁判――249人の朝鮮高校生たたかいの記録』樹花舎、二〇一五年
月刊「イオ」編集部編『高校無償化裁判たたかいの記録 vol.2――大阪で歴史的勝訴』樹花舎、二〇一七年
長谷川和男『朝鮮学校を歩く――1100キロ／156万歩の旅』花伝社、二〇一九年
呉永鎬『朝鮮学校の教育史――脱植民地化への闘争と創造』明石書店、二〇一九年
梶井陟『都立朝鮮人学校の日本人教師――1950―1955』岩波現代文庫、二〇一四年
金徳龍『朝鮮学校の戦後史〔増補改訂版〕――1945―1972』社会評論社、二〇〇四年
小沢有作『在日朝鮮人教育論 歴史篇』亜紀書房、一九七三年
朝鮮時報取材班編『狙われるチマ・チョゴリ――逆国際化に病む日本』柘植書房、一九九〇年

佐藤勝巳編『在日朝鮮人の諸問題』同成社、一九七一年
ウリハッキョをつづる会『朝鮮学校ってどんなとこ?』社会評論社、二〇〇一年
朴三石『教育を受ける権利と朝鮮学校——高校無償化問題から見えてきたこと』日本評論社、二〇一一年
脇阪紀行『混迷する東アジア時代の越境人教育——コリア国際学園の軌跡』かもがわ出版、二〇一五年
水野直樹、文京洙『在日朝鮮人——歴史と現在』岩波書店、二〇一五年
在日コリアン弁護士協会編『裁判の中の在日コリアン——中高生の戦後史理解のために』現代人文社、二〇〇八年
中村一成『ルポ 京都朝鮮学校襲撃事件——〈ヘイトクライム〉に抗して』岩波書店、二〇一四年
自由人権協会編『外国人はなぜ消防士になれないか——公的な国籍差別の撤廃に向けて』田畑書店、二〇一七年
平岡敬『無援の海峡——ヒロシマの声 被爆朝鮮人の声』影書房、一九八三年

あとがき

畏友中村一成氏のインタビューを受け、『部落解放』誌に一年余にわたって連載され、それがこうして一書になることになった。インタビューが誌面化される時には、紙幅の関係で割愛されたものも復元されて本書に収録されたようである。そのうえ、連載とは別に二つのものを加えてもらった。

一つは、二〇一六年九月、中国・吉林《チーリン》大学で行われた学会での私の報告である。いきさつを少し書き留めておきたい。日本留学中からの知友である卓南生《トウナムセン》さん（一九四二年生まれ、シンガポール出身）は、一九六六年来日、早稲田大、立教大に学び、新聞学博士を取得。その一方で、シンガポールの華字紙『星洲日報』、『星洲・南洋聯合早報』の駐日特派員、論説委員を務める。また東京大学、名古屋大学、龍谷大学で教職に就き、いまは北京大学の新聞学の教授である。かれこれ四〇年近い交友になるかと思う。

二〇一六年の春ごろと思うが、中国の新聞学会で報告してくれないかというのである。一体どういうことなのか、何を報告するのか、と問うと、日本とアジアの関係について日ごろ考えていることを中国の人に報告してほしい、という。いささか面食らったが、とにかくあれこれ考えて草稿をメールで卓さんに送ったら、あれでいいからぜひ来て報告してくれという。長春《チャンチュン》では、日本語で報告し、中文訳稿がパワポで流された。中国各地からの参加者だったが、外国からの参加者はなかったようだ。今まで日本人から聞いたことがない視点で、新鮮だったという評らしい。

私の最初の本は『日本を見つめるアジア人の眼』（田中宏編著、田畑書店、一九七二年）である。その冒頭に「アジアにこそ、われわれを問うてみよう」と題する私の文章があり、後はシンガポールの華字紙の日本評論、フィリピンの日本評論、そして南ベトナムの『ホア・ビン』紙の日本評論（ベトナム人留学生訳）を集めたものである。同書が、アジア文化会館での留学生との出会いの産物であることは言うまでもない。後で知ることとなるのだが、実は華字紙の評論（無署名）のなかには、卓さんが書いたものがいくつも入っていたとのこと。

同書が縁で、私の文章を集めた『アジア人との出会い』（田畑書店、一九七六年）が出版されるが、その「あとがき」に、「私は〝アジア人との出会い〟から、私自身に試練が必要だという、実に貴重な多くを学んできたように思う」と書いている。やはりここに私の原点があったのだということを改めて感じた。

もう一つ加えてもらったのは、権順華《クォンスンファ》さんの「書簡」である。やはり奇しくも四〇年来の知友である。いま私が取り組んでいる大きな問題は、朝鮮学校差別の問題である。すなわち、文科省による高校無償化からの朝鮮学校除外、そして自治体による補助金を朝鮮学校にのみ不支給とする一部自治体の問題である。高校無償化をめぐっては現在全国五カ所で裁判が進行している。

二〇一七年九月、東京地裁は、原告である朝鮮高校生敗訴の判決を言い渡した。その後、私は「朝鮮学校差別の見取り図」(『世界』二〇一八年五月号)を書いた時、「東京地裁が、原告敗訴の判決を言い渡した直後、私は、ある「在日」の方から、『日本学校に通った私がどんな扱いを受けたか、吐露《とろ》したい。……公立学校では母国語が学べない。せっかく朝鮮学校に行っているのに、不平等な仕打ちを受け、裁判所もそれをただしてくれない。私たちはどうすればいいんですか』との悲痛な〝うめき声〟を聴くことになった」と書いた。その「在日」の方が、権順華さんである。そこで、その思いを綴《つづ》った手紙をいただいたので、許しを得てここに加えてもらった。

権さんの文章を拝見して、すぐ頭に浮かんだのは、北海道の朝鮮学校を密着取材した記録映画『ウリハッキョ(私たちの学校)』(二〇〇六年)を撮った韓国の金明俊《キムミョンジュン》監督の次の言葉である。「朝鮮学校は、自分が誰であるかを教え、この地日本で朝鮮人として生きていく方法を教えてくれる唯一の学校です。これは、日本の学校にはできないことです」。

また、韓国のさまざまな団体を糾合して二〇一四年に結成された「ウリハッキョと子どもたちを守る市民の会」の共同代表・孫美姫《ソンミフィ》さんは、来日時の会見で、次のように述べた。「(日本にいる同胞たちは)南と北を選ぶことができない立場でも、子どもたちのわが民族の言語や文字、歴史を守るために学校を設立しました。そして、血の涙を流しながら守ってきました。まさにそれが朝鮮学校です。……日本では、朝鮮学校の生徒たち、父母たち、先生たちだけでなく、日本の良心的な多くの団体や市民たちが、高校無償化適用を求める署名運動や関連する訴訟を進めている事実を知りました。恥ずかしいです。申し訳ないです。私たちの同胞の問題であるということです。それで、遅くなりましたが、始めました。子どもたちのすがすがしい笑顔に、少しでも力を付け足そうと、集まりました」。ここには、日本では見過ごされがちな朝鮮学校へのまなざしが、浮かび上がってくる。

中村氏がインタビューで「歴史を縦軸で観る必要性を強調」とした点についてもふれておきたい。二〇一二年一二月、第二次安倍内閣発足直後、高校無償化からの朝鮮高校排除を発表した下村文科大臣の会見の冒頭は「拉致《らち》問題に進展がないこと……」であり、この会見が、現在の日本における朝鮮学校差別を象徴している。しかし、先に見たように金明俊監督も、孫美姫代表も、まさに歴史を縦軸で観ているので、〝近視眼〟的日本の現状との乖離《かいり》は鮮明である。

私がアジア文化会館でかかわった一つに、シンガポール人留学生、チュアスイリン君の「事件」がある。一九六二年四月、日本政府の国費留学生として来日、千葉大学・留学生部三年生の一九六四年九月、突然、日本政府に国費留学生の身分を打ち切られ、一二月には千葉大からも除籍処分とされた。その背景には、英国自治州のシンガポールはマラヤ連邦などと併合されて、一九六三年「マレイシア連邦」となるが、それに反対する声明を出した留日学生会会長がチュア君だったことがあるようだ。私は、同君の日本での勉学をいかに保障するかという重大問題に直面したのである。その時、ある華人留学生は、六〇年前の「清《しん》国留学生取締規則」の時と同じだねと言い放った。

一九〇五年八月、東京の清国人留学生のなかに孫文《そんぶん》の中国革命同盟会が生まれ、機関誌『民報』も創刊された。清国政府は留学生の運動の取り締まりを日本政府に求め、日本の文部省は、一一月、「清国人を入学せしむる公私立学校に関する規程」を制定し、「清国人の入学を許可せんとする時は、……清国公館の紹介書を添付すべし」(第一条)などとした。日本政府の政策は、留学生の同盟休校を呼ぶなど猛反発を招いた。やがて、清朝は滅び、一九一二年一月には「中華民国」が誕生することとなる。

六〇年前の「事件」に思いを致しながら、私は、チュア君の事件に取り組み、幸い、千葉大での再入学が実現し、一九六九年四月、裁判でも勝訴判決を得て奨学金が遡《さかのぼ》って支給された。実は、裁判中の一九六五年八月、シンガポールはマレーシア連邦と「協議離婚」して「シンガポール共和国」となった。したがって、日本政府は「二階に上がって梯子《はしご》を外される」結果となり、敗訴しても控訴はできず、留学生勝訴が確定したのである。ここらに私の「歴史を縦軸で観る」ことの原点があるのかもしれない。

本書が、日本の名誉回復のために何がしかのお役に立てば、幸甚である。最後に、このうえない引き出し役を務めてくれた中村一成氏、そして解放出版社にお礼を申し上げたい。

二〇一九年六月

田中 宏

「共生」を求めて――在日とともに歩んだ半世紀

2019年9月1日　初版1刷発行

著者　田中 宏

編者　中村一成

発行　株式会社 解放出版社
大阪市港区波除4-1-37 HRCビル3階 〒552-0001
電話 06-6581-8542　FAX 06-6581-8552
東京事務所
東京都文京区本郷1-28-36 鳳明ビル102A 〒113-0033
電話 03-5213-4771　FAX 03-5213-4777
ホームページ　http://www.kaihou-s.com/

印刷　モリモト印刷株式会社

装丁　上野かおる

カバー写真　中山和弘

ISBN978-4-7592-6228-5　NDC361.86　302P　19cm
定価はカバーに表示しています。落丁・乱丁はお取り換えいたします。

障害などの理由で印刷媒体による本書のご利用が困難な方へ

本書の内容を、点訳データ、音読データ、拡大写本データなどに複製することを認めます。ただし、営利を目的とする場合はこのかぎりではありません。

また、本書をご購入いただいた方のうち、障害などのために本書を読めない方に、テキストデータを提供いたします。

ご希望の方は、下記のテキストデータ引換券（コピー不可）を同封し、住所、氏名、メールアドレス、電話番号をご記入のうえ、下記までお申し込みください。メールの添付ファイルでテキストデータを送ります。

なお、データはテキストのみで、写真などは含まれません。

第三者への貸与、配信、ネット上での公開などは著作権法で禁止されていますのでご留意をお願いいたします。

あて先

〒552-0001 大阪市港区波除4-1-37 HRCビル3F 解放出版社
『「共生」を求めて』テキストデータ係

テキストデータ引換券
『「共生」を求めて』
6228